Colección dirigida por
Gilles Farcet

Traducción
José García-Monge de Latorre

ARNAUD DESJARDINS

EN BUSCA DEL SÍ-MISMO
Volumen 3

VEDANTA E INCONSCIENTE

HARA PRESS

Título original: *Le vedanta et l' inconscient - À la recherche du Soi - Volume 3*, de Arnaud Desjardins

© 1979 Éditions de La Table Ronde (Paris, Francia)
© 2025 Hara Press USA, LLC para la lengua española

www.harapress.com

Traducción: José García-Monge de Latorre
Supervisión editorial: Claudia Espino
Diseño de cubierta: Rafael Soria

Hara Press agradece la valiosa colaboración de Luís Iturbide

ISBN: 978-1-7330340-3-6
Número de control de la Library of Congress: 2025943435

Colección: Espiritualidad en tiempos modernos

CONTENIDO

Carta a los lectores de mis libros

Como los otros volúmenes de la serie *En busca del Sí-mismo*,[1] este libro ha sido escrito a partir de charlas grabadas. He transcrito aquellas que respondían de la mejor manera a las preguntas que frecuentemente me son planteadas por personas, conocidas y desconocidas, que me escriben y a las cuales no puedo responder personalmente debido a que mi tiempo está completamente ocupado.

Con frecuencia, se hace referencia en este libro a "Swamiji". Este swami es Sri Swami Prajñanpad, muerto en 1974 y que fue mi "gurú".

Y, a veces, se habla de el "Bost". El Bost era la casa donde yo vivía y en la que se reunían algunas personas que habían emprendido un trabajo de conocimiento de sí mismos.

Este nuevo libro es una manera de compartir con ustedes todo lo que considero como importante. Las páginas que siguen no son una ponencia sistemática del vedanta. Tienen la espontaneidad de charlas y respuestas. Las mismas ideas se repiten en muchos capítulos, abordadas desde diversos puntos de vista e insertas en contextos diferentes. Como me dirigía a un pequeño auditorio, y no a una sola persona, hablaba "en plural" y esta forma ha sido conservada en el libro.

---

1. La serie *En Busca del Sí-mismo* está compuesta por 4 volúmenes: *Adhyatma Yoga*, *Más allá del yo*, *Vedanta e inconsciente*, *Tú eres Eso*, publicados por Hara Press.

Como en *Los caminos de la sabiduría* y en los demás volúmenes de *En busca del Sí-mismo*, *Vedanta e inconsciente* es un testimonio sobre una enseñanza oriental viva, tal como la ha comprendido y como la transmite un occidental.

A.D.

1

¿QUIÉN SOY?

Ustedes desean transformarse, desean "liberarse", desean "despertar". Quieren comprometerse en un camino, piden la ayuda de un guía, asisten a reuniones y plantean preguntas. Se consideran discípulos.

Sólo que olvidan una cosa. Y es que no están unificados. Yo les hablo, ustedes me escuchan. ¿Quién me escucha? ¿A quién me dirijo en su interior?

Todos ustedes saben que en el frontón del templo de Delfos estaba escrito el famoso "Conócete a ti mismo" y que, sobre este precepto, Sócrates basó su enseñanza. Quizás también conozcan un texto célebre de Shankaracharya que he citado a veces y que dice: "Yo no soy ni el mental, ni el intelecto, ni las emociones, ni el ego, ni soy aquel que come, ni aquel que es comido, *chidanandarupa*, *shivoham*, *shivoham*. No tengo otra forma más que la consciencia y la beatitud, soy Shiva, soy Shiva". Saben también que en nuestra época el gran sabio Ramana Maharshi enseñaba lo que se llama en inglés *self-inquiry*, plantearse, no intelectualmente sino vitalmente, la pregunta "¿quién soy yo?".

Quisiera atraer su atención sobre un punto. Por mucho que esta pregunta "¿quién soy yo?" sea en efecto fundamental, está falseada porque se conoce la respuesta teórica: soy el atman, el Sí-Mismo,[2] el *Self*, y también porque tenemos una cierta idea de lo que es este atman, supra mental, trascendente, que escapa al tiempo y a la multiplicidad. En los comienzos del camino —y estos comienzos del camino en algunos casos son largos— hay un abismo tan grande entre la perfección ilimitada de este atman y la confusión de ustedes, sus arrebatos, sus sufrimientos y desconciertos, que toda tentativa de aprehender al atman se vuelve vana.

Ustedes pueden preguntarse "¿quién soy yo?", pero si tienen este pensamiento latente: "yo soy el Sí-Mismo, soy el incondicionado, soy el sin forma, soy el eterno, soy el absoluto" —lo cual es verdad metafísicamente hablando— eso no constituirá un camino real para ustedes. Sin en lo más mínimo poner en tela de juicio la enseñanza que afirma que ustedes ya son, aunque no sean conscientes de ello, esta realidad inmutable y no afectada, regresen a un nivel más bajo y háganse la pregunta: "¿quién soy yo?".

No piensen que estoy poniendo en duda a Bhagavan Shri Ramana Maharshi, que venero —así como lo hacen miles o tal vez millones de hindúes y europeos—, ni a su enseñanza, pero quisiera que ustedes se hicieran la pregunta "¿quién soy yo?" de una manera más inmediata que metafísica. "¿Quién soy yo verdaderamente? ¿Pero entonces quién soy yo?". Y observen. Han leído y escuchado de boca de Arnaud, que son como un caleidoscopio cuya imagen cambia, se compone, descompone y recompone, respondiendo a impactos externos.

---

2. El término "Sí-mismo" traducido del sanscrito *atman* designa a la realidad última más allá de toda concepción de un ego individual.

Ustedes son múltiples y también son cambiantes, como todo el universo, porque están hechos a la imagen del universo. Pero no están aún lo suficientemente impregnados de ello y continúan considerándose como bastante unificados (con emociones pasajeras) y bastante estables (con ciertos cambios, dependiendo de la edad).

Plantéense bien la pregunta "pero ¿quién soy yo?, ¿el mismo o la misma de esta mañana?, ¿el mismo o la misma de ayer?, ¿el mismo o la misma de la semana pasada?", y observen. Muchas veces ustedes tomaron una decisión, y cuando llegó la hora de llevar a cabo dicha decisión, ya no comprendían por qué la habían tomado. Muchas veces quisieron una cosa y, cuando está ocurrió, ustedes ya no eran aquellos que la habían querido. Cada uno debe observar eso dentro de sí mismo. La primera constatación es la de esta inestabilidad, lo contrario de la inmutabilidad. La segunda constatación es la de esta complejidad, lo contrario de la simplicidad. Durante largo tiempo, un ser humano está verdaderamente hecho de piezas y pedazos, psicológica, mental y emocionalmente. La primera etapa consiste en perder las ilusiones bien arraigadas sobre una pretendida unidad y estabilidad, ilusiones que se pueden perder intelectualmente de un modo muy rápido, pero que no se pierden vitalmente. Cuando hayan observado que *ustedes* (prácticamente) no existen, la pregunta "¿quién soy yo?" tomará un sentido concreto. No se trata de "voy a meditar, meditar, preguntarme quien soy yo, tocar a la puerta de mi corazón y un día el atman se va a revelar". No, ahora mismo, la pregunta se plantea y ahora mismo elementos de respuesta comenzarán a surgir.

"¿Pero entonces ¿quién soy yo?". La pregunta es muy simple. Podría decirse que es un postulado: "sé quién soy: yo soy tal persona" y comenzamos a enunciar valores permanentes: "Toda mi vida seré Arnaud Desjardins, salvo si escogiera un seudónimo o cambiara de nombre; toda mi vida seré hijo de fulano y fulana". ¿Y luego qué? Ustedes encontrarán, en efecto, ciertos datos que no cambian y que hacen creer en esta permanencia y en esta identidad. Cuando hayan constatado suficientemente que no pueden contar con ustedes mismos, que aquél que escribe una carta no es el que recibe la respuesta, cuando hayan atisbado un poco la complejidad de las demandas y rechazos no conciliados del pensamiento, del cuerpo, de la emoción y del sexo, cuando hayan descubierto un poco la profundidad del inconsciente, estarán realmente llevados a preguntarse, como una pregunta para la cual no hay necesidad de hacer referencia al vedanta: "Pero, verdaderamente ¿quién soy yo? ¿Qué es, yo? ¿Qué soy yo? ¿Esto? ¿O aquello? ¿O eso otro?". Si se comprometen con el camino creyendo que pueden decir imperturbablemente "yo", se equivocan. No es solamente en el silencio inmóvil de la meditación, y al penetrar en el interior de uno, cuando uno puede hacerse la pregunta: "¿Quién soy yo?". Se trata de las vicisitudes de la existencia, y tiene que ver con los acontecimientos que les suceden, con las decisiones que tienen que tomar y las acciones que llevan a cabo.

Me acuerdo de haberme planteado esta pregunta en dos periodos de mi vida: primero bajo la influencia de lo que yo conocía de la enseñanza de Ramana Maharshi, cuando estuve en Tiruvanamalai, en la sala donde Bhagavan había residido en su cuerpo físico y, varios años más tarde, de una manera más terrenal, en el ashram de Swamiji, con esta impresión terrible de "no logro de ninguna forma encontrar quien soy". Veo contradicciones y veo cómo me modifico. La imagen del caleidoscopio me vino a la mente como la imagen estremecedora de mi propia condición.

¿Existe un vínculo posible entre esta confusión actual y la trascendencia del atman? Estamos en el corazón de algo que se puede llamar un camino y es ahí donde ciertas rutas falsas se abren delante de ustedes, las cuales llevan a un estancamiento, o en todo caso, a un resultado diferente a la liberación. Al principio los caminos se desvían ligeramente y la diferencia no se aprecia a simple vista si no son expertos. Pero si continúan, los caminos se desvían cada vez más. En este enjambre y esta confusión se presenta la cuestión ¿qué va a volverse un centro de integración?, ¿qué va a volverse permanente? Esa es la cuestión. ¿Qué va a levantarse de repente para proclamar "el verdadero yo, soy yo"? pues a veces es una voz la que habla y a veces es otra. Y cuando digo "el verdadero yo, soy yo", ¿qué puede tener que ver una afirmación como ésta con la desaparición del ego, la desaparición del yo, que todas las enseñanzas presentan como la meta a alcanzar?

Si no aplican a ustedes mismos lo que digo en este momento, esto no tendrá ningún sentido. Solamente a través de su propia toma de conciencia podrán dar cierto sentido a estas palabras. Podrán ustedes comentar: al mismo tiempo que reconoce como meta el superar o el hacer desaparecer el ego, Arnaud comienza por proponernos poder por fin decir "soy yo". ¿Hay ahí una contradicción? Podría haber una. Sí, podría haber una, y ustedes deben permanecer vigilantes y no dejar escapar ningún elemento de este conjunto.

Es necesario que veamos con claridad el punto de partida, y el punto de partida —y no temo repetirme— es el cambio, es la multiplicidad, son las contradicciones, es la ausencia de un elemento estable y permanente que sea el mismo aquí, allá, en otro lugar, ahora, ayer o mañana, para enfrentarse con flexibilidad y disponibilidad a la infinita variedad de circunstancias que se presentan.

¿Cómo va a establecerse la estabilidad o la inmutabilidad en esta multiplicidad cambiante? ¿Quién va a poner orden? ¿Quién va a establecer un vínculo? Lo hará el discípulo en ustedes o el candidato a discípulo. En medio de esta confusión, un día comienza a aparecer dentro de ustedes un personaje entre los otros que posee una naturaleza completamente diferente, en el sentido de que es capaz de permanecer inalterado, manteniendo la misma meta, los mismos intereses, a lo largo de toda su existencia. Sin embargo, es necesario que este personaje sea de otro orden. Si es simplemente un aspecto de ustedes mismos, un poco más fuerte que los demás, que decide someter al resto de la naturaleza de ustedes, tal vez lo consiga, pero nunca habrá liberación ni paz. Un personaje, entre los otros, puede engancharse a la idea de una sabiduría tal y como él se la imagina, con una maestría tal y como él se la imagina, con todo lo que esto puede tener de adulador para el ego y, en su ignorancia y su desprecio por todo aquello que no le conviene en ustedes, tratará de establecer una especie de dictadura. Ciertos seres humanos lo han logrado. Han salido un poco de esa confusión cambiante, han creado dentro de sí una fuerza, pero esto nunca los ha llevado a la desaparición del ego. Un elemento ha querido someter a los demás; reprimir, ahogar y, aparentemente, lo ha logrado. Ha obligado al cuerpo a hacer los ejercicios físicos que él quería, ha prohibido al corazón un cierto número de emociones, ha orientado todos los pensamientos en una sola dirección, ha sometido eventualmente la sexualidad y ha martirizado tal o cual aspecto del desdichado ambicioso que se comprometió con ese camino sin salida o, más exactamente, del que una parte se comprometió con ese camino.

Ciertos seres han establecido una dictadura en ellos o, dicho de otro modo, una parte de ciertos seres ha establecido la dictadura sobre el resto de ellos mismos en nombre de una ambición deportiva, de una ambición profesional, en nombre de una revancha que tomar o de una venganza que saciar. Algunos seres se vuelven aparentemente fuertes porque el resto de ellos mismos ha sido sometido sin ninguna piedad a la meta establecida por una de sus partes. La ambición puede ser artística, profesional, intelectual, social. Puede ser también "iniciática", "yóguica" e incluso "mística". Es una dictadura. Sin pedir opinión al resto del pueblo, un pequeño grupo toma el poder y hace la ley, y esto puede muy bien suceder al interior de un ser humano. Sin pedir su opinión al resto, un dictador y algunas comparsas imponen su ley y todo aquel que no está de acuerdo, ¡a la cárcel o torturado!

Puede pasar que ustedes no hagan ningún esfuerzo, y que ningún centro de integración, de estabilidad o de inmutabilidad se fortalezca en ustedes. Entonces seguirán siendo unos amables aficionados que se interesan un poco en la espiritualidad, que tal vez tengan incluso una sinceridad real al prosternarse frente a un sabio hindú o tibetano, pero eso no representará más que unos momentos para ustedes y la reunificación nunca se establecerá. Otra posibilidad es que cierta fuerza aparezca y –del mismo modo que uno se pone a trabajar para llegar a ser campeón deportivo o gran bailarín, virtuoso de la música o ministro, un centro de esfuerzos nacerá y permanecerá. Existirá ascesis, disciplina, ejercicio, privaciones, austeridades, aquello de lo que ciertos hombres no son capaces. Pero nunca habrá la libertad, ni la paz del corazón, nunca la alegría, ni el amor y, eventualmente, un día, frente a una fuerza aún más grande, habrá el desastre. Napoleón tuvo su Waterloo, su Santa-Elena y los ambiciosos espirituales encuentran casi siempre algo más fuerte que ellos. ¿Entonces? Entonces ¿cuál puede ser lo que yo llamo un centro de integración alrededor del cual se ordenan, es decir, se ponen en orden (*dharma*) o se organizan, todos los demás aspectos de ustedes mismos —mentales, emocionales, físicos, sexuales, conscientes o inconscientes— para que no nazca en ustedes un dictador que, sin piedad, haga sufrir a los demás componentes de su ser?

Debe nacer el discípulo en medio de esta confusión y este desorden, en este caleidoscopio, en esta inexistencia que primero hay que descubrir —si no, escuchan lo que yo digo distraídamente y sin atención. Aquello sobre lo que insisto hoy, es que ciertas iniciativas que aparecen como "espirituales" a los ojos de los observadores y a los ojos de aquel que se ha comprometido con ellas, son iniciativas ordinarias que deben ser puestas sobre el mismo plano que cualquier otra iniciativa de ambición, cualquiera que sea. Solamente que esto no se ve de inmediato. Una parte de nosotros puede engañar al resto —del mismo modo que, cuando un dictador toma el poder, una buena parte de la población está dispuesta a apoyarlo. Puede suceder que su pretendido camino espiritual engañe, al principio, a las demás partes de ustedes mismos y que su pobre corazón crea que saldrá beneficiado y que su pobre sexualidad crea que encontrará una realización grandiosa y trascendente a través de la frustración y que su pensamiento crea que privándose de todo aquello que le interesa, encontrará así la sabiduría. Cuando el dictador ha tomado el poder, es demasiado tarde: todas las fuerzas de oposición son amordazadas, ahogadas, llevadas a prisión dentro de ustedes mismos, sometidas a un lavado de cerebro. La alegría que permanece y la paz que sobrepasa todo entendimiento no llegarán jamás. Es muy necesario que aparezca un rey en ese reino dividido contra sí mismo que son ustedes; pero no un dictador. He escogido a propósito este término de rey porque, si la palabra dictador es una expresión moderna (en otro tiempo se hubiera dicho un déspota o un autócrata), la comparación del ser humano con una sociedad desordenada o, al contrario, con un reino organizado y jerarquizado, es algo clásico y tradicional.

Solamente no olviden que, en la comprensión antigua del sentido de la existencia, por encima del rey se encontraba la autoridad espiritual. El brahmán es más alto que el khshatriya y el rey siempre ha sido consagrado por la autoridad espiritual. El discípulo, si es verdadero, no es un personaje entre los demás, un poco más fuerte y que ha sometido a los demás. El discípulo dentro de ustedes es lo que surge y va a permanecer estable, estén ustedes enamorados o no, felices o infelices, que todo les sea favorable o desfavorable, o que tengan la paz interior en ustedes o la tempestad. Si existe el discípulo, el discípulo lo subsiste. Desde el comienzo, el discípulo dentro de ustedes ha tenido un sentimiento, no solamente emociones, sino un sentimiento. Ha sentido que existe una realidad más vasta que el ego. Se ha llamado esta realidad religiosa, divina, sobrenatural, o metafísica. Lo que es importante es cómo el discípulo dentro de ustedes la ha sentido: más vasta que los miedos, que los deseos, que el juego de la acción y de la reacción, que la oposición, la contradicción, la atracción, la repulsión.

Al inicio el discípulo es frágil, tiene necesidad de que lo ayuden, lo alimenten, lo apoyen, y esto está bien. Se dice de alguien: "Es un discípulo de Ma Anandamayi, es un discípulo de Rajneesh, es un discípulo de Swami Muktananda, es un discípulo de Kalu Rinpoché". Es una forma superficial de hablar. Se trata de alguien en quien el discípulo ha nacido pero que no es solamente discípulo porque no está aún unificado. Esta "persona" es una serie de cadenas de causas y efectos diversos debidos a la biología, a la herencia, a la educación, a las condiciones sociales, a los *samskaras* de vidas anteriores.

Es este nacimiento del discípulo lo que se llama a veces "el nuevo nacimiento", un individuo "re-generado", generado de nuevo o "dos veces nacido", como se dice en la India. Es este nacimiento del discípulo lo que es consagrado exteriormente por un bautismo, tal vez un rito o una iniciación cuyo carácter ritual es más discreto: la mirada de un sabio, unas palabras pueden de golpe despertar al discípulo. El discípulo está ahí en medio de los remolinos, de las tempestades, del desorden. Si ustedes dicen: "Yo soy discípulo del Bost", estarán diciendo una estupidez. ¿Qué es, "ustedes"? ¿Quién es discípulo? ¿Aquel que no soporta más el Bost, que no tiene más que un deseo, marcharse? ¿Aquel que dice: "Dios mío, que Arnaud se calle o voy a estallar; no puedo escuchar una palabra más de lo que dice"? De veras, seamos honestos, ¿a quién no le ha ocurrido eso? ¿Quién es discípulo? O bien ustedes están verdaderamente en la ilusión, o bien ustedes pueden reconocer que "yo soy discípulo" no quiere decir nada. "En mis fluctuaciones, mis contradicciones, mi inexistencia, el discípulo ha nacido". Eso es diferente.

El dictador es sincero; todos los dictadores lo son. ¿Ustedes creen que Hitler tomó el poder en Alemania pensando: "¡Voy a hacer la desgracia del pueblo alemán!"? Tomó el poder prometiendo: "¡Voy a hacer la felicidad del pueblo alemán!" Los dictadores son siempre sinceros y el dictador dentro de ustedes puede ser sincero.

Hablamos del discípulo. "El discípulo ha nacido en mí". ¿Por qué ha nacido en ustedes y no en otros? ¿Por qué se ha despertado en ustedes y no en los demás? En cada uno, el discípulo está ahí, en potencia, pero en la mayoría el discípulo no ha nacido y, toda su vida, habrán sido simplemente cadenas de causas y efectos, multiplicidad, contradicción y un caleidoscopio.

¡Qué maravilla ese discípulo! Esa voz, esa consciencia, al inicio débil, fácilmente recubierta como las rocas por las grandes olas, tan recubierta que, por momentos, ustedes mismos no la encuentran más y que, sin embargo, va a subsistir, crecer poco a poco, buscar y encontrar su camino, va a ser paciente, confiada y esperar. El discípulo nunca puede dudar. Si dudan, es que uno de los personajes que dudan en ustedes ha gritado momentáneamente más fuerte que el discípulo. Luego, como un corcho sumergido bajo el agua y que reaparece en la superficie, el discípulo regresa. No hay que decir: "Soy discípulo del Bost". Hay que decir: "Creo que en mí ha nacido el discípulo". Y el discípulo va a crecer. Al principio es pequeño, débil, pero va a crecer. Él se convertirá no en un dictador sino en un rey en el reino. Él es estable. Tiene una meta —que expresa de una manera o de otra— la unidad, la libertad, la plenitud, la grandeza. La meta se precisa poco a poco. Él no cambia. Se vuelve más preciso, más claro.

El discípulo se conduce con inteligencia y simpatía. Escucho aún la voz de Swamiji decir: *Be a little intelligent and sympathetic*, "sea un poco inteligente y comprensivo". El discípulo en ustedes se conduce con inteligencia y comprensión hacia todos los demás aspectos de ustedes mismos. Que esto les sirva de criterio. Si lo que toman por el discípulo no tiene comprensión hacia los demás aspectos de ustedes mismos, no puede ser el discípulo, y si se asusta frente a uno u otro aspecto de ustedes mismos ya no es en absoluto inteligente. El miedo ciega la inteligencia. Es necesario que en ustedes el discípulo sea un poco inteligente y que tenga un poco de comprensión por todos los demás aspectos de ustedes mismos. Es la única garantía de un camino justo. Pero demasiado a menudo no ocurre así. El discípulo vuelve a ser un dictador; da órdenes, prohíbe y quiere rechazar, censurar, reprimir todo aquello que no le conviene. Dicho de otro modo, mete a toda la oposición en la cárcel, la prisión de la represión, del rechazo y de la negación. "No puedo verlos ya en las calles, no quiero que tengan el derecho a la palabra, los encierro en una inmensa prisión llamada 'el inconsciente', en la cual todo lo que no me conviene es reprimido". De vez en cuando, hay motines y sublevaciones en las prisiones, entonces, la represión se vuelve más fuerte aún.

A veces, el discípulo se apoya en ideas y sentimientos religiosos, dualistas. Se nutre de una Escritura, ya sean los Evangelios o el Corán. Es ayudado por sacramentos, ritos. Experimenta solidaridad con los demás seres humanos que están comprometidos en el mismo camino. Es ayudado por una institución como la Iglesia católica o la Sangha budista. A veces, el discípulo no es nutrido por un lenguaje religioso; no pertenece a una Iglesia constituida, simplemente es ayudado por una persona llamada gurú. La tarea que van a llevar a cabo el discípulo en ustedes —no ustedes como discípulos, eso no quiere decir nada, sino el discípulo en ustedes— y el gurú, va a ser esta integración, esta colocación bajo un yugo. Me acuerdo de una frase de los Evangelios: "Mi yugo es suave" y esta palabra yugo, es el sentido de la palabra "yoga". Es necesario que el yugo del discípulo sea suave.

O bien entran al Reino de los Cielos enteros o nunca entran en él. No pueden decir: "La mitad de mí entra en el Reino de los Cielos y el resto lo dejo en la puerta: la sexualidad la dejo fuera, los celos los dejo fuera". Todo debe entrar en el Reino de los Cielos, transformado. Los cinco venenos del budismo tántrico, es decir, las cinco debilidades o defectos mayores, se transforman en cinco sabidurías. Por tanto, lo que caracteriza al discípulo, es una sola meta que todo el tiempo está ahí, de manera implícita en su existencia, tanto en el éxito como en la adversidad, en la calma como en la tempestad. Al principio, por ejemplo, existirá esa parte de ustedes mismos que será no violenta con las partes violentas de ustedes. Si ustedes piensan que están unificados, van a decirse: "Debo ser no violento, debo estar en la verdad", u otro precepto o instrucción. No. No, "ustedes", si se llama "ustedes" a la totalidad que los compone, consciente e inconsciente, ustedes no pueden ser ni "no-violentos" ni "estar en la verdad". Lo que importa es que el discípulo en ustedes sea no violento, *ahimsa*, que esté en la verdad, *satya*, y que se conduzca según estos preceptos, no solamente con "los demás" en el sentido ordinario de la palabra, sino también con los demás (al plural) dentro de ustedes.

"Los demás" están en ustedes y *los preceptos dados en las enseñanzas indican cómo el discípulo dentro de ustedes debe comportarse con todos los demás aspectos de ustedes mismos.* Entonces, poco a poco el orden se establece. El ser humano se convierte completamente en un universo, un cosmos, una jerarquía. En ustedes, el discípulo es un gran alquimista que puede transformar todos los aspectos de ustedes mismos en luz, sabiduría, fuerza y verdad.

Lo que merece hoy ser llamado "yo" es el discípulo. Si les hablo y les digo "ustedes", es al discípulo a quien me dirijo. Vuelvo a tomar mis comparaciones de hace un momento: de la misma manera que un corcho momentáneamente hundido en el agua, o como una roca a la orilla del mar momentáneamente recubierta por una ola, así, a veces, está recubierto el discípulo. Entonces, momentáneamente, ya no existe nadie, y ustedes creen que todavía existe alguien. Ya no se comprenden, ya no se reconocen, ya no saben quiénes son y se asustan de ustedes mismos. No. Digan simplemente: "Esperemos a que el mar se retire y que la roca reaparezca; esperemos que el corcho vuelva a subir a la superficie y de nuevo el discípulo estará ahí". Entonces, de nuevo, tendré enfrente de mí a alguien en "ustedes" a quien hablar. Si digo "ustedes", no me dirijo a "ustedes", me dirijo al discípulo en ustedes. Véanlo y no se inquieten más. Es necesario que el yugo del discípulo que hay en ustedes recaiga sobre los demás aspectos de ustedes mismos, tan suave como el yugo de Cristo. No torturen; no sean dictadores. No martiricen su cuerpo para enseñarle a mantenerse derecho, no martiricen su sexo para enseñarle a no enamorarse estúpidamente, no martiricen su pensamiento porque vagabundea y brinca de aquí para allá, no martiricen sus emociones porque no pueden aceptar reconocer en ustedes el miedo, los celos, la necesidad infantil de ser amados y el odio hacia aquellos que les hacen sufrir. No torturen nada de todo eso. Transformen. El discípulo, desde el principio, debe estar impregnado del sentimiento *religioso* que lo relaciona consigo mismo, con los otros hombres, con el resto del universo, con el infinito. El discípulo, desde el principio, debe tener la aspiración a pasar más allá del ego.

Cuando digan "yo", será realmente la totalidad de ustedes mismos lo que estará incluido en ese "yo", y cuando les hable, será a la totalidad de ustedes mismos a quien hablaré, porque todo en ustedes estará armonizado, agrupado alrededor del discípulo. El discípulo debe llegar a ser el rey dentro de su reino interior y, al mismo tiempo, debe tener la humildad del verdadero rey que se considera únicamente como el representante de Dios sobre la tierra. Puede que en lo que respecta a la monarquía, éstas quizás sean palabras vacías, mentiras, abusos y hasta una fachada, pero en lo que respecta a la vida interior, son ciertamente palabras impregnadas de verdad.

Solamente el discípulo en ustedes puede hacer "la voluntad de Dios" y no todo el resto de ustedes. Pero, poco a poco, todo ese resto será agrupado alrededor del discípulo y la totalidad de ustedes mismos será capaz de hacer la voluntad de Dios. Ese es el camino.

Acepten sus cambios, acepten su inestabilidad, su complejidad, sus contradicciones, acepten sin miedo. Si no, la mentira comienza y todo se detiene.

Y recuerden, la enseñanza se dirige únicamente a esa parte de ustedes que yo llamo "el discípulo".

A veces, esto de lo que estoy hablando hoy se vuelve verdad, se realiza y hay un camino, una liberación, pero muy a menudo esta reunión de las funciones concernientes al discípulo no se logra, y la existencia ordinaria sigue su curso. Simplemente está repleta de ashrams en lugar de estar llena de clubs de golf y las bibliotecas están llenas de obras sobre el zen en lugar de estar llenas de obras científicas o sobre el marxismo. Eso es todo. Tan sólo cambian los nombres.

Si ustedes comprenden bien esto de lo que hablo, se les hará claro por qué existen tantos fracasos en la vida espiritual y esto les dará ciertos criterios para comprender. No digo para juzgar, sino para comprender.

Haya o no un rito de iniciación, lo importante es saber si en ustedes se ha despertado el discípulo, si ha nacido. La palabra "infinito" significará ante todo "amplio, vasto, no mezquino, no egoísta". Así es como comienza. La palabra "libre" querrá simplemente decir más libre, menos prisionero, menos condicionado. ¿Pero quién es más o menos libre? El discípulo en ustedes, en comparación con todos los demás aspectos de ustedes mismos. No lo olviden nunca, si no volverán a decir "yo" y ya no comprenderán más lo que son. Todo el tiempo estarán sorprendidos, todo el tiempo llevados, identificados, cuestionados. "Soy libre", "no soy libre". No, no. Comprendan en primer lugar esto: ¿el discípulo en ustedes es más o menos libre en relación con los demás aspectos de ustedes mismos, o bien debe sufrir sin parar los asaltos de los demás aspectos que lo atropellan, lo empujan, lo recubren? La libertad del discípulo va a crecer bajo la forma de una libertad que crece. El discípulo en ustedes se vuelve cada vez más libre con relación a los pensamientos, a las emociones, a la sexualidad, a las exigencias del cuerpo y al inconsciente.

Como lo haría un niño, el discípulo va a crecer. No digo que sea infantil. Digo que primero es pequeño, débil como un niño, como el Cristo que nace en el corazón de la noche, en el corazón del invierno, desprotegido y desnudo como un bebé. Es la natividad del discípulo en ustedes mismos. Y al menos una parte de ustedes va a reconocerlo, una parte de su inteligencia va a someterse como los Reyes Magos vinieron a honrar al bebé. Y luego, una parte de lo que constituye una multitud dentro de ustedes, que ya está cansada de padecer, también va a reconocer a este discípulo recién nacido como los pastores vinieron también a reconocer a Cristo en la natividad. El discípulo en ustedes, en medio de todos los demás aspectos de ustedes mismos, vivirá todo lo que los Evangelios dicen que Cristo vivió. Pero si sólo buscan comprender las relaciones entre un pretendido "ustedes" que no existe y el resto del mundo, se están equivocando. ¡Lo que está descrito en las enseñanzas orientales y en los Evangelios, no concierne a un "ustedes" que no existe! Consideran al discípulo que ha nacido en ustedes con relación a todo lo demás de ustedes mismos. Los pastores están dentro de ustedes; los reyes magos están en ustedes; los fariseos, los saduceos están en ustedes; el templo de Jerusalén está en ustedes. Todo está dentro de ustedes. Del mismo modo que Moisés está en ustedes, el mar Rojo está en ustedes, el faraón está en ustedes. Entonces, en verdad es el milagro de la natividad.

Tal vez no se acuerden de cuándo ni de cómo nació el discípulo; el contacto con qué idea, qué palabra, qué mirada, qué obra de arte. Pero si está ahí, todo es posible. Aquél a quien llamo hoy el discípulo en ustedes, se volverá un día el "gurú interior", cuando haya sido nutrido y enseñado. Pero no se equivoquen sobre esta palabra "enseñado". La palabra "enseñanza" está sujeta a equívocos. Nosotros la equiparamos demasiado con otro tipo de enseñanza, ya sea técnica o intelectual. Por esto yo pienso que la antigua palabra "camino", *marga* en sánscrito, es más correcta porque una enseñanza no siempre está completa; se enseña al cuerpo posturas de yoga o se enseña a la cabeza verdades metafísicas, pero es más difícil "enseñar" al corazón los sentimientos; se le puede enseñar a la cabeza verdades sobre los sentimientos, pero no es lo mismo que enseñarle al corazón los sentimientos.

El camino concierne al ser entero. Y el discípulo lleva consigo al ser entero, por doquier. Si el discípulo va a la India con Ma Anandamayi, lleva consigo al ser entero. Lleva consigo los odios del niño que ha sufrido y que no puede dejar de odiar a aquellos que le hicieron sufrir; lleva al ashram de Ma Anandamayi el deseo sexual que es biológico, natural, y que no desaparece sólo con algunas palabras; lleva hasta Ma Anandamayi los miedos, los deseos, lleva consigo toda una multitud, así como Moisés llevó a todo el pueblo hebreo al desierto hasta llegar a la Tierra Prometida y ustedes saben cuán a menudo el pueblo hebreo se ha rebelado.

No se sorprendan si una parte de ustedes entra en conflicto con otra parte y se levantan contra el discípulo. Si pueden escucharlo y no olvidarlo, aunque no estén todavía liberados, ya están salvados. Si continúan diciendo "yo soy discípulo", no llegarán a nada, sino tan sólo a estar en confusión, porque "yo" no existe y el mismo o la misma que amaba tanto al Bost ayer, hoy lo detesta, o a la inversa. Bajo esta ilusión, asesinan al discípulo.

Bien. El discípulo ha nacido y ahora ya hay alguien con quien se puede hablar; es él, es el discípulo, alguien a quien se le pueden dar verdades sobre las emociones, los pensamientos, el cuerpo, las sensaciones, el sexo, las identificaciones. De todo esto se puede hablar al discípulo y él puede escuchar. No piensen que *ustedes*, que no existen en tanto que ustedes, han establecido la menor relación con Arnaud. El discípulo ha establecido una relación. Pero otras partes de ustedes no han establecido esta relación, ¡en absoluto! El camino es la armonización de esta multitud alrededor del discípulo; ¡entonces no se decepcionen si esto todavía no ha ocurrido! No partan del postulado de que ya deberían estar unificados y en armonía; porque si no van a estar todo el tiempo en la no-verdad y en la contradicción; se pedirán lo imposible y comenzarán de nuevo con las acrobacias de la mentira y del mental. La habilidad del mental es la utilización de los pronombres personales: "yo", "mí", "tú", como si ya lo hubiéramos logrado. "Yo" ¿qué yo?, "tú", ¿qué tú? Pero si reconocen lo que estoy diciendo ahora, entonces el mental ya está puesto en entredicho. Ya pueden entender un punto respecto al gurú. ¿Qué es lo que él ve? ¿Cómo actúa? ¿Qué diferencia hay entre el gurú y las demás personas con las que ustedes se relacionan? Es que esto de lo que hablo, el gurú ya lo ha comprendido, lo ha vivido y ha perdido las ilusiones que ustedes todavía tienen. Esta armonización ya se ha llevado a cabo en él. Las personas ordinarias que se encuentran creen que cada vez es "yo" que encuentra al "tú", lo cual no tiene ningún sentido, pero el gurú nunca es tomado por sorpresa porque nunca tiene la ilusión de que está frente a un individuo estable y unificado. Él sabe: "Veo llegar delante de mí a una multitud cambiante, un conjunto contra-

dictorio de pensamientos, de miedos, de deseos, algunos latentes, subconscientes, otros patentes, manifestados; veo venir a
mí una incoherencia, sometida a un cierto orden de causas que
producen efectos y, en el corazón de esta incoherencia, está
el discípulo. Yo sé muy bien que este discípulo representa una
parte y no la totalidad". Si vemos esto, si lo admitimos, nunca
estaremos desprevenidos.

No vale la pena perder mi tiempo y hablar a tal o cual
parte momentánea y pasajera de la incoherencia. El primer
trabajo del gurú es llevar al discípulo a la superficie, cuando
éste está sumergido por las olas como la roca al borde del
océano. Después, cuando el discípulo está ahí, se le puede
hablar. Pero hablar de enseñanza cuando el discípulo no está
ahí, es inútil. El gurú les va a ayudar a desgastar, a debilitar las
partes de ustedes más hostiles al discípulo.

Por esto digo que la palabra camino es más justa que
la palabra enseñanza.

Ahora pueden ver un poco mejor lo que podía ser la
distinción entre candidato a discípulo y discípulo en la enseñanza de Swamiji. "Candidato a discípulo" no es alguien que
puso su candidatura para que un gurú acepte ayudarle. Es
alguien que tal vez esté ya en relación con el gurú desde hace
muchos años pero que todavía es un candidato-discípulo,
porque el discípulo no es aún lo suficientemente fuerte en él.
Cuando aquél que yo llamo "el discípulo" se ha convertido
realmente en el maestro dentro de ustedes, en ese momento se
puede decir que se han convertido en verdaderos discípulos.
Pero ésta es una etapa muy, muy avanzada. El discípulo ya no
puede ser sacudido, no puede ser puesto en entredicho, no
puede ya ser rebasado por voces contradictorias.

Al principio, esas contradicciones están aún ahí, no
lo olviden. Sepan reconocer en ustedes al discípulo, que en

ustedes los reyes magos rindan homenaje al discípulo y que los pastores rindan homenaje al discípulo. Esto puede hacerse solamente si las diferentes partes en ustedes no sienten que el discípulo es un enemigo y no tienen miedo. Si es verdaderamente un discípulo, reconocerán su grandeza. No teniendo más miedo, estarán atraídas y querrán cooperar. Si no, harán que reine el terror dentro de ustedes mismos y no serán más que dictadores. La parte de ustedes que quiere hacer reinar el terror, por ambición, por orgullo, por alcanzar la meta antes de tiempo, no puede ser discípulo.

Sepan reconocer al discípulo entre todos los que los rodean aquí. Si creen que la totalidad de Christiane es un discípulo, o que la totalidad de André es un discípulo, se sorprenderán todo el tiempo. "Ah, ¿cómo una gran discípula como Christiane o un gran discípulo como André, se atreve a decir eso y a hacer lo otro?". No. Sepan reconocer al discípulo en la complejidad de Christiane y en la complejidad de André, y todo se volverá más claro. Estarán menos sorprendidos, les chocará menos, se sentirán menos desorientados, menos indignados. El progreso es el progreso del discípulo en el interior del resto de ustedes mismos; este es su progreso y es el de los demás que les rodean. Ojalá puedan ante todo estar convencidos de esto y no olvidarlo. Todo se volverá más fácil porque todo se volverá más verdadero; mientras más verdadero más fácil será, mientras menos verdadero más difícil será.

***

Una conocida frase budista comienza así: "Despierto entre los dormidos". Se habla a menudo de ceguera y de visión, de ignorancia y conocimiento, de servidumbre y liberación. En el cristianismo se dice caída y redención. El vocabulario cambia, pero la realidad es la misma.

Lo que es interesante, en estos diferentes puntos de vista, no es tanto la manera en que se designa la meta, o el resultado, sino la manera en la que se atrae su atención sobre un aspecto u otro de la condición de la cual se trata de escapar. Algunas enseñanzas ponen el acento sobre la condición ordinaria y nos parecen pesimistas porque describen la vanidad de la existencia o el estado del sufrimiento; otras ponen el acento sobre la meta final. Parecen más optimistas porque presentan al hombre como alguien que está llamado a la liberación, a una emancipación de todas sus ataduras, a un cambio radical de su consciencia o de su ser.

Hablar de despertar respecto a una vida que se desarrolla en el sueño, es una expresión fácil de emplear y esta idea de un hombre despierto puede hacer eco en ustedes. Pero ¿quién puede comprender en qué aspecto es justa esta palabra —sueño— y quien está convencido de vivir su existencia en el sueño?

Pueden comenzar a comprenderlo de dos maneras. En primer lugar, si se entrenan a la vigilancia, a la presencia a uno mismo, se darán cuenta hasta qué punto esta vigilancia se les escapa, lo difícil que es estar presente a uno mismo, y cuán rápido uno está arrastrado por los eventos externos. Algunas expresiones como "recuperarse, reponerse, encontrarse a sí mismo, recogerse" son reveladoras. Y, por otro lado, no se trata de un sueño en el que permanecemos tendidos en la cama sin movernos. Es un sueño durante el cual se actúa, y no se actúa como un sonámbulo cuyo comportamiento es bastante inofensivo. Se actúa como alguien que ha sido dormido por un hipnotizador y que, gracias a este sueño hipnótico, recibe órdenes y se ve obligado a cumplirlas. Esto merece ser bien comprendido porque de ese modo podrán ver enseguida cómo esto se aplica a ustedes. Por el contrario, si se logra estar despierto gracias a la "vigilancia", aparece una libertad, porque estas influencias, que yo comparo a las de un hipnotizador, no pueden ya ejercerse.

Eliminen la idea que puedan tener de algo un poco misterioso como un hombre fascinante que, en un vagón de tren, con su mirada irresistible, hipnotiza a una mujer, como podemos leer en una obra literaria fantástica. Hablo de una realidad que no tiene nada de misterioso y que ha sido empleada en la medicina a comienzos de siglo XX. Si un sujeto se deja dormir por un hipnotizador, está aparentemente dormido como todo el mundo, en el sentido de que si hay ruido, no lo oye, si alguien le habla, no lo oye, pero puede escuchar lo que le dice el hipnotizador y obedecer sus órdenes. Se ha pensado que podría haber en ello un medio de tratamiento psicológico o de curación. El hipnotizador hace a alguien relajarse completamente. Le dice: "Usted duerme, duerme, duerme", la persona se deja transportar a un estado de sueño, el hipnotizador le da una instrucción y esta orden será cumplida inmediatamente por el sujeto sin que él sepa por qué y creyendo que la iniciativa viene de él.

Sucede que mi padre durante su juventud, cuando cursaba psicología, estudió y practicó la hipnosis con doctores y a veces me habló de ello. Imaginemos que yo pueda escoger a uno de ustedes que acepte prestarse a la experiencia. Le llevo a un estado hipnótico y le digo: "Esta tarde, en lugar de cenar aquí con nosotros, irá a comer al *Albergue de Auvernia* en el pueblo de Saint-Gervais, al restaurante de la Sra. Lafont". Y este, que ha recibido esta instrucción pero que no la recuerda en absoluto, a partir de las cinco de la tarde sin saber por qué, ni lo que quiere ni lo que va a hacer, comienza a prepararse para estar listo a las siete y media y así obedecer la orden. Tal vez lo que les digo les parezca sorprendente, pero no hay nada de misterioso en ello que no haya sido ya aceptado por nuestra sociedad moderna. La verdad, es que no se puede hipnotizar a un sujeto que no se preste a ello, que no lo acepte. Las historias de personas hipnotizadas en contra de su voluntad, que caen bajo el poder de la mirada hipnótica de un hombre que, después de haberlas hipnotizado, les da la instrucción de cometer un crimen, es algo que pertenece a la novela. Es necesario que el sujeto se preste a dejarse hipnotizar. ¿Y qué es lo que pasa? Numerosas experiencias han sido llevadas a cabo a este respecto. El sujeto se ve llevado a ejecutar la instrucción que le ha sido dada y comenzará a organizarse para llevar a cabo esta instrucción. Si se le dice "¿qué haces?", encontrará una justificación –siempre.

Si retomo el ejemplo anterior, aquél de ustedes que se dejará dormir y que aceptará este mandato, a las tres o a las cuatro de la tarde encontrará una excusa cualquiera para ir a hacer compras a Saint-Gervais en Auvernia, aunque en realidad no tenga ninguna necesidad de hacerlas.

Una vez en Saint-Gervais, conseguirá retrasarse y luego le parecerá que no es posible regresar aquí y llegar tarde a la cena, lo cual sería una falta de disciplina a una vida comunitaria y que, por consiguiente, no le queda más que cenar en el Albergue de Auvernia. Y, cuando regrese tarde en la noche, si se le pregunta: "¿Qué ha sucedido?" –"Pues fui a Saint-Gervais a hacer unas compras absolutamente necesarias; después se me hizo tarde porque aproveché para averiguar el precio de unas herramientas que tenía la intención de comprar, y cuando me di cuenta de que ya era tarde, comprendí que era mejor que fuera a comer en el restaurante de la Sra. Lafont". Él estará convencido de que todo esto lo decidió libremente.

Que, a las tres de la tarde, decidió libremente salir a Saint-Gervais a hacer unas compras que no eran necesarias y que, libremente, decidió permanecer en Saint-Gervais y que luego, también libremente, decidió, antes que llegar tarde aquí, ir a comer al restaurante de la Sra. Lafont. Siempre encuentra justificaciones. En la hipnosis, tal como ha sido practicada, si se da una orden demasiado grave, el poder del sueño hipnótico y del mandato no tienen efecto. Pero en la existencia humana ordinaria, incluso las instrucciones graves dadas por un cierto "hipnotizador" del que vamos a hablar, sí serán ejecutadas.

Es un tanto sorprendente para ustedes escuchar esto, sobre todo si nunca han reflexionado sobre esta cuestión del hipnotismo que está pasada de moda, pero que es una comparación tradicional antigua y muy rica de sentido. Se dice en el Génesis que Dios sumergió a Adán en un sueño profundo y que, a partir de ahí, Dios creó a Eva de una costilla de Adán. Este fue el origen de la dualidad y de la expulsión del Paraíso primordial de la no-dualidad. Y no está escrito en ninguna parte que, después de haber sumergido a Adán en un profundo sueño, Dios haya despertado a Adán. Podemos concluir pues que ese sueño continúa, que incluso en la tradición del Génesis, la condición humana ordinaria es comparada también a un sueño y que todo el juego de la dualidad, fruto del árbol del conocimiento del bien y del mal, no es posible sino dentro del sueño. Si existe el despertar, un despertar real, la condición humana ordinaria es rebasada.

Lo que los hindúes llaman *maya*, lo que los budistas llaman *mara*, actúa como un hipnotizador que, habiendo sumergido al hombre en el sueño, le da instrucciones que se siente impulsado a ejecutar sin comprender qué, por qué ni cómo —sin consciencia.

Voy a tomar un ejemplo universal. Es simplemente el del despertar a la sexualidad, por lo menos en el caso de los muchachos, en los que se despierta de una manera más brutal y brusca que en la mayoría de las mujeres. Sylvain, que tiene casi trece años está muy orgulloso, todo feliz, porque su pubertad comienza; le aparece un poco de bigote, un poco de vello en el pubis y el cambio de voz ha comenzado. Está contento de ver que algo sucede y que se va a convertir en hombre.

Qué ejemplo tan sorprendente de este poder que *maya* ejerce sobre nosotros y que luego hacemos nuestro como si tomáramos la libre decisión de hacer las cosas. He aquí un muchacho para el cual la sexualidad es un tema para hacer bromas con los amigos. En la sociedad actual la literatura erótica circula más fácilmente que en mi juventud y los muchachos saben a los doce años lo que nosotros sabíamos a los dieciséis. Pero incluso si estos jovenzuelos pueden bromear más o menos tontamente sobre la sexualidad, aunque lo sepan todo, aunque estén al corriente de todo, el instinto sexual no ha nacido en ellos. No se verá a un muchacho de doce años dando vueltas en la cama sin poder dormir porque tiene demasiadas ganas de hacer el amor con una mujer, que sale a las calles mirando intensamente a las muchachas, que regresa infeliz a su casa porque se siente frustrado, que no se atreve a abordar a las mujeres, o que no logra seducir. Le pregunto a los hombres, cuya pubertad ha llegado bruscamente: "Recuerden lo tranquilos que estaban a los doce o trece años, sin problemas, en paz, eso no les preocupaba, eso no les daba vueltas por su mente, no les hacía sufrir, no les obligaba a buscar a cualquier precio la satisfacción de ese instinto sexual, no les imponía cierto tipo de sueños, de pensamientos, de temores, de problemas. Recuerden cómo de repente, inevitablemente, inexorablemente, en el momento de la pubertad dicho instinto nació y cómo, un año después, el mundo había cambiado". No hablo de convertirse en un obsesionado sexual, pero saben que hay días en los que un estudiante que está dispuesto a aplicarse al estudio no está ya en condición de hacerlo porque la sexualidad le empuja, le remueve, le lleva y le reclama, reclama, reclama una pareja del sexo opuesto. La educación, los condicionamientos religiosos, familiares, morales, sociales pueden intervenir, ciertas ideas o concepciones personales en cuanto a una cierta manera de vivir pueden intervenir también, pero el hecho fundamental es la fuerza con la cual este instinto sexual aparece, incluso si aparece en ciertos casos bajo la forma de la homosexualidad y no de la heterosexualidad.

Entonces observen cómo este hipnotizador, que pueden llamar la naturaleza, que pueden llamar la prisión, ignorancia, ceguera, el sueño, que pueden llamar el Maligno, miren como este hipnotizador actúa. Él da esta orden al niño: "En un año tendrás una visión absolutamente nueva sobre el sexo femenino, en un año experimentarás la necesidad de hacer el amor. Esta orden te es dada hoy y tú la cumplirás obligatoriamente en un año". Esto es lo que ocurre, generación tras generación; a los catorce años, en la pubertad, esta orden dada por la naturaleza es ejecutada. Y el adolescente va a imaginarse enseguida que se interesa en el sexo femenino libremente, que hace libremente una llamada telefónica para encontrarse con esa muchacha ese día, que cambia su peinado y cambia sus blue-jeans por un pantalón de terciopelo porque cree que eso le hará más seductor. Los hombres actúan "libremente" para satisfacer este impulso sexual, que les empuja a ganar dinero, a viajar, a hacer culturismo si no se creen atractivos, a hacerse retocar la cara en un instituto de belleza, a traicionar a su país, a cometer crímenes, locuras o actos más justos, pero no más libres.

Ustedes no pueden negar el poder, y en algunos casos el poder absoluto, de la función sexual propiamente dicha, o del interés por el sexo opuesto, interés que no existía de esta manera tan poderosa antes de la pubertad. La jovencita se torna preocupada por atraer al hombre, por ser amada, por tener éxito con él; la muchacha a la que ningún muchacho dirige su mirada sufre –y actúa. ¿Pero podemos decir que esta acción es una acción libre? Es simplemente un mecanismo biológico de la especie que corresponde al conjunto del proceso del universo, así como los árboles cada primavera dejan crecer las nuevas hojas y los brotes, así como aparecen las flores, que son los órganos genitales de las plantas. La naturaleza entera está basada sobre la atracción del macho y de la hembra, la reunión de las polaridades opuestas. Y he aquí que esta orden, como la orden de un hipnotizador, es dada al niño de doce años. En el momento en que el primer vello surge sobre el bigote y el pubis, como un hipnotizador que les dijera a uno de ustedes: "Mañana irás a comer al restaurante de la Sra. Lafont a St. Gervais-d´Auvergne", la naturaleza dice: "En dos años serás impulsado por el instinto sexual, estarás fascinado por las mujeres". Y la comedia comienza de nuevo con cada hombre, con cada generación, desde que existen hombres sobre la tierra. ¿Dónde está la libertad?

Miraba a ese muchacho de doce años, tranquilo en su ignorancia, en su despreocupación, en su feliz libertad, para quien esto hoy no constituye un problema y yo sé que inevitablemente en dos años eso será un problema. Habrá perdido su libertad y será arrastrado por una fuerza mucho más poderosa que él. Y él lo justificará y dirá a su vez: "Soy yo quien quiso hacer esto, soy yo quien quiso hacer aquello". ¿Cuál es ese yo? ¿Es este "yo" quien decide hoy pongo en movimiento toda una transformación endócrina, la cual me va a poner inmediatamente bajo el poder de una fuerza sexual que me perturbará, que me obligará a actuar, que me causará problemas, que quizás me hará cometer grandes errores, que me hará tal vez pasar por muchas horas de malestar, de tensiones y de sufrimiento? ¿Soy yo el que lo ha decidido libremente? ¡Vamos, ustedes lo saben bien, es evidente que no!

¿Pueden reconocer que toda la existencia es así? En ese sueño, una fuerza, que se expresa a través de las leyes de las cadenas de causas y efectos, da sus órdenes. Y el hombre obedece sin comprensión, sin consciencia y sin posibilidad de no obedecer.

Queda muy claro si tomo el ejemplo de este brutal despertar al deseo sexual en el muchacho de quince años, que verdaderamente cambia de un mundo a otro. Pienso que todos los hombres que me escuchan pueden acordarse de ello, y cada mujer puede recordar también la transformación que se operó en ella en el momento de la pubertad y de cómo nacieron en ella nuevos pensamientos, nuevos deseos, nuevas motivaciones, con los cuales la consciencia se identifica completamente, para retomar el término de Gurdjieff, que también era el de Swamiji.

Lo que ustedes deben aceptar, es que es una verdad aplicable a todo, porque el hombre no es vigilante. Por esta razón Cristo dice tan a menudo en los Evangelios: "Vigilen". Las vírgenes sabias son aquellas que se mantuvieron despiertas y las vírgenes necias son las que se quedaron dormidas. "Vigilen, vigilen y oren". Una vez le preguntaron a Buda si podía resumir toda su enseñanza en una sola palabra y la palabra que utilizó es la que nosotros traducimos por vigilancia. Esta vigilia es una actitud interior bien conocida en la cual se entrenan todos los monjes, ya sean cristianos, zen, hindúes y todos los sufís.

Si un ser humano está en vigilia, es decir que está en un estado de vigilancia, el hipnotizador ya no tendrá ningún poder sobre él. Las órdenes están ahí, pero él no está obligado a cumplirlas, no tienen ninguna influencia sobre él, porque está, al menos momentáneamente, despierto. Después, si vuelve a caer en el sueño, de nuevo el hipnotizador puede dar sus órdenes; y el hombre las lleva a cabo y las transforma en una ilusión de libertad. Cuantas personas en la vida diaria les han dicho a ustedes: "¡No sé qué me ha sucedido! Verdaderamente fue algo estúpido. No debí haberlo hecho. Ahora tendré que reparar el daño que he hecho. Por qué...", sin hablar de los casos graves en los que nos encontramos delante de un tribunal.

Es por causa de esta falta de vigilancia que todo lo demás se vuelve posible. Las grandes dificultades sobre el camino de la sabiduría —la violencia, los celos, la codicia, el miedo, el orgullo—, todos esos obstáculos no serían posibles si no hubiera esa falta de vigilancia fundamental. Las cadenas de causas y efectos o de acciones y reacciones tienen pleno poder sobre ustedes, a través de los mecanismos biológicos, fisiológicos, hormonales, nerviosos, y a través de mecanismos psicológicos, sociales, económicos, políticos, atmosféricos, meteorológicos, en suma, todo lo que la ciencia estudia. Es un conjunto de leyes, es decir de determinismos. Y lo que las "ciencias humanas" estudian, es la manera en que estas leyes y estos determinismos se aplican al ser humano.

Ciertas ciencias nos enseñan que estamos determinados biológicamente; otras nos muestran cómo los fenómenos fisiológicos se producen en nosotros, cómo producirá tal resultado la absorción de cierta substancia. La psicología y la sociología nos muestran cómo el medio cultural, las influencias familiares, las ideas que prevalecen en una sociedad en un momento dado, e incluso la apropiación de los medios de producción según la explicación marxista del hombre, cómo todos esos factores nos condicionan. Y, no obstante, todo esto, continuamos creyéndonos libres.

La manera más efectiva con la que podemos escuchar esta verdad es el lenguaje del sueño en el que hemos sido sumidos por un hipnotizador que puede así darnos las instrucciones que él quiera y obligarnos a ejecutarlas.

Un día —¿por qué no hoy?— tendrán que escuchar este lenguaje como algo que les concierne directamente. Esto produce un choque. Y lo que puede tranquilizarlos, ayudarlos a sostener este choque, es saber que no son los únicos, que todas las enseñanzas hablan de ello, que es la regla del juego, que así es la condición humana. Aceptan sin discutir que necesitan de pulmones para respirar, de agua para beber. Lo que yo les estoy describiendo es la condición humana, de la cual Cristo, Buda, los Upanishads, los grandes maestros zen y todos los sabios han dicho que es posible escapar. Esto es lo que está en juego. Es otra manera de decir que el hombre es movido como una marioneta. *It is the status of a slave*, decía Swamiji: es la condición del esclavo. Cada uno debe enfrentar esta verdad que inicialmente puede resultar sorprendente, luego asustar, pero que puede ser aceptada si nos damos cuenta de que no constituye toda la verdad.

Cada uno debe preguntarse: "¿Qué respondo a esto? En lo que concierne al fenómeno masivo de la pubertad, no puedo negar nada. ¿Será verdad con respecto a los demás aspectos de mi existencia?". Sí, es verdad. Por esto existen todos los yogas, las ascesis, los monasterios, los gurús, los discípulos, donde quieran que los busquen en la historia o sobre la superficie del planeta. Algunos hombres han tomado consciencia de esta verdad y han querido escapar a ella. Existen muchos métodos y muchas técnicas diferentes para despertar. Cada uno puede encontrar el yoga, el ashram, la enseñanza que le convenga.

Si se fijan bien, verán cuántos gestos hacen sin haber decidido hacerlos; prácticamente todos. Cuántas palabras dicen sin haber decidido decirlas; prácticamente todas. Cuántas conversaciones comienzan sin la decisión consciente de ponerse a hablar. Y luego miren, no ya en el detalle de la vida cotidiana donde es perfectamente perceptible, sino en las grandes directrices de su existencia, cómo se desarrolla todo. Pueden siempre justificarse y creer que son libres; pero, si se despiertan, aunque sea un poco, verán que eso no es verdad. Caerán en la cuenta: "Pero ¿quién me dirige?, ¿quién me da órdenes? Soy como el sujeto hipnotizado que comienza 'libremente' desde las 3 de la tarde a organizar su expedición a Saint-Gervais para poder decidir, no menos libremente, cenar en el restaurante de la Sra. Lafont".

La vigilancia es expresada en inglés con las palabras *awareness, mindfulness, collectedness, self-remembering* y, en español por recogimiento, o consciencia o, según la vieja expresión cristiana, presencia a sí mismo y a Dios. No existe la presencia a Dios sin presencia a sí mismo y no existe una real presencia a sí mismo sin presencia a Dios, si quieren utilizar el lenguaje religioso. Demasiados, entre ustedes que se llaman cristianos, recibieron solamente una formación moral y teológica; un poco de estudio del dogma y un poquito de moral. Y el cristiano ordinario, ya sea protestante o católico, no tiene ningún conocimiento de lo que se llama la teología ascética y mística. Si estudian lo que constituye la esencia de la vida de los monjes benedictinos, de los monjes trapenses, de los monjes cartujos o de los monjes del monte Athos, verán que toda su vida gira alrededor de esta necesidad de vigilancia.

El número de técnicas que los hombres han podido inventar, utilizar, transmitirse unos a otros para estar en estado de vigilancia, es inmenso. Algunos, que no eran ni enfermos ni masoquistas, utilizaron simplemente algo que les hacía sentir un cierto sufrimiento físico, algo que se llevaba bajo la vestimenta y que aportaba un cierto dolor. Este dolor, cada vez que es sentido, nos recuerda la decisión que hemos tomado de vivir despiertos y nos lleva a la consciencia de nosotros mismos. En el libro *Fragmentos de una enseñanza desconocida*, Gurdjieff dice que es necesario inventar todo el tiempo nuevos timbres para el despertador porque nos acostumbramos a un determinado timbre y éste deja de despertarnos.

La arquitectura de los monasterios, ya sean zen, trapenses o tibetanos —todos los monasterios donde he pasado un tiempo o he vivido— el horario del día, la vestimenta, la utilización de sonidos, las reglas particulares *aparentemente inútiles para una vida en el sueño*, todo está destinado a permitir dicha vigilancia. En ese estado de vigilia, las órdenes del hipnotizador ya no tienen poder sobre nosotros.

De aquél al que yo llamo el hipnotizador, el cristiano dirá: "Es el tentador, es Satanás". Pero todo viene de ese hipnotizador, no solamente el hecho de robar, mentir o cometer un crimen; todas las acciones de la vida, incluso aquellas que se consideran inofensivas, incluso las que se consideran como dignas de elogio, admirables, vienen de dicho hipnotizador. Por esto se dice de la Realización que trasciende completamente tanto el bien como el mal, el bien habitual tanto como el mal habitual. Es el hipnotizador el que sugiere a algunos: "Abre un orfanato o da mucho dinero a una obra de caridad". Y es el mismo hipnotizador el que sugiere a otro: "Dispárales a los policías si llegan mientras estás haciendo un atraco". No existe más libertad en un caso que en el otro. Simplemente, según el nivel de evolución que uno haya alcanzado, las órdenes del hipnotizador serán diferentes. Saben que una primera parte del trabajo sobre el camino consiste, incluso antes de que comprendamos como podremos liberarnos, en sentir, y en sentir cada vez mejor, hasta qué punto estamos en poder de estas influencias. Y estas influencias son mucho más complejas hoy en día de lo que eran en una sociedad simple.

Cuando se comienza el camino del conocimiento de sí mismo, nos fijamos en cómo nunca nos hemos dado cuenta –y en cómo nunca hemos querido darnos cuenta– de la manera en que la herencia nos afecta. A veces, nos vemos como el reflejo de nuestra madre o de nuestro padre y esto, ya de por sí, pide un nivel real de conocimiento de uno mismo. Es aún más doloroso ya que, muy a menudo, ustedes se encuentran en conflicto con su padre o su madre y no están nada orgullosos de ser una réplica de ellos. Esta herencia existe físicamente, pero también existe mentalmente, ya sea por imitación –"de tal palo tal astilla"–, ya sea por reacción –"de padre avaro hijo generoso". En ambos casos no existe libertad.

Así pues, la primera constatación que hace el discípulo es su falta de vigilancia, su distracción. En ese estado de sueño, no es posible "hacer la voluntad de Dios". Se hace lo que se denomina hacer la voluntad propia, la del ego o, en otro lenguaje, la voluntad de Satanás. Esta voluntad del ego puede ser una voluntad no violenta, generosa, pero no es la libertad o el despertar. A veces los hombres generosos llegan a oponerse juntos: protestantes contra católicos, católicos contra ortodoxos, cristianos contra musulmanes, hindúes contra budistas, todo eso en nombre del amor al prójimo. Imagínense cuán contento está el Maligno y cómo se frota las manos.

Que cada uno vea en qué le concierne. Pueden escuchar la verdad aparentemente terrible de la que estoy hablando hoy, porque existe una posibilidad de escapar de ella. Pero ustedes no escaparán si, para empezar, no están convencidos de que lo que digo es verdad. Si no se dan cuenta de que estos mecanismos, estas cadenas de causas y efectos son todopoderosas sobre ustedes y les ordenan acciones que no son más que reacciones. Ustedes llevan a cabo estas acciones como un sujeto que está hipnotizado, como sujetos hipnotizados están convencidos de que las llevan a cabo libremente, como sujetos hipnotizados las justifican. Eso no es una vida. En todo caso, no es una vida en la cual están todo el tiempo en paz con ustedes mismos, todo el tiempo en paz con los demás y todo el tiempo en estado de amor.

Entonces observen cómo va el mundo. Miren, es tan simple. Tantas buenas intenciones y tanta violencia. Todos los hombres sueñan con un mundo mejor. Los cristianos integristas, los cristianos de izquierda, los comunistas, los maoístas antisoviéticos, todos sueñan con un mundo mejor. Cada uno, en lo más profundo de sí mismo, lleva una nostalgia de la belleza, ternura, armonía, generosidad. No hay un corazón endurecido que no derrame una lágrima el día en que se le hable del sacrificio de una madre por su hijo. Tanta nostalgia de paz, de amor y tanta agresividad en los hechos. La violencia está por todas partes. ¿Acaso las guerras se declaran o las persecuciones se desencadenan libremente? ¿Acaso las personas se vuelven tan infelices y hacen a los demás infelices también libremente? Vamos. Es a causa de ese sueño hipnótico en el que vive la humanidad.

Ustedes pueden entender este lenguaje antiguo. Les concierne más vital y directamente que el lenguaje de Marx, de Mao Tse-Tung o de Jean Paul Sartre. Es la verdad más grande, la más unánime y universalmente admitida entre las diferentes enseñanzas esotéricas. Pero no podrán liberarse si no despiertan. El despertar es la condición de la libertad y, para despertarse, es necesario luchar.

Imaginen que alguien les juegue una broma pesada haciéndoles tomar, sin que ustedes se den cuenta, tres pastillas de somníferos —cuando una es suficiente para dormir y dos para los grandes insomnes— y que luego tengan que llevar <

a cabo una tarea importante, una operación quirúrgica si usted es médico, algunos cálculos si es ingeniero o conducir un coche si es chofer; y ustedes luchan, luchan, luchan contra el sueño. Esta es la condición del monje. El monje es un hombre que lucha contra su sueño, que lucha por estar en estado de vigilia, hasta el despertar definitivo donde ya no es necesario luchar. Mientras que el hombre que nunca se abrió a este género de verdades no lucha en absoluto; una fuerza lo mantiene en el sueño y él se abandona de todo corazón y "sueña". "La vida es un sueño", "todo tiene naturaleza de sueño". O en un lenguaje mucho más fuerte: obedece a las órdenes del hipnotizador.

Pueden examinar cualquier técnica ascética o yóguica reconocida. Verán que dichos criterios se aplican siempre. Se trata de hacer crecer, por un lado, la convicción de que el despertar es necesario y, por otro, la posibilidad de despertarse. Volvemos a dormirnos y de nuevo somos una marioneta en manos del hipnotizador y después nos despertamos de nuevo un poco. Que dicho hipnotizador tenga poder sobre nosotros a través del inconsciente, es cierto. Que tenga poder sobre nosotros a través de los funcionamientos biológicos, es cierto. Pero algunos seres se han despertado: los maestros sufís están despiertos, los maestros tibetanos están despiertos, los maestros zen están despiertos, los maestros hindús también..

Ellos se han despertado y el hipnotizador ya no tiene poder sobre ellos.

Se puede decir que la acción se vuelve libre o espontánea. Se puede decir que ejercen solamente la voluntad de Dios. El lenguaje cambia, se vuelve más o menos eficaz, puede ser más o menos bien comprendido o, al contrario, mal interpretado, pero la experiencia hacia la cual apunta el lenguaje permanece la misma: libertad.

Si miran la superficie, entre un ashram hindú en la llanura, un monasterio tibetano en las montañas, un monasterio zen tan austero, un monasterio trapense con su fervor religioso y el culto de la Virgen, ¿qué tienen en común? El observador superficial no ve más que una cosa: las diferencias cuando no las contradicciones o los conflictos. La primera observación que salta a la vista es que no hay nada en común –aparte del silencio durante las comidas, tal vez– entre un monasterio zen, un ashram hindú y una cofradía de sufís. Nada. ¿La vestimenta? No, los sufís no tienen una vestimenta monástica. ¿Entonces qué?, ¿la arquitectura? Tampoco. Algunos maestros hindúes reciben en una casa ordinaria que no tiene ninguna arquitectura especial. ¿La alimentación? Los sufís comen carne, los tibetanos comen un poco también, los hindúes no la comen. ¿Los rituales? Ustedes encuentran rituales en el hinduismo, los encuentran en el budismo tibetano, y no verán ninguno en el sufismo. La realidad común es ese esfuerzo de vigilia y de vigilancia. Esa es la esencia que encontrarán en todas partes. El monje trapense es un monje que lucha por estar despierto y rezar; el monje zen es un hombre que lucha por permanecer vigilante.

Vuelvan a leer ciertos textos, que no hablan más que de esto: una discriminación aguda, afilada. Observen las prácticas, todas van en esa dirección, siempre, pero aquello de lo que he querido hablar especialmente hoy, no es de la meta, ni de los medios, es de la condición humana ordinaria.

Nos olvidamos, somos arrastrados día tras día, porque no estamos atentos. Cuanto menos atentos estemos, menos nos acordaremos; cuanto más atentos estemos, más recordaremos. Intenten. Recuerden su propia pubertad. O miren a su alrededor como lo haría un psicólogo o un doctor. Quién puede negar que, de golpe, la naturaleza decide no solamente que usted va a cambiar físicamente sino sus deseos, sus miedos, sus impulsos, sus actos esenciales, todo va a cambiar. La orden ha sido dada y no queda más que cumplirla. Este apremio del deseo sexual en la pubertad es tan manifiesto que se ha escrito una vasta literatura sobre cierto estado de gracia del niño antes de la aparición de la sexualidad. En muchas tradiciones existe el deseo de recuperar esa libertad, de ser liberado de ese poder absoluto del sexo que ninguno de nosotros decidió libremente. Pero oigan, vean —nadie puede hacerlo por ustedes— que eso es verdad para todo. Después, podrán comprender a través de qué mecanismos les son dadas estas órdenes. Les son dadas a través de sus glándulas endocrinas, de sus traumatismos infantiles, de los *samskaras* de existencias anteriores. A falta de un conocimiento de sí mismo real, de una ascesis que no ha sido practicada, de vigilancia, el hipnotizador les da órdenes, les ordena caer enamorados de esa mujer o de ese hombre en particular, les ordena abandonar esa situación o escoger un oficio, les ordena tanto las grandes decisiones como las pequeñas, a lo largo del año, a lo largo de la vida. Y así nadie es feliz. Les ordena encolerizarse, les ordena hacer una llamada telefónica, les ordena escribir una carta. Y ustedes piensan, lo cual es la ilusión del ego: "Soy yo quien he tomado esa decisión". Pero cuántas decisiones habrán ustedes tomado que nunca cumplieron. Cuantas acciones habrán llevado a cabo que van completamente en contra de lo que, por otro lado, pretenden cumplir o alcanzar. Observen.

Buena parte del trabajo de ciertos monasterios consiste en tratar de cambiar los pequeños detalles de la vida y uno se da cuenta de que es prácticamente imposible. Pidan a alguien que tiene la costumbre de abrir una puerta con la mano derecha: "A partir de ahora la abrirás con la mano izquierda". Ni siquiera se va a acordar de que lo ha decidido y continuará, sin pensar, a abrir la puerta con la mano derecha. Innumerables ejercicios así de simples son practicados en monasterios budistas y lo primero que nos salta a la vista es hasta qué punto no decidimos. Hay también ejercicios que consisten en reflexionar lealmente sobre su propia vida y en preguntarse: "¿Cuáles han sido las grandes líneas de mi existencia, por qué las cosas han sucedido así? Matrimonio, divorcio, elección de una profesión, instalarme en la ciudad, instalarme en el campo, separarme de mis padres, ¿cómo ha sido decidido todo eso?". Y si son honestos, verán que no se trata sino de justificaciones que se dan para llevar a cabo acciones de las que no tienen la iniciativa y que les son impuestas por una fuerza que actúa en ustedes pero que no es su voluntad libre. El discípulo es un hombre o una mujer que se ha dado cuenta de todo esto que les hablo hoy y para quien se ha vuelto el asunto más importante de su vida. No puedo vivir más en el sueño. Quiero despertarme.

Pero no sueñen con despertarse de una vez por todas, con volverse lo que llaman alguien "Despierto" con D mayúscula, si antes, durante meses o años, ustedes no luchan por vigilar.

Cuando la reunión termine, dejarán esta sala dormidos, se dirigirán la palabra unos a otros dormidos; irán a poner el agua en el fuego para el té, dormidos. Y todo será así. En primer lugar, es necesario verlo. Alguien pasa, ustedes le dirigen la palabra; nunca habían decidido dirigirle la palabra. La conversación se detiene, no se sabe por qué, quizás porque alguna otra cosa ha intervenido. Entonces este sueño se convierte en su verdadero sufrimiento.

Algunos han abandonado el mundo porque las condiciones no eran lo suficientemente favorables —los poderes del sueño son demasiado grandes— y se han ido a agrupar con otros hombres o mujeres que querían conseguir despertarse. Se han juntado con un ser despierto que puede ayudarlos a permanecer despiertos. Ya sea Swamiji, el Califa Saheb-e-Tcharikar, el Sufí Saheb de Maimana, Ramdas, Dudjom Rinpoché, Kangyur Rinpoché, Gyalwa Karmapa, Khensey Rinpoché, Ma Anandamayi, ¿qué es lo que uno siente frente a ellos? Que están despiertos. Son ellos los que actúan, son ellos los que hablan. Ya no es el hipnotizador quien les da instrucciones. Y es por esto por lo que ésta libertad frente a la sexualidad, la cual no significa forzosamente continencia absoluta, pero al menos libertad, es tan importante. Pero también libertad con relación al impulso de comer, libertad con relación a la necesidad de hablar, libertad en todos los dominios. ¿Qué es lo que constituye la diferencia entre un ser al que ustedes no reconocen como un sabio y un ser al que sí reconocen como tal, ya sea japonés, tibetano, hindú, musulmán, vasco o alsaciano? El ser al que no reconocen como sabio es aquél que es simplemente llevado por el hipnotizador. En alguna parte ustedes lo sienten. Y aquél que no es dominado por el hipnotizador, sobre el cual el hipnotizador no tiene ningún poder porque no está dormido, es el sabio, es el Despierto y ustedes lo sienten. Es *él* el que está ahí: es él quien se levanta, él quien les responde, es él quien les dice: "Vengan", es él quien les dice: "No vengan", es él quien los escucha. Toda la diferencia radica ahí. No decidan al inicio: "A partir de ahora voy a vivir en estado de vigilia". Decidan: "A partir de ahora voy a observar si lo que dice Arnaud es exacto. Quiero ver si, sí o no, yo vivo dormido e inconsciente, con falta de vigilancia, falta de presencia a mí mismo". Esa es la primera etapa.

Los hindús dicen a menudo: todo este universo tan doloroso, es el juego, la *lila* de Dios. Voy a decirles en qué consiste este juego: es un juego muy interesante en el cual las personas que han sido sumergidas en el sueño deben conseguir despertarse. He aquí el juego. He aquí la *lila*. Y no, permaneciendo en el sueño, matarse unos a otros bajo las órdenes del hipnotizador, sufrir y hacer sufrir.

Si ustedes quieren saber qué diferencia importante puede haber entre el materialismo y la espiritualidad, es esa. Los materialistas de izquierda, de derecha, incluso los materialistas religiosos, obedecen a las órdenes del hipnotizador. Los espiritualistas luchan por despertarse y escapar del hipnotizador. Ustedes podrán ver a muchos grandes hipnotizados en congregaciones religiosas o en las facultades de teología, las mezquitas o los templos hindús. Demasiado a menudo la religión ha perdido de vista esta verdad esencial y se convierte en una actividad más entre otras en el mundo del sueño. No lo olviden. Yo no opongo la religión de un lado y el ateísmo del otro. Opongo el deseo intenso y sostenido de despertar para escapar del hipnotizador versus el permanecer en el sueño sin el menor esfuerzo por intentar salir de él y con toda la gravedad de las consecuencias.

***

La primera gran sugestión de este hipnotizador es la de hacerles olvidar completamente su verdadera naturaleza —ya sea que la nombren *atman* o naturaleza-de-Buda—, que es libre, unificada, feliz y llena de amor inmutable por todo y por todos. Ustedes conocerán probablemente una frase que se atribuye normalmente al budismo zen: "El cordero que balaba se transformó en un tigre que ruge". Esta es una frase que debe dar esperanzas a todos, porque el cordero que bala no nos parece un animal muy glorioso, y para los asiáticos no es el león el rey de los animales sino el tigre. En esta frase, el tigre no es considerado como animal feroz, sino como animal valiente, poderoso, respetado por los demás. Lo contrario de un cordero. Y puede parecerles que la disciplina espiritual lleva a cabo un milagro bien extraordinario transformando a un cordero en tigre. En verdad, esta frase célebre hace alusión a una historia contada por innumerables gurús hindús y tibetanos, y que yo he escuchado a menudo con algunas variantes. Esta historia bien antigua dice que un día un tigre, que hacía incursiones en un poblado y diezmaba los rebaños, había sido matado y un pequeño bebé tigre inofensivo, asustado, vino a llorar en medio de los corderos del rebaño y había comenzado a mamar de una oveja. Como ese bebé tigre era divertido, el pastor lo dejó quedarse. Y he aquí que esta pequeña fiera, todavía amamantando, aprende a vivir en medio de corderos. Cuando los perros ladran y cuando el pastor habla con voz fuerte, tiene miedo. Escuchando balar de la mañana a la noche, hace lo mejor que puede para hacer "béee" y, viendo a los demás animales comer hierba, no se le ocurre otra cosa más que comer hierba también. Esto no le hace ciertamente un tigre feliz porque ese alimento y ese modo de vida no le convienen, pero eso es lo que hace un tigre que no ha visto más que corderos. La historia supone que él no observa con demasiada atención sus patas y, como no tiene un espejo para contemplar su cara, llega a creer que es un cordero más. Todas las noches se precipita con las demás ovejas para entrar en el corral y todas las mañanas corre con las demás ovejas para pastar en el prado.

Un buen día, hay una cierta tensión entre los habitantes del pueblo y los pastores de los alrededores porque, en ese poblado vecino de la jungla se escuchó decir que un nuevo tigre estaba merodeando. Los perros ladran, los pastores se agrupan y hacen fogatas. El animal viene a atacar al rebaño, pero, para su sorpresa, ve en medio de todas esas ovejas un bebé tigre. Renuncia a la idea de devorar unas ovejas y decide recuperar a ese joven tigre y llevarlo con él a la selva. Pero, sintiendo el temor de los demás corderos y el nerviosismo de los pastores, el pequeño tigre está enloquecido delante de esta enorme bestia y se escapa gimiendo con las demás ovejas. Trata de huir, pero el tigre da un salto, atrapa con el hocico al pequeño tigre y lo carga mientras éste sigue gritando y gimiendo aterrorizado, arrancado del único mundo que conoce, el de los pastores y los rebaños.

Una vez en la selva, el tigre trata de convencer a este falso cordero de su verdadera naturaleza y de su verdadero destino. El pequeño continúa temblando de miedo. Entonces el gran tigre lo lleva al borde de un río, le obliga a mirarse en el agua y el pequeño animal tiene aún más miedo, porque en el agua ve a dos tigres en lugar de uno. Él se mira con más atención y se pregunta: "¿Qué es esto? En el agua veo al gran tigre, pero en lugar de ver a un cordero cómo todos los que he visto desde que abrí los ojos, ahora veo a otro tigre". Entonces trata de comprender. "¿Quién soy yo?". Él se observa con un poco más de atención como no lo había hecho antes. Ve que tiene unas patas rayadas en negro y entonces su memoria de cordero, su experiencia de cordero, su mental de cordero comienzan a vacilar. El tigre lo lleva a su guarida y le propone comer carne. El pequeño en un principio está horrorizado, inquieto, no es la hierba que él acostumbra pastar. Pero, poco a poco, sobrepasa su repugnancia, porque más allá de su miedo por este enorme tigre que lo ha capturado, experimenta cierta atracción hacia él. Comienza a tratar de comer un poco de carne. Y, de repente, su verdadera naturaleza se despierta, se revela y comienza a comer esa carne con fruición, a descubrir un gusto que, lejos de repugnarle, hace vibrar en él su instinto profundo. Él devora toda esa carne y, para mostrar su satisfacción lanza un pequeño balido. Al instante, el gran tigre lanza el mismo rugido que tanto había aterrorizado a los corderos. El pequeño tigre, en lugar de asustarse, siente en él el eco de ese grito y, todavía con el gusto de la carne en su boca, lanza también su primer rugido. He aquí el porqué de esta sentencia zen: "El cordero que bala se ha transformado en un tigre que ruge".

No se puede transformar a un verdadero cordero en tigre. Se transforma en tigre que ruge a un bebé tigre que se creía cordero. Y esta fuerza de sueño y de esclavitud que yo llamo el hipnotizador ha convencido a tigres gloriosos de que no eran más que corderos asustados. Todos los seres humanos son la naturaleza-de-Buda; son creados a la imagen de Dios, son la libertad, el poder infinito e ilimitado del atman. Y todos los seres humanos creen que son un pobre humano necesitado, frustrado, doloroso, vulnerable, imitando servilmente a los demás, influenciado por una mentalidad de rebaño mientras que el tigre vive solo e independiente.

Luego de haber convencido a cada hombre y a cada mujer de que sólo son Paul Dubois o Sophie Delaville, con las limitaciones de todo tipo que esto supone, el hipnotizador completa su obra hablando a aquellos que se han convertido en corderos que balan. Para estar seguro de que no van a ver sus patas rayadas y sus garras, y distraerlos así completamente, el hipnotizador explica a estos tigres transformados en corderos, que cada uno es un cordero destacado, admirable, merecedor de respeto, muy interesante, incomprendido por los demás, maltratado con relación a lo que debería dársele. Estos corderos son presa de la vanidad, del deseo de gustar, del egoísmo, cada uno tomándose por un cordero muy especial y considerando que no hay nada más extraordinario que ser un cordero y sobre todo un cordero como él. Esto hace que los corderos balen, tiemblen y no quieran despertar, es decir, que no quieran descubrir su auténtica naturaleza –un tigre que ha olvidado quien es.

El sentido del ego, la consciencia habitual que un ser humano tiene de sí mismo es una ilusión, una sugestión de *maya*, exactamente como la sugestión del hipnotizador.

En otra parábola, el tigre podrá ser tomado como un símbolo de peligro del que se debe desconfiar para no ser devorado, tal vez hasta como símbolo de crueldad. Pero, en esta parábola, el tigre es simplemente considerado como el animal más resplandeciente y el cordero como el más "aborregado". El tigre representa al gurú. Es un tigre que no se toma por cordero y que ve, en medio del rebaño, a un pequeño tigre. Este pequeño tigre tiene miedo y, al mismo tiempo, en lo más profundo, el instinto de su especie permanece vivo. Los comentarios que se pueden hacer respecto a esta parábola son numerosos. La parábola se relaciona con una corriente tradicional que la mentalidad moderna, democrática, tiende a aceptar mal. En cada generación, no todo ser humano está calificado para llegar a ser discípulo. Los orientales, hindús y budistas compensan esta restricción diciendo que eso se llevará a cabo, tarde o temprano, a través de la cadena de muertes y nacimientos. El budismo y el hinduismo no admiten un infierno definitivo. Todo ser humano será salvado un día, pero no inmediatamente. Esta parábola significa que en medio de los hombres que en esta existencia no son sensibles a esta enseñanza y que, por consiguiente, no pueden ser transformados, el gurú reconoce, entre los corderos, a un pequeño tigre, a un candidato calificado para la sabiduría. Hoy día todo el mundo se considera calificado para la sabiduría espiritual: "Eso me interesa, tengo ganas de ello, por lo tanto, tengo derecho a ello, así como a todo lo demás". No. Eso es una pretensión del ego, pero no es verdad.

Esta parábola considera que el gurú reconoce al candidato-discípulo. De un modo más sutil que el tigre que se lanza contra un rebaño de corderos, tal vez con una mirada, tal vez por una palabra, tal vez por un gesto, el gurú hace la conquista del candidato-discípulo. Cuando el discípulo está listo, el maestro se revela. Pero el discípulo, al mismo tiempo, tiene miedo. Él cree de tal manera ser un cordero, que se debate y no reconoce en el rostro del gurú su propio rostro verdadero. El gurú lleva al pequeño tigre a mirarse en el espejo del estanque. Le da la iniciación, hace elevar en él una duda sobre su naturaleza de cordero y una esperanza en cuanto a su naturaleza de tigre. Luego, le tiene que dar el alimento que lo hará crecer. Dicho alimento es la enseñanza, la ascesis, el alimento para la cabeza, para el corazón, para el cuerpo. Al comienzo ese alimento es austero, difícilmente aceptado por el discípulo, porque el discípulo está acostumbrado a un alimento nefasto y por el cual está "intoxicado". Después reconoce que este alimento más tonificante es el que le conviene. Entonces ya no se expresa como cordero. Por sí mismo comienza a expresarse como tigre. Él lanza no ya un balido sino un rugido. Sus acciones no son más las de un cordero sino las de un tigre. Ustedes conocen una frase de Cristo que dice: "No es importante lo que entra en la boca del hombre sino lo que de ella sale". La frase ha sido a menudo considerada como el símbolo de toda acción.

Vean como esta simple historia, con el espejo del agua, el alimento de carne en lugar de hierba, el primer rugido en lugar de un balido, tiene tanto significado. La parábola muestra muy bien ese primer hipnotismo fundamental: "Usted no es el atman, usted no es la naturaleza-de-Buda, usted no está creado a imagen de Dios, usted no está completo dentro de usted mismo. Es una pobre criatura amenazada, temblorosa, envidiada, criticada, dependiente. Es un cordero bueno tan sólo para balar con el resto del rebaño bajo la protección del pastor, a la vez tranquilizado y asustado por los ladridos de los perros". A partir de aquí el resto de los hipnotismos son posibles. Cuando se ha convencido a los tigres de que son corderos, se les puede decir todo lo que se quiera. El hipnotizador les ordena: "Enamórate de esta mujer, divórciate de esta otra, rompe con tus padres, compra una casa, abandona tu situación, construye, destruye, únete, sepárate".

Traten de ver cómo los dos temas están mezclados. En primer lugar, el del sueño por falta de vigilancia y luego el del despertar gracias a la vigilancia. Solamente la vigilancia les permite escapar del poder del hipnotizador en todos los detalles de su existencia que de este modo pierden su poder de atracción o de repulsión. Después vean como el primer hipnotismo, el que ha hecho creer al tigre que no era más que un cordero, puede ser puesto en tela de juicio gracias a la ayuda de un tigre que conoce su verdadera naturaleza de tigre. Aunque ustedes se opongan, o que su convicción de no ser más que corderos sea muy fuerte, el gurú puede ayudarlos a reencontrar su rostro original.

Esta historia ilustra una verdad que jamás ha sido negada en ninguna tradición. El discípulo está dividido entre el miedo y una profunda atracción –profunda porque sube de la profundidad de sí mismo– tanto más normal porque él mismo ya es "Eso" sin saberlo. En la enseñanza tradicional del hinduismo y el budismo ustedes encuentran: "Ustedes son *ya* naturaleza-de-Buda, ustedes son *ya* infinitos y libres, pero se toman por seres pequeños, muy pequeños en este inmenso universo, tan débiles y dependientes los unos de los otros, incapaces de estar en su plenitud y su no-dependencia. En el fondo de ustedes vibra el recuerdo y el conocimiento intuitivo de su grandeza. El tigre les atrae y, al mismo tiempo, les da miedo porque tienen la impresión de que van a ser devorados y que toda su vida dentro del rebaño va a ser puesta en tela de juicio. Dios sabe lo mucho que me sentí atraído por Swamiji y cuánto me asustaba. Dios sabe cuánto me sentí atraído por el alimento que Swamiji me ofrecía y cuánto rechacé ese alimento para tratar de continuar pastando la hierba a la que estaba acostumbrado. Dios sabe cuánto, en mi interior, hubiera querido poder expresarme dentro de mi no-dependencia, lanzar el rugido de un tigre y cuánto, al mismo tiempo, me agarraba a la seguridad del rebaño, a la imitación de los demás y me apegaba a mis balidos que eran los únicos actos de los que me creía capaz. Este es el destino de todos los discípulos. Aquello de lo que se han alimentado hasta el día de hoy, sus intereses artísticos, morales, profesionales, mentales y filosóficos, incluyendo sus amoríos, no es el alimento que corresponde a su verdadera naturaleza. Poco a poco el pequeño tigre aprende a comer un alimento que a primera instancia le repugna, como innumerables prácticas espirituales o ascéticas repugnan al discípulo que hace todo por escapar de ellas. Y, al mismo tiempo, si son verdaderamente tigres en un rebaño de corderos y no verdaderos corderos, este alimento dado por el gurú les atrae. El antiguo alimento, como la hierba, les parece indigno de ustedes. Cuando han comido este nuevo alimento, su verdad se despierta en ustedes.

Ninguna parábola es perfecta. Una parábola mal comprendida puede dar lugar a volúmenes de comentarios, todos más estúpidos y mentirosos los unos de los otros. No me hagan decir que hay dos categorías de seres humanos, los tigres que son creados a imagen de Dios y los corderos que no lo son. Todo ser humano sin excepción, tan derrotado como parezca a los ojos de los demás, es fundamentalmente el atman o la naturaleza-de-Buda y, un día, realizará su verdadera naturaleza. Pero en cada generación no todo ser humano tiene en él la madurez que le permitirá descubrir su realidad esencial. Tengan la seguridad de que, si hoy están aquí en lugar de estar en el cine, de pasearse por el campo o descansar, es porque en ustedes, en algún lugar detrás de los condicionamientos de cordero, el tigre ha vibrado.

***

La vía es una deshipnotización y el gurú es el gran deshipnotizador. Él puede devolverles la conciencia de su verdadero rostro y arrancarles la ilusión que los mantiene en el miedo, la dependencia y el sufrimiento. Esto es verdad de manera esencial: el fin último de la *sadhana* es la liberación. Esto es verdad también relativamente. Mientras el hipnotizador tenga pleno poder sobre ustedes en todos los detalles de sus existencias, y que los jale, como se dice de un animal, "por la nariz", que, a través de los mecanismos complejos que constituyen a un ser humano, los lance a cometer acciones que no han querido llevar a cabo conscientemente, y con las cuales no están unificados, es necesario que el gurú brille con todo su poder para tener sobre ustedes un poder más grande que el del hipnotizador.

En lugar de tener como maestro a su "mental", un día, algunos escogen como maestro a un ser libre y deciden dejarlo meter la nariz en sus asuntos. Tal vez, de manera provisional, incluso lo dejan decidir por ustedes en lo que llegan a estar despiertos. La sumisión al gurú, lo que se llama en inglés *complete surrender*, la rendición completa, no es cobardía ni debilidad. Es inteligencia y valor: ya no quiero ser llevado por un hipnotizador y me someto a alguien cuyas órdenes serán más fuertes que las del hipnotizador. Ya conocen la expresión que de entrada puede parecer malsonante: obediencia ciega. Esto no quiere decir que un ser humano que ve decide de golpe cerrar los ojos, sino que un ser humano ha reconocido que estaba ciego y se deja guiar, como un ciego pide ser guiado para atravesar a la plaza de la Concordia en París: "Señor, usted que ve, ¿quiere ayudarme a atravesar? No quiero que me atropellen". Es la obediencia de un ciego que se deja guiar por un cirujano que va a operarle de cataratas y devolverle la vista.

Ningún gurú digno de ese nombre ha tenido jamás la necesidad de mantener a alguien en la dependencia. No tiene otra meta que la de conducir al discípulo a la *no-dependencia absoluta*. ¿Creen ustedes que el tigre de la parábola haya reducido al pequeño cordero a la esclavitud? No, no tiene más que una meta, la de mostrar a dicho cordero que él también es un tigre y que, por consiguiente, no tiene nada más que aprender y nada más que recibir. El papel del gurú es simplemente deshipnotizarles. Mientras que ustedes sean deshipnotizados, el gurú puede guiarlos cómo se guía a un ciego. Pero el miedo está ahí. El cordero tiene siempre miedo del tigre. Por otro lado, el hipnotizador ha persuadido a cada cordero de que es un cordero extraordinario, ya sea por su talento de pianista, ya sea por la intensidad de sus sufrimientos como no se han visto desde que el mundo existe. Todo es bueno para probar a cada uno que es muy especial. Entonces ¿cómo quieren ustedes que un cordero tan interesante tenga ganas de dejar de ser cordero y de descubrir que es un tigre?

Vean el doble papel del gurú. Su función esencial es la de regresarlos a la verdad, regresarlos a ustedes mismos. "No es diferentes de mí, es un tigre, lo vio, parta libre". Pero mientras este despertar fundamental no haya tenido lugar, el gurú puede luchar contra las influencias del hipnotizador, siempre y cuando le den la oportunidad y le dejen intervenir. En ciertas tradiciones los discípulos no dudan en entregar prácticamente todo su destino en manos del gurú, a condición de que dicho gurú sea verdaderamente un tigre y no un cordero algo más orgulloso y algo más hábil que los demás.

***

Cuando digo "el hipnotizador" pueden aún equivocarse, es decir sentir al hipnotizador como si fuera una unidad. El hipnotizador se presenta a ustedes no bajo la forma de una unidad, *un* hipnotizador, sino bajo la forma de una multiplicidad. Multiplicidad de dinamismos en el inconsciente, de miedos, de deseos, de complejos, multiplicidad de personajes que coexisten en ustedes sin comunicarse unos con otros. Las facetas de la acción hipnótica son incontables. El hipnotizador actúa a través del sexo, de los pensamientos, de las emociones, de los deseos. A menudo he comparado al hombre con un caleidoscopio sin unidad ni estabilidad y, a través de esa falta de unidad y de estabilidad, el hipnotizador puede dar órdenes impunemente y estar seguro de que serán ejecutadas.

Esencialmente ustedes son uno, y el despertar es el regreso a esa unidad, pero en el sueño son muchedumbre. Eso no deben olvidarlo nunca. Si dicen: hay *un* hipnotizador que ha tomado el poder sobre *mí* que soy *un* cordero o *un* tigre, se expresan mal. El hipnotizador se expresa a través de cientos y miles de hipnotismos particulares y contradictorios unos con otros. Eso deben entenderlo también. Cada vez que empleamos el pronombre personal, nos encarcelamos en una mentira y una ilusión. "Él" ha hecho eso, "ella" ha dicho eso. ¿Él? Un fragmento, una emoción manifestada en ese momento, una configuración del caleidoscopio, una tendencia. No "él": tal vez un día "él". Porque ustedes creen en "yo", creen en "tú" y creen en "él". "¿Cómo has podido hacerme *tú* esto?, pero *tú* me habías dicho que, *tú* me habías prometido que…". No existe ni yo, ni tú, ni él, ni ella en el mundo relativo. No lo olviden, si no se equivocarán con toda la enseñanza y en particular con esta parábola.

Es difícil de escuchar. La ilusión es muy fuerte: soy *yo* y yo he dicho que, yo he decidido que. No. Más tarde, más tarde, cuando hayan escapado del hipnotizador, si no totalmente, al menos considerablemente. Si se les dice esto, se debatirán, aunque se les muestre, se les demuestre que no pueden decir "yo", ni "tú" ni "él": sólo se expresan impulsos, emociones, pensamientos, deseos, temores, eso es todo. Pero pueden escucharlo expresado de otra manera que lo hará más aceptable. El hombre, todas las enseñanzas lo dicen, es el resumen de todo el universo. El hombre en cuanto microcosmos, pequeño, un muy pequeño universo, está hecho enteramente a la imagen del gran universo. Hay algo halagador al escuchar que somos el resumen del universo entero. Yo me siento en una perspectiva mucho más vasta.

Miren a este universo. Es la multiplicidad. He insistido bastante a menudo en ello para no tener que extenderme largamente hoy. Es la multiplicidad, por todas partes. Miren a su alrededor, miren por la ventana, miren. Todo existe en abundancia excesiva. ¿Por qué, ya que ustedes son un resumen del universo, no iban a ser multiplicidad?

El universo es el cambio. Los físicos lo dicen, el antiguo conocimiento lo decía también, y su mirada un poco atenta lo ve también. Llueve un día, hace sol al día siguiente, los árboles crecen, los árboles viejos se secan, lo que existía ha tomado otra forma, lo que no existía se manifiesta. Miren al universo, no es más que cambio. Entonces, si son un microcosmos a imagen del macrocosmos, es normal que no sean otra cosa más que cambio.

Y el universo, ¿qué es? Cadenas de causas y efectos en acción todo el tiempo. Hay una ola de frío y las flores mueren en los árboles; hay una sequía y las cosechas sufren las consecuencias. En la práctica, en el conjunto —y de una manera que es incluso inapreciable por la mente ordinaria—, todo es causalidad, todo es dependiente.

El mundo fenoménico, o mundo manifestado, se define por el espacio, el tiempo y la causalidad. Si ustedes van a la India, si frecuentan los ashrams, escucharán a lo largo del día estas tres palabras: *time*, *space* y *causation*. Por consecuencia, si son un microcosmos a imagen del universo —y eso es verdad— son causas y efectos en acción, son cambio incesante y multiplicidad indefinida. Entonces ¿quién puede decir "yo" si hay cambio? En el tiempo que empleamos en decir "yo soy", lo que es yo ya ha desaparecido en el instante en que dicen *soy*. ¿Quién puede decir "yo"? ¿El de esta mañana que estaba en forma o el de esta tarde que está tan cansado? ¿El de la semana pasada que tenía un gran entusiasmo por la enseñanza o el de la semana próxima que ya no creerá más en ella? ¿Quién puede decir "yo"? ¿El padre de familia que quiere ganar dinero para sus hijos, el trabajador cuyo trabajo le aburre y que quisiera dejarlo, el marido, el amante, el patrón, el empleado? ¿Quién puede decir "yo"? Cuanto más miren más verán que son tan múltiples como el universo. ¿Qué significa "yo quiero", "yo decido", "yo hago", si, como en este inmenso universo, todo es causalidad? La ilusión de la que se puede despertar se expresa también en esta ilusión del yo, del tú y del él. Acéptenlo en tanto que multiplicidad. Es la ley universal y ustedes están hechos a imagen del universo; son un microcosmos. Acéptense como formas en cambio incesante, acéptense como lugar donde se ejerce la causalidad. ¿En qué se convierte el "yo" ordinario? Ese yo ordinario es una ilusión y esa ilusión la aplican al otro cuando le dicen: "Pero *tú* me habías prometido la semana pasada y *tú* no lo has hecho". No se trata del mismo *tú*. Y "él" se ha atrevido a hacer eso. No es el mismo *él* que aquél con quien se encontraron en las últimas vacaciones. *Yo*, es una trampa más del hipnotizador.

En el interior de esta multiplicidad se encuentra la unidad, en el interior de este cambio existe lo inmutable, en el interior de esta causalidad se encuentra la libertad. Si leen un libro sobre el vedanta hindú o un libro de metafísica, verán probablemente un capítulo titulado "Del uno a lo múltiple" que les indica cómo este universo llega a tener existencia; otro capítulo llamado "De lo múltiple al uno" que les explica cómo la multiplicidad puede reabsorberse en la unidad. Pero también eso se dirige a ustedes. Pueden entender el estado de cordero como la sumisión completa al tiempo, a la multiplicidad y a la causalidad en ustedes. El paso del cordero al tigre es redescubrir en ustedes lo que es la unidad que no cambia, inmutable en el tiempo y finalmente libre de los deseos y de los miedos.

¡Cuántas ilusiones sobre uno mismo! ¿No es extraordinario que en física estemos a punto de descubrir el último secreto de la energía y de la materia, el campo único en el cual todo sería resuelto y que, al mismo tiempo, hoy el ser humano tenga una tal ignorancia de sí mismo, una tal ilusión sobre sí mismo? No se habla más que de desmitificar, de destruir las supersticiones, de verdad y de libertad y, al mismo tiempo, nunca como ahora el hombre, en su condición de ser, ha estado tan hundido en la ilusión con respecto a sí mismo y en la ausencia de la libertad. ¿Cómo es posible conocer el secreto del universo y, simultáneamente, conocerse tan poco a sí mismo? ¿Creerse absolutamente libre ahí donde no se es libre e ignorar su libertad trascendente ahí donde existe? ¿Creerse unificado ahí donde no se está unificado e ignorar su verdadera unidad? Uno. "Que sean Uno como el Padre y Yo somos uno". En primer lugar, uno en el interior de sí mismo. ¿Cómo es posible creerse estable cuando se es sin parar cambiante e ignorar la eternidad dentro de sí mismo? El poder absoluto del hipnotizador sólo es posible en el no conocimiento de uno mismo. Mientras el tigre se crea cordero, el hipnotizador puede decir: "Cuidado, ahí está el pastor, cuidado ahí están los perros, sálvese quien pueda, ahí está un tigre". Pero cuando el cordero se ha reconocido como tigre, el hipnotizador pierde su poder. Para obedecer órdenes o sugestiones hipnóticas, es necesario en primer lugar haberse sumergido en el sueño. *Maya* les ha sumergido en el sueño. La naturaleza les ha sumergido en el sueño. Pero si se despiertan, el hipnotizador habrá perdido poder sobre ustedes —en lo general y en lo particular, si puedo expresarme así.

Es necesario luchar para despertarse. Vigilen, estén vigilantes. Imagínense que deben conducir después de que un bromista les ha hecho tomar tres somníferos y que es necesario, cueste lo que cueste, mantenerse despierto al volante. Vigilante, velar, es la misma palabra que vigilia. Esta es una palabra de la literatura religiosa o espiritual mundial, tanto una palabra cristiana como hindú o budista. Mientras que estén en estado de vigilancia, es decir de presencia a sí mismos, de consciencia a sí mismos, incluso relativa, aunque el hipnotizador grite sus órdenes ustedes no obedecerán. ¿Creen ustedes que un padre en estado de vigilancia puede traumatizar a su hijo? No puede hacerlo al menos que esté dormido, llevado, "identificado" como decía Swamiji empleando la palabra en el mismo sentido que el libro *Fragmentos de una enseñanza desconocida*. El hipnotizador dice: "Adelante, golpéale, insulta a tu hijo, vamos". Y lo hacen y se justifican como nos justificamos siempre: "Si, claro, pero hay que darle una lección, pues él se atrevió a enfrentarme". El hipnotizador les dice: "Deja a tu mujer, ella es fea, mira esa otra qué bonita es". Entonces, con esto se justifican: "Mi mujer no me ha comprendido nunca, nunca me ha amado". Y de repente se encuentran con un hijo natural en los brazos, otra mujer, "problemas" y eso continúa y continúa. Si están en estado de vigilia, no importará si el hipnotizador les dice: "Hazlo; hazlo". Pero si duermen, el hipnotizador susurra y ustedes lo llevan a cabo enseguida. Vigilen. ¿Se imaginan a un centinela que duerme? ¿Alguien que hace la ronda en un barco y que duerma? El gurú es también un despertador, alguien que les sacude durante su sueño. Como dijo Shakespeare: "Hagamos temblar el suelo donde sueñan estos durmientes".

Existen dos maneras de entender lo que acabo de decir. Existe la manera durmiente y la manera despierta. La manera sumisa al hipnotizador que va a comenzar su contra-propaganda y la manera vigilante que va a tratar de entender verdaderamente lo que se ha dicho y no otra cosa. Pueden haberlo escuchado abatidos, desmoralizados: "Qué duro ha sido hoy Arnaud. Nos ha abrumado, nos ha dicho que somos corderos que balan, buenos sólo para tener miedo de los golpes, para imitar a los demás, para correr por doquier y decir béee…". Sí. Pero también les he dicho que son tigres que han olvidado su verdadera naturaleza. Pueden absorber otro alimento, ya sea moral, espiritual, intelectual y expresarse, no ya como corderos pronunciando palabras de cordero y llevando a cabo acciones de cordero, sino como tigres pronunciando palabras de tigre y llevando a cabo acciones de tigre. "Arnaud nos ha dado una visión pesimista del budismo. Somos incapaces de tomar una decisión, somos conflictivos, contradictorios, es una suerte que no nos haya vuelto a repetir, una vez más, la parábola que compara al hombre con un Parlamento y que sacó de la Sra. David-Néel". De acuerdo, pero pueden también decir: "Arnaud ha atraído nuestra atención sobre esta verdad tan simple que, ya que somos un microcosmos a imagen del universo entero, somos como el universo, causas y efectos, como el universo somos cambios incesantes y como el universo somos multiplicidad indefinida. ¡Qué riqueza! ¿Cuál es el elemento eterno en este cambio? En lo que concierne al universo se le llama *brahmán*, en lo que concierne a cada uno de ustedes se le llama *atman* y los Upanishads están fundados sobre la ecuación de que el *brahmán* es el *atman*. ¿Cuál es el elemento único en su multiplicidad? ¿Cuál es el Uno en lo múltiple? El *brahmán* en lo que concierne al universo, el *atman* en lo que a ustedes les concierne. ¿Qué es absolutamente libre de la causalidad? El *brahmán* en lo que concierne al universo, el *atman* en lo que a ustedes les concierne. He aquí por qué el camino que seguimos se llama Adhyatma yoga. Les hace descubrir la unidad, en esta multiplicidad que son ustedes; en este cambio incesante que son ustedes, la eternidad; y en esta sucesión de causas y efectos que son ustedes, "la gloriosa libertad de los hijos de Dios"; Adhyatma yoga es el camino hacia el Sí-mismo. No escuchen el aspecto pesimista sin escuchar también el aspecto optimista. Y no repitan como corderos la frase: "El cordero que bala se ha transformado en tigre que ruge". Traten de sentir toda la esperanza maravillosa que está contenida en esta frase célebre.

II

VEDANTA VIJÑANA
La ciencia del vedanta

Swamiji me dijo un día que el Adhyatma yoga estaba fundado sobre cuatro pilares: *vedanta vijñana, manonasha, chitta shuddhi* y *vasanakshaya*. *Vasanakshaya* significa erosión del deseo, *chitta shuddhi*, purificación de la memoria, *manonasha*, destrucción del mental y *vedanta vijñana*, ciencia del vedanta. A primera vista, estas expresiones no revelan ciertamente toda la riqueza de su contenido.

Voy a consagrar nuestras próximas reuniones a examinar en detalle a estos cuatro métodos conjuntos. Comprendan que cada uno de ellos esclarece a los demás, así como cada uno de ellos es esclarecido por los otros tres, y prepárense para encontrar a menudo las mismas verdades puestas en contextos diferentes.

Empezaremos examinando juntos los puntos esenciales del vedanta. *vedanta vijñana* podría ser objeto de una tesis voluminosa cuya erudición estaría sostenida por numerosas citas de obras hindús clásicas y postclásicas. En otra época, leí muchos de estos textos traducidos al inglés. Algunos títulos me llegan a la memoria: *Pancadasi* de Vidyaranya, *Upadesa Sahasri, Vivekachudamani* y *Vakyavritti* de Sankaracharya, *vedan-*

tasara de Sadananda Yogindra y otros que no recuerdo ahora. Pero sólo les hablaré a partir de mi propia convicción. Este es el aspecto metafísico de la enseñanza. Pero cuando digo metafísico no lo entiendan como algo puramente filosófico. De lo que quiero dar testimonio hoy, tiene un valor concreto sobre el camino y puede ser puesto en práctica.

Los descubrimientos del camino son como las adivinanzas de los niños. Hay una imagen bajo la cual se halla escrita la siguiente frase: "La pastora ha perdido su borrego. Encuentren al borrego". Ustedes voltean la imagen en todos los sentidos y, de repente, entre las hojas del árbol o los remolinos del río, reconocen una cabeza de cordero. Mientras que no hayan visto la cabeza del borrego, no habrán visto nada, y cuando hayan visto esta cabeza, no verán otra cosa en el dibujo más que esa cabeza. Muchas verdades del camino, cuando las hemos realizado bruscamente, se vuelven muy simples: "¿Cómo he podido durante tanto tiempo errar, ver contradicciones, no comprender?". Eso me sucedió muy a menudo. Me hicieron falta muchos años y muchas estancias con Swamiji para que algunas verdades me parecieran evidentes de manera certera y definitiva. Y después existe todo un vocabulario que a veces parece contradictorio de un autor a otro. Si tienen por naturaleza la curiosidad de leer muchas traducciones y obras sobre el vedanta y el budismo, se exponen a ser ahogados más que ayudados por formulaciones que parecen incompatibles, o por el uso de palabras en sentidos diferentes. Hay otro punto: casi inevitablemente —y todos nosotros lo hemos hecho— transpondrán, incluso aquí, todo lo que leen o lo que escuchan sobre experiencias que no han tenido aún, a lo que ya conocen, en lugar de guardarlo en espera y de admitir que eso puede pertenecer a descubrimientos y observaciones de los que ignoran todo por el momento.

Lo que digo aquí va a girar alrededor de tres vocablos conocidos por todos aquellos que tienen aunque sea sólo una mínima idea del hinduismo: *sat, chit* y *ananda*. Leerán en todos los libros sobre el vedanta que, en la medida en que se pueda decir algo de la realidad suprema, ésta es *sat, chit* y *ananda*. Y se traduce *sat* por ser, *chit* por consciencia y *ananda* por beatitud. "¿Pueden estas tres palabras tener una importancia concreta para ustedes y ayudarles en su camino?". Por otro lado, seguramente habrán leído la expresión "yoga del conocimiento", *jñana yoga*, diferente del yoga de la acción y del yoga de la devoción. Este "yoga del conocimiento" no comprende en principio ni oración, ni culto, ni oficio, ni rito y este término conlleva mucha incomprensión porque de entrada es imposible hacerse una idea de lo que significa. Creo que no hay ni un solo europeo que pueda evitar confundirse de entrada leyendo las palabras "yoga del conocimiento", como si se tratara del conocimiento habitual, como el que hemos acumulado en la escuela. Sin embargo, se trata, en efecto, de un conocimiento, un conocimiento del que se nos ha dicho en muchos Upanishads que es el conocimiento de Eso que, una vez conocido, hace que todo lo demás sea conocido. Si como químicos, conocemos el secreto del agua, conocemos el secreto de todas las olas sin excepción, cualesquiera que sean y donde sea que estén. Este yoga del conocimiento es el del conocimiento de la realidad, es decir, de Eso que es por sí mismo; que no depende de ninguna otra cosa sino de sí mismo, que no tiene ni comienzo ni fin, de Eso que nunca ha nacido, que no está conformado por nada, que no tiene historia, "no-hecho, no-transformado, no-compuesto", infinito, no inmensamente grande, sino que ni grande ni pequeño; inmutable. Eso es lo que se llama el *brahman*, el *atman*, la naturaleza-de-Buda y la Vida Eterna o el Reino de los Cielos del cual el Evangelio de

Tomás, recientemente descubierto, pero del que nadie discute la autenticidad, dice: "El Reino de los Cielos está dentro de vosotros y también está afuera".

Esta realidad, de la que el jñana yoga nos da el conocimiento, si es lo que acabo de describir, pulveriza inmediatamente la distinción, esencial para nosotros, entre yo y lo que no es yo. La distinción entre nosotros y lo que no es nosotros desaparece cuando hemos descubierto esta realidad que es la esencia de todo, la nuestra y la de todo lo que nos rodea.

Es con la *buddhi*, la verdadera inteligencia, que este conocimiento puede ser no adquirido, sino realizado. Si hablamos de un conocimiento adquirido, lo cual es el caso de toda forma de conocimiento del que tengan experiencia, es un conocimiento que escapa a lo que acabo de decir: un conocimiento adquirido representa una división por un lado entre aquel que antes no *tenía* el conocimiento y que lo *obtuvo* como efecto de un cierto número de causas, y por otro lado, dicho conocimiento. Existo yo y existen los conocimientos que yo tengo en materia de vedanta, por ejemplo. Tener conocimientos en materia de vedanta, no es el Conocimiento. El Conocimiento se confunde con el ser. No es un conocimiento que se tiene, es un conocimiento que se ES. *To know is to be*, conocer es ser, y los Upanishads afirman muchas veces: "Conocer brahmán es ser brahmán". La función que nos permite acercarnos a este conocimiento es la *buddhi* y también lo que el *viveka* llama la discriminación.

Obviamente, no crean tampoco que al final de esta charla habrán adquirido o realizado este Conocimiento. Esta discriminación es muy sutil y para demostrar hasta qué punto lo es, un texto hindú dice que un cierto pájaro mítico (que generalmente se traduce como cisne) es capaz, si mezclan agua y leche en un vaso, de beber la leche y dejar el agua. ¡Les prometo que la discriminación que les propongo hoy es menos difícil que beber la leche y dejar el agua en el recipiente donde fueron mezclados!

Si parten de su punto de partida, si aceptan que ese punto de partida podría eventualmente ser modificado en el curso del camino, verán que la primera realidad, la más evidente, la más manifiesta, aquella de la que todo depende, todo, es la distinción entre "yo" y "todo lo demás". Si no hubiera esta distinción entre yo y todo lo que no soy yo, todo cambiaría, todos los problemas estarían resueltos, todos sin excepción. ¿Esta distinción entre lo que soy yo y lo que no soy yo puede desaparecer? Sí. Pero no inmediatamente. Esa es la meta, es la realización, el punto de llegada del camino, pero es posible; realmente posible. Entonces, en efecto, todo estará resuelto. Solamente, desde el comienzo de este proceso, es necesario admitir que su visión habitual puede ser transformada completamente. Si se apegan a su experiencia ordinaria, no podrán rebasarla. No les pido renunciar a lo que constituye su experiencia sin tener pruebas, sino entender la frase que tantas veces he repetido: *"Don't take it for granted"*, no la tomen como cierta, indudable. Si los científicos modernos hubieran tomado como incuestionable la constitución de este mundo, nunca hubieran descubierto lo que hoy en día constituye la física nuclear y que contradice la experiencia de los cinco sentidos. Podemos tener en psicología o en el conocimiento de uno mismo la misma audacia que tienen los físicos con respecto al estudio de la materia y de la energía. Partan pues de esta distinción entre ustedes y lo que no es ustedes y miren, a través del ojo de la discriminación, todo lo que les rodea, para ver cada vez mejor lo que es irreal y lo que es real. Es necesario en primer lugar que se abran al sentido que los orientales dan a estas dos palabras, *real* e *irreal*. Han sido adoptadas universalmente para traducir las doctrinas orientales. Las encontrarán por todas partes, tratemos pues de comprenderlas.

***

Todo lo que tenemos frente a nuestros ojos existe de un cierto modo, no podemos negarlo. Los textos nos afirman que esto es "irreal". ¿Qué quiere decir esto? Todo lo que tenemos frente a los ojos existe y al mismo tiempo, miren bien, no existe. Voy a tomar brevemente la comparación, conocida entre todas, de la cuerda que, en la penumbra, es tomada por una serpiente. Esta serpiente, de cierto modo, existe, nosotros la vemos. Mientras que estemos en esta confusión, de cierta manera, esta serpiente existe en calidad de cuerda mal vista, mal aprehendida; si no existiera la cuerda no veríamos la serpiente. Este ejemplo, no por ser célebre, está menos lleno de enseñanza. Todo lo que ustedes ven es la expresión mal vista de una realidad, todo lo que escuchan, todo lo que huelen, todo lo que tocan. Cuando se emplea la palabra vista o visión en este tipo de enseñanza, los cinco sentidos están incluidos cada vez. Todo lo que ven es la manifestación mal vista de esta realidad.

Cada detalle de lo que ven es diferente, siempre diferente, en todos los aspectos. Si miro a cada uno de ustedes, lo veo diferente. Todo, por todas partes es *diferente* —indefinidamente diferente. Vean de cuanta proliferación es capaz la naturaleza. Miren lo que tienen siempre todo el tiempo frente a sus ojos: esa multiplicidad. Por otra parte, tenemos el cambio frente a nuestros ojos. Todo está siempre en movimiento, todo siempre se está transformando. Y, sin embargo, es bien necesario que haya algo inmutable. Si no este mundo, irreal en la medida en que ya es reemplazado por otro en el momento mismo en que lo hemos visto, no existiría en absoluto. Pero miren ante todo con esos ojos, cómo cambia todo. Los pensamientos cambian de instante en instante, el equilibrio biológico de todas las funciones cambia, las emociones también y así es para todo: el cambio y la multiplicidad, la fragmentación indefinida.

Si ustedes eliminan, con la discriminación, todo lo que es relativo, secundario, adventicio, cambiante, todo lo que es "nacido, hecho, acontecido, compuesto", ¿qué subsiste? Lo que es nacido no puede ser la Realidad eterna de la que les hablan todas las enseñanzas y que la ciencia también busca. Lo que ha nacido no existía antes y un día dejará de existir. Esto es verdad para todo. Esto es verdad para cada uno de ustedes como cuerpo, es verdad para cada uno de sus pensamientos, para este chal que no existía antes de ser tejido y que, un día, no existirá más porque habrá sido usado, destruido, quemado. De aquello que ustedes ven, díganse: "Yo elimino lo que *nació* y que por tanto morirá, que en cierto momento no existía, que vino a la existencia y que dejará de existir. Elimino lo que ha sido *hecho*; es decir, causado, producido, fabricado". Un cuerpo humano nace de un óvulo y de un espermatozoide y ha sido formado a través de los alimentos absorbidos por la madre. Sus pensamientos han sido formados por los recuerdos, experiencias, deseos y miedos que producen estos pensamientos. Elimino lo que es acontecido, es decir cambiante, que tiene una historia, sometido al tiempo, que envejece, que atraviesa peripecias, acontecimientos que han modificado el curso de su destino. Esta casa, por ejemplo, ha sido craquelada por un ligero temblor, esa persona ha sido afectada por un accidente. Todo tiene una historia a nuestro alrededor. Elimino lo que está *compuesto*. Todo está compuesto, este tejido está compuesto de hilos, una frase está compuesta de palabras, un pensamiento está compuesto de elementos; no es simple, es complejo. Todo está compuesto. El agua está compuesta de moléculas. Un cuerpo que se llama $CO_4 H_2$, o un cuerpo que se llama CO_2, está compuesto. Si eliminamos todo eso ¿qué permanece? Hay "algo" que *es*, si no, nada de todo eso —nacido, hecho, acontecido, compuesto— existiría, ni sería percibido por nuestra consciencia. Lo que queda es ese *sat*, Realidad, *Sat-Chit-Ananda*, Ser-Consciencia-Beatitud.

Cuando dije: esto es nacido, es hecho, es acontecido, es compuesto, la palabra "es" se encuentra en todas mis frases. Cuando diga: esto es grande, es bello, es feo, es peligroso, es útil, es inútil, la palabra "es" va a encontrarse en todas mis frases. Si, con el poder de la *buddhi* y de la discriminación, eliminamos todo lo añadido a este "es", descubrimos ese fondo común a todo, eso que no es creado, ni nacido, ni hecho, ni acontecido, ni compuesto, ni tiene ninguna cualidad, ningún atributo de ningún tipo y este "es" se revela todo el tiempo ahí, por todos lados, inmutable, sin el cual nada de lo que es irreal, efímero, evanescente existiría. "Él que es" es la expresión del "Ser".

Pueden ejercitarse. Tomen una planta, que es más fácil que ponerse frente a alguien, y apliquen lo que acabo de decir. Esta corteza, esta hoja, todo todavía depende de condicionamientos, finitud, limitación, cambio, diferencia. Y, sin embargo, nada de eso existiría si no existiese un substrato, una base, que no tenga otra característica que *sat*, "ser". Pueden decir también en sánscrito *asti*, del verbo ser, que significa "es". Y no hay un rincón en este universo, un punto donde "es", no sea. Seguramente con mis ojos, no veo nada de particular en el aire. En un cuarto vacío, me parece que no hay nada entre la pared y yo. Y, sin embargo, este "es" se encuentra proclamado por todos lados. Si, con la discriminación, ustedes pueden eliminar todo lo que es secundario, relativo, efímero, adventicio, desembocarán siempre a una única realidad, que no cambia, que es exactamente la misma por todas partes, de la cual no se puede decir estrictamente nada sino que "es". *Sat.*

***

Y ahora ¿qué significa el segundo término, *chit*, que se traduce por consciencia? Si ustedes miran en el interior de ustedes mismos, y no ya en el exterior, verán que esta introspección les muestra siempre un "objeto". Mi pensamiento es un objeto, mi sensación es un objeto, mi emoción es un objeto que se presenta a mi conocimiento. Tengo el conocimiento de uno de mis pensamientos, tengo el conocimiento de una de mis sensaciones, tengo el conocimiento de una de mis emociones. Y el proceso del conocimiento nos lleva a buscar en nosotros lo que es verdaderamente el "sujeto" que no cambia

Cuando se trata de "consciencia de sí mismo" o de "consciencia", todo el mundo está seguro de saber de qué se trata. "Yo sé bien lo que es la consciencia de sí mismo: si me desmayo, no tengo consciencia de mí mismo; cuando estoy así, despierto, yo soy consciente". Pero la palabra consciencia es utilizada en las enseñanzas de la transformación interior en un sentido bien diferente. Normalmente no se tiene la consciencia en cuestión. No se es realmente consciente de sí mismo. *¿Quién es consciente de qué?* Esta es una gran cuestión y vamos a hablar ahora de la "consciencia".

Durante cierto tiempo van a tener que comparar —este es un trabajo que nadie puede hacer por ustedes—verdades parciales, para tratar de esclarecer las unas a través de las otras y ver cómo se organizan entre sí para formar un todo vivo y no simplemente una yuxtaposición. Por ejemplo, por todas partes, incluido aquí, escucharán hablar de la dualidad y de la no-dualidad, "ser uno con". Cada gurú, en el interior de una misma filiación como, por ejemplo, el vedanta hindú no-dualista, tiene su propio vocabulario. Algunas palabras sánscritas son empleadas como esenciales en ciertos ashrams y se vuelven familiares para los discípulos de allí, pero nunca son empleadas en otro ashram y a la inversa.

Un día me hicieron una pregunta y la mujer que la planteó no veía cómo se podían conciliar las dos expresiones "ser uno con" y "no ser llevado por". Ella decía: "Si yo soy una con, estoy llevada por. ¿Cuál es la diferencia entre ser uno con y estar identificado con? Si soy una con, debe ser lo que usted llama la no-dualidad, pero entonces ¿por qué se dice también en un texto célebre que hay que 'discriminar al espectador del espectáculo'? Si existe el espectador y el espectáculo, hay dos". Le respondí: "No, el espectador no es *otro* diferente del espectáculo". Parecía que me burlaba del mundo y que intentaba hacerlo todo aún más complicado e inextricable. "¿Usted dice que es necesario discriminar el espectador del espectáculo y luego dice que el espectador no es otro diferente del espectáculo?".

También he empleado la expresión el sujeto y el objeto, la cual encontrarán en numerosos textos. Se dice que la realización, el estado de consciencia última, trasciende la dualidad del sujeto y del objeto. Es importante tratar de comprender y no lo digo para tratar de desorientarlos o de imponerles un curso confuso de filosofía. Comparto con ustedes verdades que me han ayudado y que han transformado mi existencia. No se dejen impresionar por la idea de que se trata de verdades metafísicas. El sujeto y el objeto, de este vocabulario, todos ustedes tienen una experiencia. Lo primero que aprendieron en la escuela fue a construir una pequeña frase. Antes de los adverbios y las preposiciones, ustedes aprendieron el sujeto, el verbo y el objeto. *Yo* es el sujeto, *como* es el verbo y *una manzana* es el objeto. En una enseñanza que les habla de consciencia o de tomar consciencia, *yo* es el sujeto, *percibo* es el verbo y *el micrófono* es el objeto. Yo percibo al micrófono.

Objetos, los hay indefinidamente en el tiempo y en el espacio, en la sucesión y en la multiplicidad. Pero sujeto no hay más que uno. Esto merece ser observado más de cerca y con más profundidad. Se trata ahí de un término esencial en el vedanta hindú y en el Adhyatma yoga. Estos objetos pueden ser tanto interiores como exteriores a nosotros; nuestras sensaciones son objetos, nuestras emociones son objetos y nuestros pensamientos son objetos de los cuales podemos tomar consciencia. Generalmente se confunde la palabra consciencia con el estado habitual, que es un estado de sueño, en el cual el sujeto es confundido con sus pensamientos, sus emociones y sus sensaciones. Con respecto a esto es necesario estar bien de acuerdo sobre un cierto vocabulario y, sobre todo, sobre la realidad que designa dicho vocabulario.

El estado ordinario habitual es un estado de confusión que Swamiji llamaba generalmente "absorción" o "identificación" o incluso "ser llevado por". Solamente que, en algunas traducciones, ustedes verán la palabra absorción o la palabra confusión o la palabra identificación utilizadas para designar lo que yo llamo "ser uno con". Las mismas palabras no designan ya las mismas realidades y, si ustedes se contentan con las palabras, estarán inevitablemente perdidos. Traten de ver, no solamente de escuchar estas palabras, sino de *ver* cómo estas palabras pueden corresponder a una experiencia.

Casi todo el mundo confunde consciencia y pensamiento: "Dado que tengo pensamientos, soy consciente y si ya no tengo pensamientos, la consciencia se detiene". Esto está completamente mal visto, es inexacto, superficial. Por lo general, el espectador y el espectáculo, o también el sujeto y el objeto, están inextricablemente mezclados y confundidos. Existen los pensamientos, existen las sensaciones y las emociones, pero no hay una consciencia inalterada e inalterable que los perciba. Ahora bien, solamente esta consciencia inalterada e inalterable es verdaderamente real. Todo lo demás forma parte de lo que los hindús llaman *the phenomenal world*, el mundo fenoménico, sometido al tiempo, al espacio, a la causalidad, a la medida y en el cual todo siempre tiene un contrario.

Distinguir el sujeto del objeto en lo que es exterior a ustedes, es bastante fácil: yo estoy ahí y he aquí un tapiz del que tomo conciencia. Veo el tapiz. El tapiz es el objeto y, yo es el sujeto. Es sobre este *yo* donde hay descubrimientos que hacer. Estos serán revelaciones; es decir que el velo se disipará y ustedes verán lo que no habían visto nunca y que hubieran podido pasar toda su existencia sin ver.

La tradición hindú hace una observación que les va a parecer bien simple, bien simplista y que, sin embargo, es muy importante para mostrar que hay niveles sucesivos de percepción de la realidad, en relación con los cuales cada nivel más interior aparece como sujeto. Vamos a tomar uno sólo de los cinco sentidos, que es aquél sobre el cual nos apoyamos más, salvo si somos ciegos, es decir, la vista. De todos modos, la palabra vista o visión es muy a menudo utilizada en un sentido abstracto, simbólico, para indicar la consciencia. Hay miles de objetos que podemos ver y solamente tenemos un ojo (el cual, de hecho, es doble: un par de ojos) para ver. Con mis ojos que están ahí, que no cambian, al menos relativamente, puedo ver miles de objetos que van a impactar al ojo como instrumento óptico del cual nuestro cuerpo está provisto. Todas estas imágenes diferentes que se inscriben en el ojo son percibidas por un solo órgano que es el mental. El mismo mental aparece como un sujeto que percibe una infinidad de objetos diferentes que son las imágenes inscritas en el ojo. Pero este mental que reconoce: esto es una flor, esto es un pájaro, eso es un gato, eso es un sillón, etc., está hecho de todas esas ideas y esas ideas pueden volverse objetos para un sujeto que las percibe, que se encuentra pues más interior que el mental, que es capaz de reconocer que existe la idea de un pájaro, que existe la idea de una hoja, que existe la idea de una silla, y así con todo. Este sujeto que ve y que percibe *los pensamientos como objetos* ¿puede ser él, a su vez, objeto para otro sujeto que tomaría conciencia de ello?

Si buscan cada vez más profundamente en el interior de ustedes, descubrirán el Sujeto último que no puede volverse objeto de consciencia para nada; la consciencia última que puede percibir fenómenos pero que no puede ser percibida por nada. No se puede ir más profundo. Este Sujeto es consciente y, si este Sujeto no es consciente de algo, no es consciente de un objeto, es consciente de sí mismo, consciente sin más. Esta es una consciencia *no dualista*, la cual rebasa la distinción entre sujeto y objeto y que rebasa los tres términos —el que conoce, lo conocido y el acto del conocimiento que los reúne. Si tengo conocimiento del micrófono, está el micrófono que es lo conocido, estoy yo que soy el que conoce y existe una cierta relación entre nosotros que es el conocimiento. Existen pues tres términos. Pero si no hay más que el conocedor o el Sujeto, estos tres términos son rebasados en el interior de nosotros, es decir que sólo permanece la consciencia, el Sujeto último, del cual no se puede decir nada, salvo "es".

El error común es confundir el Sujeto con una realidad de la cual se puede decir algo, especialmente: "Sí, el sujeto soy *yo*". Todo está en ese "yo". Si puede decirse algo de ese yo, entonces todavía puede ser un objeto de conocimiento. "Soy yo" y cuando han dicho "soy yo", todas las definiciones están ya incluidas. Yo soy joven, soy viejo, soy un hombre, soy una mujer, he tenido éxito en todo, he fracasado en todo, tengo buena salud, estoy enfermo, vivo solo, estoy casado, y todo lo que vendrá si amplían un poco más el enunciado con lo que ustedes sienten cuando dicen "yo soy". El Sujeto último no se confunde con lo que se llama ordinariamente "yo" y este es el punto esencial sobre el que querría insistir. No es tan complicado y un día su vida será transformada completamente por esto. Ustedes confunden lo que en inglés se llama *the Self*, el "Ser", el "Sí-mismo", y en sánscrito *atman*, con su experiencia habitual que les hace decir yo. Y ustedes reducen la Consciencia a lo que todavía es un objeto del cual un sujeto podría tomar consciencia.

Este Sujeto es designado a menudo con una palabra muy útil: el testigo (*sakshin*). Un testigo sólo es verdaderamente testigo si no está implicado en absoluto, si es completamente neutro. Si ustedes toman una posición, ya no son un testigo. Esto es verdad concretamente y también es verdad en el camino. Se les pide ser testigos del accidente automovilístico que ha tenido lugar entre un obrero y un burgués. Si sus simpatías están con el obrero o están con el burgués, ustedes no pueden ser testigos de dicho accidente. A pesar de ustedes, y tal vez ni siquiera a pesar de ustedes, deformarán los hechos, tomarán partido. Un testigo debe ser absolutamente neutral. El testigo perfecto, es el espejo. Si se pone bajo la mirada del espejo una rosa o un sapo, para hablar con el lenguaje de los cuentos de hadas, el espejo permanece neutral. Refleja serena y perfectamente uno y otro. Es testigo sereno de uno y de otro. Ya sea que pongamos delante del espejo el rostro de la joven más pura o un chancro sifilítico, el espejo permanece neutral. No es atraído ni repelido. El espejo escapa a la ley fundamental de la atracción y de la repulsión, de la distinción entre lo que se ama y lo que no se ama. Por esto, el espejo, o cualquier otra superficie reflejante pura, sin mancha, ha sido siempre utilizado como ejemplo que apunta en la dirección de ese testigo dentro de nosotros.

¿Qué es en ustedes la Consciencia absolutamente neutra y no afectada? Sólo eso merece llamarse sujeto o testigo. < Y toda modificación, toda "forma" de dicha consciencia se vuelve un objeto del cual es posible tomar conciencia situándose más profundamente en sí mismo. Si aman, el sólo hecho de amar es una emoción de la cual el puro testigo podría tomar conciencia.

Este testigo es verdaderamente digno del nombre de testigo y también pueden darle el nombre de espectador que se discrimina del espectáculo. El espectador es indescriptible y, si llevaran al espectador a una realidad que pudieran describir, ese ya no sería el espectador. El espectador puede tomar conciencia de esta realidad que puede ser descrita y ser testigo de ella. Todas las definiciones, todos los condicionamientos, todos los atributos, todas las determinaciones, todas las relatividades siguen siendo fenómenos que no se aplican de ningún modo al testigo. No rebajen esta Consciencia pura, a la que también pueden llamar el puro "Yo soy" (por oposición a "yo soy yo") a cualquier cosa de la que hayan tenido la experiencia, a menos que hayan vivido estados de consciencia realmente trascendentes. Ustedes no pueden decir: "He comprendido bien lo que Arnaud llama el testigo o el espectador, soy yo, Jean-Pierre, soy yo Suzanne, yo soy el testigo de lo que pasa, soy el espectador de lo que está a mi alrededor y de lo cual tomo conciencia". No. Yo, yo es un pronombre, punto final. Existe en ustedes la posibilidad de una Consciencia de la cual no se puede decir nada, la cual es simplemente: la Consciencia. No se le puede atribuir ningún atributo, ninguna calificación.

Incluso decir que la realidad suprema es *sat*, *chit* y *ananda*, es ya demasiado. Este es el intento más perfecto que haya sido hecho para poder decir algo de ella, para que un dedo apunte en una cierta dirección. Pero todas las palabras no son más que dedos que apuntan en una cierta dirección, todas, incluso las más sagradas del vocabulario sánscrito. Recuerden la frase del zen: "Un dedo apunta hacia la luna; látima para aquellos que miran el dedo". Todas las palabras apuntan a Eso (*tat*) que es innombrable y que, sin embargo, *es* la Consciencia, trascendencia suprema.

Si comprenden que este espectador no forma parte del espectáculo bajo ningún título, bajo ningún aspecto, de ninguna manera, entonces podrán comprender un segundo punto: el espectador no es "otro" elemento del espectáculo. El espectador no es otro más. Si se pudiera decir cualquier cosa del espectador, entonces habría dos: un elemento del espectáculo del cual podría decir cualquier cosa y, luego, enfrente, un espectador del cual también puedo decir algo. Hay dos. Si estoy yo, Arnaud, de sexo masculino, que ha viajado mucho por Asia y el micrófono con el que grabamos esta reunión, es evidente que hay dos: Arnaud de un lado, el micrófono del otro. Si solamente hay la Consciencia, esta Consciencia no es otro.

Voy a tomar otros ejemplos que apuntan en esa misma dirección. Y, como para hablar del mundo más allá de los fenómenos, estoy obligado a tomar ejemplos del mundo de los fenómenos, les pido escuchar estos ejemplos sin volverse prisioneros de ellos. Si en una habitación a oscuras, donde hay numerosos objetos invisibles en la noche, prendo la luz, esta luz no añade ni quita nada a los objetos que están ahí.

Los objetos están simplemente iluminados. Ustedes pueden comprender que esta luz no es "otra cosa" más añadida a los objetos que están en la habitación. Los objetos están ahí en la habitación y la luz los ilumina. Este ejemplo también ha sido utilizado muy a menudo. Cuando Cristo dijo: "El ojo es la lámpara del cuerpo, pero si todo tu cuerpo está en tinieblas…". Este ojo, que es la lámpara del cuerpo, es la Consciencia que toma conciencia de todo, incluso de los pensamientos, las emociones y de las sensaciones en nosotros. Si no, somos llevados, absorbidos, confundidos, identificados; sólo quedan formas, fenómenos efímeros, evanescentes, sucediéndose unos a otros. Pero es necesario que la luz de la que hablo sea una luz completamente incolora. Si no, modificará los objetos que ilumina. Si sus esfuerzos de toma de conciencia están hechos por el ego, que tiene sus preferencias, sus rechazos, su inconsciente —inconsciente pero activo— todos estos esfuerzos consistirán en iluminar los objetos con una luz coloreada. Aportarán a sus intentos de consciencia su coloración personal. Y, debido a esta coloración personal, cada uno vive en "su" mundo y nadie vive en "el" mundo.

Si ustedes tratan de tomar conciencia de ustedes mismos, en un intento u otro de meditación, en busca de ese Sujeto último; si tratan de discriminar al espectador del espectáculo, pero si este espectador no es un testigo puro, sus esfuerzos de consciencia estarán viciados y no se darán probablemente cuenta de ello si no son aún más vigilantes. Será el ego el que llevará a cabo ese esfuerzo; el que tratará de ver, de tomar conciencia y de ya no ser llevado, porqué es más alagador para él estar bien centrado que ser llevado por las emociones. El ego es quien tendrá ganas de vivir experiencias un poco extraordinarias. Tendrá ganas de crecimiento, del despertar, de Dios mismo. Todo estará falseado porque se puede decir algo del ego: soy yo, es fulano, es fulana. Este ego no puede ser el Sujeto con S mayúscula. Sólo puede ser objeto o, mejor dicho, una serie de objetos para un Sujeto absolutamente puro e impersonal que tomará consciencia de él.

Si entro a un cuarto obscuro con una linterna cuyo vidrio es azul, todo va a ser coloreado de azul. Otro llegará con una linterna cuyo vidrio es rosa y verá todo coloreado en rosa. Un tercero llegará con una linterna cuyo vidrio es amarillo y va a colorearlo todo en amarillo. La mayoría de los esfuerzos de consciencia hechos por candidatos a la sabiduría, dentro de un yoga u otro, consiste en decir: "En la absorción, en la confusión, en la identificación, estoy en las tinieblas y voy a llevar la luz a estas tinieblas, la luz de la consciencia". Pero la luz que ustedes aportan es una luz coloreada. Uno lleva luz rosa, otro luz amarilla, otro luz verde y dichos esfuerzos de vigilancia permanecen impuros. Nunca irán más allá del ego y sus preferencias de este modo. Permanecerán siempre en el plano del espectáculo y no del espectador, en el plano del objeto y no del sujeto, en el plano del fenómeno y no del testigo, en el plano de lo cambiante, múltiple, limitado, medible, determinado, condicionado.

Por el contrario, si muchas personas entran en un cuarto obscuro y todas tienen una linterna blanca, totalmente incolora, todas estas personas verán lo mismo, el mismo espectáculo. Comprendan que el testigo o el sujeto o el espectador del que hablo es el mismo, idénticamente el mismo, en cada uno. En cada ser humano, la Consciencia última, que no puede ser objeto de nada, es la misma, ya que todo lo que puede ser eliminable ha sido eliminado. Todo lo que es personal ha sido eliminado, todo lo que es condicionado ha sido eliminado. No queda más que esa consciencia. Esta Consciencia que es exactamente la misma en cada uno, es el *atman*, el Ser, el Sí-mismo.

Verán qué grado, e incluso qué trascendencia de todos los grados, qué grado de desaparición del ego esto representa. Ya no queda traza de eso que ordinariamente describen como ustedes mismos: ni hombre ni mujer, ni viejo ni joven, ni pobre ni rico, ni sensación ni pensamiento, ni emoción, nada, solamente la Consciencia. Esta Consciencia es el Reino de los Cielos, la vida eterna de la que todas las tradiciones nos trasmiten su testimonio.

Si trato de tomar conciencia de un objeto fuera de mí, ser verdaderamente consciente del micrófono que está ahí, ¿esta consciencia es absolutamente pura? Todos los seres despiertos, *desembarazados del mental,* que miran un objeto ven exactamente el mismo objeto y los seres no despiertos, no desembarazados del mental, que miran el mismo objeto, todos verán un objeto algo diferente. Nadie verá *el* micrófono, cada uno verá *su* micrófono, el micrófono de su mental, de su subjetividad, aunque lo miren con una consciencia más atenta que de ordinario.

En lo que concierne a los objetos internos a nosotros mismos, ustedes, ustedes consciencia pura, ustedes testigo, ustedes sujeto, ustedes atman, ustedes se han confundido e identificado con los fenómenos, con las sensaciones, con las emociones, con los pensamientos, porque probablemente no se les ha mostrado nunca el camino de una Consciencia que rebasa todo lo que llaman yo. Cuando tratan de conocerse a ustedes mismos, de volverse vigilantes, de entrar en ustedes mismos y de meditar, no se detengan nunca en el camino. Si son ustedes, con sus gustos, sus atracciones y sus rechazos los que tratan de tomar contacto con sus sensaciones, sus pensamientos, sus emociones y sus impulsos, nunca tendrán la experiencia de la que hablan los textos. Pueden confundirse. Lean el texto tan célebre de Shankaracharia: "Yo no soy los pensamientos, no soy las sensaciones, no soy las emociones, no soy los funcionamientos que suceden en mí a diferentes niveles, no soy esto, no soy eso". Si el *yo* que afirma y trata de poner en práctica esta enseñanza no es absolutamente impersonal, si tiene aún su coloración personal, este yo, este ego, podría ser percibido por un sujeto aún más interior.

Existe en efecto un sujeto último que ya no puede ser objeto de nada; del que nada puede tomar conciencia. Pero no confundan un estado de consciencia simplemente un poco más atento o un poco más vigilante con este último Sujeto en ustedes. De este último sujeto, nadie tiene la experiencia, salvo aquellos que han practicado realmente una técnica de ascesis, que se han despertado y han descubierto eso de lo que hablo en este momento.

Se puede nacer, morir, sufrir, odiar, amar, llegar a ser comandante de la Legión de Honor y tener cinco mil personas en su entierro sin haber conocido otra cosa dentro de sí que aquello que es cambiante, múltiple, destructible, limitado, condicionado, sometido a un contrario, y habiendo dejado escapar esto de lo que hablo. Cuántas personas mueren célebres; la televisión les consagra un programa en la noche, los periódicos una página entera, las revistas un número especial. Cuántas personas de las que se ha dicho que su vida ha tenido éxito por encima de las de otros, artística, política o literariamente, y cuya vida ha sido en el fondo un fracaso, pues han dejado escapar lo esencial, es decir el descubrimiento de esta realidad interior, de este atman que trasciende todo lo que nosotros conocemos. Por esto se le llama a menudo lo "inefable". Pero éstas no son sólo palabras; es una realidad que no es inaccesible. No digo que sea fácilmente accesible, sino que no está reservada a un yogui tibetano o un yogui hindú en cada siglo.

Claro que es una realidad de un orden diferente a todas aquellas a las que el ego se interesa en la dualidad, ya que escapa a toda cuestión de atracción y repulsión, toda cuestión de yo quiero o yo rechazo. Escapa a toda experiencia habitual de la existencia. ¿Cómo es posible que esta Consciencia se revele? He aquí una gran cuestión de la que tratan prácticamente todos los textos esenciales que hablan del camino y no ya de opiniones filosóficas de tales o cuales hindús o de tales o cuales budistas. Ustedes están llamados a una realización, a una consciencia de la que no tienen ninguna experiencia. Hasta ahora, ha habido siempre la distinción de un sujeto y de un objeto. Existo "yo" y tomo conciencia de algo. *¿Pero quién va a tomar conciencia del Sujeto mismo?* Y, sin embargo, este sujeto es la realidad esencial de cada uno. Si este sujeto no estuviera ahí, no habría nada. ¿Pero cómo alcanzar a dicho Sujeto en su estado puro? De lo contrario, seguirá habiendo dos: yo que trata de tener conciencia de Dios en mí o del Reino de los Cielos en mí o del atman en mí. Esto sería aún la dualidad. Esta no sería la experiencia fundamental en la cual ya no hay dualidad, ya no hay un conocedor y un conocido, si no únicamente la pura Consciencia o el puro Sujeto. *Así pues, la tentativa de tomar conciencia de algo diferente de uno mismo, en un momento dado, debe detenerse.* Ya no hay más consciencia de otra cosa que no sea uno mismo. Hay lo que los hindús llaman el Sí-mismo, es todo, que es la gran revelación, la realidad fundamental, el substrato, el fundamento de todo lo que ustedes pueden percibir fuera y dentro de ustedes.

A este respecto reina una gran confusión porque se ha tomado la costumbre de distinguir la vida exterior de la vida interior. "El hombre que se vuelve hacia la vida exterior se dispersa en los objetos del mundo, es atraído por las riquezas, el sexo opuesto y el éxito; y aquél que tiene una tendencia meditativa o religiosa, entra en sí mismo para descubrir lo que se llama la vida interior". Entren dentro de ustedes mismos: van a descubrir un mundo de pensamientos, de sensaciones y de emociones, pero la vida interior es mucho más que eso. Todos esos fenómenos interiores, cuando tomo conciencia de ellos, se vuelven objetos, exteriores respecto a la conciencia que tengo de ellos. De hecho, toda esa "vida interior" forma parte del mundo de los fenómenos, del mundo material y del mundo sutil, tanto como el resto. Poco a poco verán disminuir la distinción ordinaria entre lo exterior y lo interior. Percibirán que la manera en que este exterior repercute en ustedes bajo forma de sensaciones, pensamientos y emociones, hace del interior y del exterior una misma realidad: un objeto y la sensación que tengo de él, un objeto y la emoción que tengo de él, un objeto y el recuerdo que tengo de él. Es lo mismo. Los fenómenos, ya sean exteriores a mí, como el micrófono, o interiores a mí, como un dolor en el vientre o una gran tristeza, siguen siendo objetos externos para la Consciencia, hasta que encuentren la verdadera interioridad más allá de la cual no hay nada. Si comprenden que esta interioridad de la que les hablo hoy es su esencia última y, al mismo tiempo, no es del todo su yo habitual (soy bello, soy feo, soy joven, soy viejo), ustedes estarán en el camino. Es ustedes, pero es ustedes completamente desembarazados del mental con su pasado, su historia, sus recuerdos, su inconsciencia, su formación, sus conceptos, opiniones, cavilaciones. La realización última se vuelve para ustedes posible, que es la de la no-dualidad en su plenitud, porque han descubierto dentro de ustedes una Consciencia que rebasa a "ustedes" por todas partes, que ya no está limitada por el cuerpo, por los pensamientos, que ha trascendido completamente la conciencia ordinaria de sí. Cuando se dice conciencia de sí, esto quiere decir que hay alguien que es conciente de otra cosa llamada "sí". No es esto de lo que hablo sino de la Consciencia-Consciencia; simple y llanamente Consciencia.

Podrán comprender también lo que significa realmente "ser uno con". El ego, aunque calmo, tranquilo, sereno, no egoísta, nunca puede ser perfectamente uno con. Aporta siempre su coloración; *él se siente siempre alguien en frente de algo diferente*. Cuando se sienten "alguien" no pueden ser uno con. Pero existe en ustedes, o ustedes son, una consciencia que no es ni algo ni alguien (esto sería aún un objeto), que es verdaderamente comparable a un espejo, que es sólo consciencia, sólo luz rigurosamente incolora. No soy "yo" quien toma conciencia del interruptor, del picaporte o de la cerradura que tengo frente a mis ojos.

Sería tal vez justo, para tratar de explicar lo inexplicable, no decir: "Veo el picaporte", sino simplemente: "El picaporte es visto". Y ustedes notarán, en efecto, las diferencias de formulación entre la escuela hindú y la escuela budista. Algunos dirán: "Podemos emplear la expresión 'veo el picaporte' a condición de que ese *yo* no sea el ego, sino el testigo puro sin definición o limitación alguna". Y otros replican: "No, ese testigo puro es a tal grado incomprensible para la experiencia ordinaria que si dicen: 'Se trata del yo puro y no del pequeño yo', el pequeño yo va a anexar inmediatamente ese puro yo y no comprenderá". Esta es la formulación budista y ciertas formulaciones hindús. No es justo decir *yo*, en el sentido último de la palabra: yo veo la puerta. Hay que decir: la puerta es vista, eso es todo. Pero todos reconocen que existe una cierta consciencia que está ahí. La puerta es vista y no digamos nada más so pena de alimentar al ego en sus ilusiones y sus incomprensiones. La formulación hindú parece más positiva y la formulación budista parece más negativa, pero ambas apuntan hacia la misma dirección. Los budistas dicen: "El río desaparece en el océano" y los hindús dicen: "El río se lanza al océano". En "el río desaparece en el océano" el ego se atemoriza: voy a desaparecer. Mientras que "el río se lanza al océano", el ego lo encuentra magnífico. "Yo voy a alcanzar la gran Realidad suprema". Puede parecer que una formulación sea más negativa y atemorizante para el ego, pero la realización es exactamente la misma. En los dos casos el río desaparece y el agua se agranda al infinito, en la inmensidad del océano.

Esto de lo que hablo no concierne más que a esta Consciencia, a este Testigo, a este Sujeto –pongan una mayúscula a estas palabras– que son ustedes, que *ustedes son ya,* y que no corresponde a nada de lo que puedan *tener* la experiencia porque existiría aún dualidad entre ustedes y aquello de lo que tienen conocimiento. Esta es una realidad que ustedes son pero de la que no pueden tener la experiencia; si no, harían de nuevo de ello un objeto. ¿Cómo alcanzar esta pura Consciencia? Eso es todo el camino. ¿Cómo alcanzar en ustedes esta pura Consciencia en la que todas las formas, todas las coloraciones, todas las limitaciones, todo lo que puede ser dicho, ha desaparecido? Cuando esta Consciencia está ahí, es una con todo. "Nadie" permanece en el sentido de un objeto entre otros, ya sea el Sr. Dupont o la Sra. Durand. No queda "nadie" que tome conciencia. No queda más que la Consciencia.

No se dejen asustar cuando digo: "No queda nadie". Se desembarazan de todo lo que sobra, de todo lo que limita, de todo lo que pesa. Este "no queda nadie" es la frase más maravillosa que se pueda escuchar. Todos aquellos que la han realizado han dado testimonio y todos los que han tenido la experiencia momentánea, como consecuencia en una meditación exitosa o por la gracia intensa de ciertos sabios, guardan la nostalgia. Nadie conserva un recuerdo doloroso, lamentándose: "¿Dónde estaba yo, con todas mis definiciones, limitaciones y problemas?".

Entenderlo en términos de sujeto y objeto es, pues, una manera entre otras de indicar el camino, de apuntar hacia la realidad. Puedo tomar conciencia de los pensamientos que pasan por mi mental pero generalmente ustedes no alcanzan ese nivel, ustedes se sitúan simplemente al nivel de los pensamientos, están confundidos con los pensamientos, llevados por los pensamientos, identificados con los pensamientos. Si pueden —y ustedes sí pueden— permanecer silenciosos y decidir: "Voy a ver el pensamiento que va a llegar, voy a verlo", un pensamiento forzosamente va a aparecer, una idea, una imagen. "Vamos a tomar el té en un rato". Lo he visto pasar como un pájaro que pasa en el cielo, lo he visto pasar y eso que ha visto ese pensamiento, podría verlos todos. Eso que ha visto un pensamiento podría ver a los demás *con la condición de estar ahí, vigilante*, lo cual no es generalmente el caso.

Pero no se detengan ahí. Ese sujeto que puede decir: "He visto este pensamiento, este pensamiento ha sido objeto de conocimiento para mí, he discriminado al espectador del espectáculo", no es el testigo último. Cuando ustedes sean más vigilantes, más hábiles, se darán cuenta de que ese yo muy calmado, muy atento, muy silencioso, que ha visto dicho pensamiento, que ha visto el pensamiento siguiente, después ha visto esa pequeña inquietud, esas pequeñas ganas de moverse, después esa pequeña vibración en el corazón y ese resto de emoción, ese yo que es verdaderamente el testigo, que no se deja arrastrar, todavía no es el último. Una consciencia muy pura de mí subsiste, que podría ser aún el objeto *para una Consciencia aún más pura, interior y silenciosa, en la cual toda traza de mí, lo que sea que pueda llamarse yo, ha desaparecido.* Y es eso lo que se llama verdaderamente el Sí-mismo. Cuando un psicólogo como Jung emplea la palabra ser, o realización del ser, no tiene nada que ver con la realización del Sí-mismo de la gran tradición oriental.

Este último sujeto, es *chit*, la Consciencia. Pero si *chit* no estuviera ahí, en nosotros, para tomar conciencia, ninguna de nuestras experiencias limitadas, condicionadas, ninguna de nuestras experiencias en la dualidad, efímeras, medibles, ninguna de nuestras experiencias que tienen un contrario, ninguna llegaría a tener lugar. En el interior de todas nuestras sensaciones, percepciones y experiencias se encuentra siempre la Consciencia. Sólo que esta consciencia toma una forma, otra forma, formas cambiantes, múltiples que son también irreales en la medida en que tienen un comienzo, un fin, una historia, que nacen, que mueren, que no son, inmutablemente. Lo que es real es lo que es inmutable. Si ustedes pueden apartar, discriminar, no confundir lo irreal con lo real, no confundir lo múltiple con lo único, lo cambiante con lo inmutable, lo medible con lo infinito, entonces cada elemento limitado, cada elemento perecedero, les revelará siempre su esencia que es en calidad de objeto *sat* y en calidad de sujeto *chit*, la Consciencia. Si eliminan todo lo que es eliminable en el objeto, encontrarán siempre como último descubrimiento a *sat* y si eliminan todo lo que es eliminable no ya en el objeto sino en el sujeto, encontrarán siempre como último descubrimiento a *chit*, la Consciencia.

El "mental" (*manas*) es lo que les impide percibir el Ser puro y la Consciencia pura. El mental hace que ustedes nunca puedan ver al Ser puro.

Indefinidamente y a pesar de ustedes, ven a personas que aman, a otras que no aman, situaciones, hechos, acontecimientos, y pierden de vista lo eterno, lo único, eso que existe por sí mismo, en sí mismo, eso que no es causado por nada, que nunca nació ni nunca será destruido. El mental es lo que les impide esta realización, arrastrándoles invenciblemente, después de que sus ojos se hayan vagamente entreabierto, a recaer en su mundo y mientras permanezcan en ese mundo, todos los "problemas" tendrán lugar. Tenemos dinero, no tenemos, somos amados, somos traicionados y, en el interior de nosotros, estamos felices, estamos relajados, estamos en plena forma, estamos en la angustia, somos infelices, somos todo lo que quieran.

Ahora observen un poco mejor. Todo lo que vemos en nuestro interior, con relación a la Consciencia, se vuelve objeto: los pensamientos, las sensaciones, las emociones, las ideas, los deseos. Ya sea que vea una forma física como Jeanine o que vea otra forma como un pensamiento en mí o una sensación en mí, *siempre son formas*, siempre objetos cuyas definiciones son las mismas: ser nacido, compuesto, acontecido, múltiple, contradictorio, diferente de otra cosa, efímero, siempre. Sin embargo, a todo lo que se manifiesta en mí siempre encontraré, simplemente porque está ahí, tan aleatorio como sea, encontraré siempre como fundamento último al ser, *sat*, es, a lo que no puedo añadir nada. Este es el fundamento mismo de todos mis pensamientos, de todas mis sensaciones, de todas mis emociones, así como es el fundamento de todo lo que es externo a mí. Por ende, dentro de mí y fuera de mí, la realidad es la misma; es *sat*. Todo lo que conozco de mí como yo, mi cuerpo, mis sensaciones, mis tristezas, mi futuro, mi historia, mis humores, mi felicidad, mis penas, mis alegrías, mis temores, son siempre fenómenos. Todo lo que está fuera de mí y todo lo que está en mi interior, es una única realidad *a propósito de la cual ya no se trata de distinguir interior a mí o exterior a mí*; siempre se trata de *sat*, es. "Fuera de mí", "exterior a mí", es también uno de los condicionamientos adventicios que la discriminación puede superar. Es, *asti*, *sat*. No hay nada que añadir a ese es, ser. Y veo que todos esos objetos en mí, sensaciones, pensamientos, emociones, deseos, impulsos son expresiones del Ser pero que no existirían si yo no existiera como Consciencia, ya que son formas de mi consciencia. Yo soy consciente de estar triste, soy consciente de estar lleno de fuerza, soy consciente de estar agotado, soy consciente de que me siento mal, soy consciente de sentirme muy contento. Si pueden tener una atención suficientemente vigilante, una discriminación lo suficientemente aguda, verán *la identidad de sat* y de *chit*. El ser y la consciencia en nosotros son lo mismo. No puede haber *sat* sin *chit* o *chit* sin *sat*, no puede haber ser sin Consciencia o consciencia sin ser.

Si en mí no puede haber ser sin consciencia, *sat* sin *chit*; si *chit* y *sat* son una misma realidad, por consiguiente, en el exterior también *sat* y *chit* son la misma realidad. Todo es *sat* y *chit*, ser y consciencia y toda cuestión de lo exterior a mí o interior en mí se ha superado.

***

Cuando la experiencia de la que hablo ha podido ser llevada a cabo, a *sat* y a *chit* se les añade *ananda*, que se traduce por felicidad o beatitud. Ni feliz ni infeliz, ni alegre ni triste, sino positivo, positivo más allá de todas las experiencias habituales. Es el infinito del positivo. Todas las alegrías hacia las que tendemos han sido siempre relativas. Todas nuestras alegrías sin excepción, todas nuestras felicidades han sido siempre nacidas, hechas, acontecidas, compuestas. Si a la pregunta: "¿Por qué está usted tan feliz?" le pueden dar una respuesta, no se trata de *ananda*. "Estoy feliz porque acabo de tener una promoción en mi empresa, porque me caso con una mujer maravillosa o porque hace buen tiempo", ya no es *ananda*. Eso es una alegría que ha nacido, no estaba ahí ayer y no estará mañana. Mientras que *ananda* es esta alegría que es su verdadera naturaleza, pero que ustedes buscan en los viajes, la aventura, el amor, el éxito o en el hecho de querer escapar a su contrario, a la enfermedad, la opresión, el fracaso, la tristeza, el miedo. Esta alegría que todo el mundo busca se revela ahí, absoluta. Una alegría no nacida, no hecha, no acontecida, no compuesta, no relativa, que no depende de nada. Esta alegría no-dependiente es el tercer aspecto de "Eso", *tat* en sánscrito, del cual no se puede decir nada más que *asti*, ES. Y que está ahí eternamente. En todo lo cambiante se encuentra lo inmutable, en todo lo efímero se encuentra lo eterno, en todo lo múltiple se encuentra el Uno, siempre, todo el tiempo. En la serpiente se encuentra la cuerda, y la serpiente no es otra cosa más que la cuerda. Si no hubiera cuerda, yo no podría fabricar la ilusión de la serpiente y, de la misma manera, en toda experiencia de la vida se encuentra siempre, únicamente y nada más que *sat-chit-ananda*. Todo lo demás es "irreal". "Lo que no existía ayer y que no existirá mañana, tampoco existe hoy". Pero Cristo dijo: "Que tu alegría permanezca".

***

A través del rigor intelectual llegarán a una experiencia que rebasa y trasciende al intelecto. Pasarán de lo que los hindús llaman *lower buddhi* a la *higher buddhi*, que es una inteligencia que va más allá de la inteligencia del técnico, del físico o del matemático. Ustedes acceden a esta inteligencia que es función pura del ser y que se llama *prajña*, el conocimiento supremo, el conocimiento de Brahman, de Eso, *tat*. Si viven esta experiencia, que es una experiencia de consciencia y de ser puro, todo lo demás desapareció y *ananda* está ahí. Pero eso no dura, el mental, las tendencias, las *vasanas*, los *samskaras* vuelven a estar activos y de nuevo estarán ahí sacudidos, agitados, empujados a actuar en un mundo del cual, sin embargo, acaban de reconocer con toda certidumbre la evanescencia. El mental es poderoso, la falsa visión es poderosa, las *vasanas*, los *samskaras*, los deseos, los miedos son poderosos. Y de nuevo están ahí ya sólo ven lo múltiple, el Uno ha desaparecido, sólo ven lo cambiante, lo inmutable ha desaparecido, sólo ven la distinción entre ustedes y lo que no es ustedes, lo que les va a ayudar y lo que les va a dificultar, lo que les es benéfico y lo que les sale mal. Esta experiencia en la que no había ninguna distinción entre el interior y el exterior se ha desvanecido. Ahí están de nuevo completamente en el mundo del sueño, y en su sueño hay mujeres que les parecen bonitas, otras que les parecen feas, algunas que envejecen, otras que mueren, hombres que son sus amigos, otros que son sus enemigos. Ven acontecimientos felices, acontecimientos infelices, problemas que resolver, dificultades que controlar, facturas que pagar, amenazas, peligros. Este sueño es con frecuencia una pesadilla.

Este mundo es un sueño: "El agua del espejismo en el desierto no puede quitar la sed a aquel que tiene sed, ni ahogar a aquel que no sabe nadar". Es muy conocido que en el desierto, en países muy cálidos como la India, en el Rajastán o en otros lugares, se ve una capa de agua ilusoria en el horizonte. El agua del espejismo no puede quitar la sed a aquel que tiene sed, ni ahogar a aquel que no sabe nadar. Por supuesto. Este mundo y esta vida, con sus amores maravillosos, sus descubrimientos, sus obras de arte, son espejismos. Este mundo horrible, con sus Dachau, sus suicidios, sus sufrimientos, sus torturas, sus personas quemadas vivas, es un espejismo que no puede ni saciar a aquel que tiene sed de *sat-chit-ananda* —que lleva en él-, ni destruir a aquel que tiene la impresión de que es el sufrimiento el que gana. Pero el deseo de la felicidad ordinaria es tan fuerte, el deseo de beber el agua del espejismo es tan fuerte como el miedo de ahogarse en el lago del espejismo es fuerte. La "realización" es la visión de este mundo como un espejismo, donde nada nunca podrá darles, en sí, la felicidad suprema. Una madre dirá: la maternidad me lo dará, un hombre enamorado dirá: el matrimonio me lo dará, un hombre pobre dirá: el dinero me lo dará, un hombre enfermo dirá: la salud me lo dará. No, nunca. La alegría suprema, nunca. Y, al contrario, si este mundo es visto como un espejismo, el sufrimiento desaparece. Ya no es cuestión de interior, de exterior, todo ha desaparecido y *ananda* triunfa. Swamiji decía *reigns supreme*, reina suprema.

La realidad está todavía más allá de *sat-chit-ananda*, pero esa es la única manera de decir algo respecto a ella. Ser, consciencia, beatitud. Un ser que es a la vez beatitud y consciencia, una beatitud que es a la vez ser y consciencia, una consciencia que es a la vez ser y beatitud. El sueño es muy poderoso, pero es un sueño y es posible despertarse del sueño con el cual recubrimos a *sat*, *chit* y *ananda* con la multiplicidad, con el cambio y con la distinción entre el yo y el no-yo. Este punto de vista que los orientales consideran como último, es al mismo tiempo el más simple. Es el punto de vista del vedanta hindú, es el punto de vista del budismo tibetano, del budismo zen, de ese texto que se llama la *Prajñaparamita*: "Oh Sabiduría, que se ha ido más allá del más allá, del más allá".

***

Esta realidad última indicada por el célebre vocablo *sat-chit-ananda* es llamada también *brahman*, el absoluto o *atman*, el Sí-mismo, el Ser.

¿Acaso esta expresión Sí-mismo, *atman* está bien escogida? Hace 2500 años que los budistas dicen: "No, ustedes se van a confundir con el yo, con el ego, con el yo ordinario —es necesario decir el no-Sí-mismo, anatman". Y los hindús dicen: "¿Cuál es la realidad de un ser humano, cual es el ser real del ser humano por oposición a todo lo que es limitado, fenoménico? Es el atman, y mantenemos esta apelación de Sí-mismo para mostrar bien que es el ser mismo, la esencia misma, el Sí-mismo de cada ser humano".

Si quieren llamar a esa realidad suprema el Sí-mismo, son bienvenidos, están empleando el lenguaje del vedanta. Si ustedes quieren llamar a esa misma realidad el no-Sí-mismo, son bienvenidos también; ahí emplean el lenguaje del budismo. Lo importante es tratar de comprender verdaderamente lo que los hindús llaman el Sí-mismo y que los budistas llaman el no-Sí-mismo; por lo menos así lo hacen los sabios hindús o budistas. Los teólogos hindús o budistas no les conciernen. Déjenlos seguir sus viejas querellas de hace 2500 años. Pero yo puedo decirles que, en la práctica de mi vida de búsqueda, he escuchado muy a menudo a maestros budistas, ya sean tibetanos, ya sean japoneses, hablando inglés o traducidos al inglés, emplear la palabra *Self*, es decir el Sí-mismo, que un budista no debería emplear jamás. Y he escuchado a Swamiji emplear a menudo la expresión *anatman*, no-atman, aunque haya enseñado el Adhyatma yoga, el camino hacia el Sí-mismo. Esto es para decir que para un sabio que busca despertar a aquellos que se le acercan, lo importante no es la confrontación de sistemas filosóficos, sino la palabra que, en un momento dado, pueda ayudar a alguien a entender algo y a tener una experiencia. Si buscan comprender con todo su ser, encontrarán muy rápido las palabras que los pondrán en la dirección correcta. Entonces ya no serán términos; serán palabras en el sentido más elevado del término "palabra", palabras de vida.

Yo sé que esto que les digo les parece menos accesible que si hubiéramos hablado de tristeza, cólera, fatiga, sexualidad, de lo que constituye su pan de cada día. Si nosotros no hablamos de vez en cuando de esa realidad, nos quedamos en la psicoterapia y ya no tendríamos el derecho de conservar las fotografías de los sabios en los muros de esta sala. Remplácenlas por las fotos de Jung, Freud, Adler si no quieren escuchar hablar de lo que está más allá de lo que se han ocupado Jung, Freud o Adler. La psicología se ocupa del ego y el camino se ocupa del no-ego. No consideren un ego armonioso, un ego unificado, un ego desarrollado como la posibilidad última del hombre. Estamos todavía en la multiplicidad, en la medida, en la definición, no estamos al nivel de lo ilimitado y de lo infinito. El Sí-mismo es el no-ego.

Pero, entonces me dirán: ya no se encuentra nada de lo que es materia de tantos libros. ¿Dónde están el cuerpo físico, el cuerpo sutil en lo que usted acaba de decir? ¿Dónde están los *chakras*, la *kundalini* del yoga? ¿Dónde están Dios, los ángeles, los tronos, las dominaciones del cristianismo, los siete cielos de Mahoma? Efectivamente, en esta perspectiva metafísica no-dualista, todos los estados intermedios son eliminados, pues todo lo que existe en el mundo astral, sutil, psíquico, el cielo, el infierno, el purgatorio, en los diferentes *lokas*, es decir en los diferentes mundos de la realidad, todo, incluso a un nivel muy sutil, muy refinado, procede de lo nacido, de lo hecho, de lo acontecido, de lo compuesto. Dios creador aparece al mismo tiempo que la creación y, si Dios ha creado, existe bien un absoluto donde Dios no es creador.

Así pues, el punto de vista que nos hace distinguir la creación y el Creador es todavía un punto de vista relativo en el cual vamos a ver aparecer nociones de tiempo completamente inconmensurables con relación a las nuestras, eones que nos parecen eternidades, creaciones, destrucciones, la "respiración de Brahman". Se han consagrado a ello bibliotecas enteras, génesis, cosmologías y cosmogonías, teologías, la descripción de todos los dioses del panteón hindú. Todo esto, en un plano diferente a nuestra pequeña vida, todavía compete a lo nacido, a lo hecho, a lo acontecido, a lo compuesto. Algunos tienen la audacia y la capacidad de quitar todos los revestimientos a la vez, de acceder directamente a ese sustrato de todo, inmutable, eterno. De todo -lo que sea que haya en el cielo, el infierno, en lo sutil, en lo astral, donde ustedes quieran– si eso existe. Si existe algo, hay *ser*, *asti*, y si ese algo tiene que ver con ustedes, existe *chit* y todo lo que he dicho ahora continúa siendo verdadero.

Para hacer al revés el camino de la Creación, muchos yoguis se han apoyado en las etapas de esta creación, en el plano físico, sutil, causal, como se dice en el vedanta. Pero todo eso es aún relativo; sólo que un poco más sutil. Es verdad, mientras estemos aún en el sueño, el sueño existe en el plano físico, sutil, causal y pueden leer todo lo que se ha dicho al respecto en el budismo y en el hinduismo. Pero el vedanta o el yoga del conocimiento quita todos los revestimientos a la vez. Paraíso o infierno, mundo angélico o purgatorio, plano sutil y plano causal, mundo de los ancestros y mundo de los dioses, todo es *brahman*. La discriminación, igual a una flecha lanzada por un arco, dicen los Upanishads, de un solo golpe, penetra dentro y fuera de nosotros hasta el corazón de esa realidad que en nosotros llamamos *atman,* y que en el universo llamamos *brahman*. No niego la existencia de todo lo que hace la materia de las ciencias ocultas, de los diferentes yogas, de las enseñanzas llamadas espirituales (que son más psíquicas que espirituales, de hecho). Digo simplemente que el *"highest teaching"* del zen o del vedanta pulveriza todo eso.

Se cuenta en tal o cual enseñanza, que después de su muerte un gran meditador ve aparecer a un dios aterrador. Ese dios aterrador lo amenaza y el meditador le dice: "Tú no tienes otra realidad que no sea *sat, chit* y *ananda*, la cual es también mi realidad. Yo soy tú, tú eres yo". Con estas palabras, la divinidad amenazante desaparece.

Si hay algo, donde sea sobre esta tierra, en el cielo, en el paraíso, si hay algo donde sea, este algo no tiene otra realidad más que *sat*, el único *sat* que es la única realidad de este micrófono. Los hindús van lejos: Dios como Dios creador opuesto a la criatura, no es otra cosa que *sat* y el micrófono no es otra cosa que *sat*. El micrófono es *brahman* en el plano físico, Dios es *brahman* en el plano causal. Todo lo que tenga alguna relación conmigo, que me vaya a elevar al paraíso, o a destruir, aterrorizar, quemar en el infierno, no tiene otra realidad, en lo que me concierne, más que *chit. Sat, chit* y *ananda* son la realidad de todo. La distinción entre yo y lo que no es yo es ilusoria y forma parte del sueño. Es por eso que –al mismo tiempo que reconocen la existencia de mundos, cielos, paraísos, infiernos, purgatorios diversos–, los hindús y los budistas dicen que todos deben ser superados. Ir al paraíso de Vishnu es un ideal muy limitado; es simplemente una intensificación de la felicidad que tiene como opuesto la infelicidad hasta que se haya alcanzado la visión real, trascendente, aquí y ahora, y todo el sueño se acaba. O si ustedes prefieren, la realidad ya no se ve más que en términos de sueño, en el cual no hay más que Uno. El cambio es un sueño, el nacimiento es un sueño, la muerte forma parte del sueño, el éxito es un sueño, el fracaso es un sueño, el otro es un sueño, yo es un sueño. Una sola realidad reina suprema, *satchidananda, ser-consciencia-beatitud.*

Tal vez todo esto hoy les parezca nuevo, incomprensible, desconcertante. Todo eso no tiene nada que ver con mis problemas; a mí, lo que me concierne son mis sufrimientos, mis emociones, mis miedos y mis deseos. Ustedes verán un día que eso que les concierne verdaderamente, es eso de lo que he hablado hoy. Detrás de todos los miedos, los deseos, los problemas, detrás de todo lo que conforma su existencia, hay Eso. No es opuesto, no es brutalmente lo uno o lo otro: ya sea que se queden en el mundo o que entren a un convento. La cuestión no se plantea en esos términos. Se plantea en términos de ir cada vez más lejos, cada vez más profundo. No se queden en la superficie, no se detengan en el camino. Partan de la situación actual: yo amo, deseo, tengo miedo, sufro, estoy harto, me gustaría. Bien. ¿Quién quiere? ¿Quién sufre? ¿Quién tiene miedo? ¿Por qué tengo yo miedo? ¿Por qué deseo? ¿Qué es todo esto? Esto comienza con el nacimiento, dura hasta la muerte —diez minutos antes de morir van a tener todavía un deseo o un temor— y luego se detiene. ¿Qué es una existencia así? Pero todo el tiempo, está aquí, de eso he hablado hoy. No está lejos en los cielos, está en lo más profundo de ustedes y en lo más profundo de todo lo que les rodea. Es lo que hace que todo lo demás exista, es lo que se expresa más o menos torpe o dolorosamente a través de lo demás, es hacia lo que tiende más o menos conscientemente todo lo demás. Es la Realidad, lo último, a condición de no detenerse en el camino. Todo lo que ustedes buscan, todo el tiempo, siempre, en la atracción y en la repulsión, en el miedo y en el deseo, es siempre este atman. Es siempre esta Realidad.

¿Entonces, qué pueden concretamente sacar de mis palabras? Que hay que discriminar al espectador del espectáculo. Que no hay que estar completamente confundido, llevado, conmovido, todo el tiempo. Hay que ser vigilante. Discriminar el espectador del espectáculo, eso es la vigilancia, la presencia a sí mismo sobre la cual insisten todas las enseñanzas. Pero esta lucidez –la palabra lucidez viene de luz– esta vigilancia, esta consciencia debe ser también tan neutral y serena como sea posible, debe ser testigo; si no, estarían de nuevo atrapados por el sistema de la atracción y la repulsión. Esta vigilancia debe ser absolutamente impersonal, imparcial, no eliminando nada, no rechazando nada; parecida a un espejo. En ese momento ya no hay ni amigos ni enemigos. Aquellos que los protegen, aquellos que los amenazan, todos los demás seres humanos, son vistos exactamente como son, con una visión justa y no coloreada. En el interior de ustedes mismos deben poder tomar conciencia de una manera neutra, impersonal, de todos los fenómenos que les constituyen y con los cuales, hasta el día de hoy, se han confundido e identificado. Y poco a poco, yendo cada vez más profundo, descubren el sujeto último, que no puede ser objeto de conocimiento o de consciencia por nadie más, y que es pues la Consciencia pura; Consciencia consciente de sí misma y de la que todo, en ustedes y fuera de ustedes, no es más que una manifestación efímera.

Comiencen por abrirse a esta verdad. Les concierne. Piensen en la cantidad de preocupaciones que se plantearon todas esas personas en el siglo XIX; todas las noches de lágrimas, todos los gritos, gemidos, esperanzas, todos aquellos que corrieron en la atracción, que aullaron en la repulsión –¿qué queda de todo eso? Los bisnietos ni siquiera saben el nombre de sus bisabuelos. Piensen en la cantidad de existencias que transcurrieron debatiéndose, jalando por un lado, empujando por el otro, gimiendo o teniendo esperanzas. ¿Qué queda de ello hoy en día? Como dice Buda: "Abonar la tierra de los cementerios". El camino no sólo es cuestión de hablar de sexualidad, cambiar de oficio, traer niños al mundo, vivir en el campo, vivir en la ciudad, partir al extranjero. El camino no está hecho solamente de eso. El camino está hecho también de lo que he dicho hoy. Pero no llegarán a esto de lo que he hablado hoy si se imaginan que de repente van a eliminar todos los problemas de la existencia, las emociones, las sensaciones, los deseos, los temores, etc. El camino es *all embracing*, dicen los hindús y los budistas, es decir, que abarca todo, que incluye todo. Nada se deja de lado, nada. En el camino nada se abandona, nada se destruye, todo se aclara, todo se ilumina, todo se transforma.

Para poder atravesar el velo de las apariencias con la *buddhi* y la discriminación, *viveka*, para poder desagregar, pulverizar el mental, es necesario que esta *buddhi* sea aguda y afilada. Si queremos cortar algo, será necesario que nuestro cuchillo esté afilado como una navaja de rasurar. Hay un texto tibetano que se llama *Vajra chedika* en sánscrito, *Dorje tcheupa* en tibetano, "el diamante que corta". Es necesario que su *buddhi*, su discriminación se vuelva aguda, cortante, intensa, si no, el letargo del mental les impedirá despertar. Den a alguien tres o cuatro somníferos y pídanle que se despierte; no puede. Existe una fuerza que les mantiene dormidos. Si con una *buddhi* insuficiente tratan de leer este tipo de textos, sólo podrán seguir las palabras. Eventualmente podrán pasar un examen de hinduismo en la Sorbona, pero la inteligencia universitaria no es suficiente para el yoga del conocimiento. Y tal vez les hagan falta meses o años para perfeccionar su *buddhi*. Mientras vivan en las emociones, no tendrán una *buddhi* suficientemente refinada, mientras que se alimenten mal, duerman mal, nunca tendrán una *buddhi* suficientemente afinada. Para perfeccionar esta *buddhi* tendrán que destruir al mental, limpiar al inconsciente, cambiar su alquimia interior, practicar un yoga.

Volverán a caer dormidos. De nuevo tendrán tristezas, emociones, deseos, responsabilidades; y luego, un día, tendrán una experiencia tan fuerte, que el despertar no desaparecerá nunca más y quedará siempre a su disposición. Podrán ver este mundo relativo, pero con un ligero cambio de sintonía, todo aparecerá como *sat-chit-ananda*. Entonces ya no habrá miedos, demandas, temores, solamente la paz de las profundidades.

***

Cuando hacen el "pranam", la prosternación, ustedes hacen el "pranam" ante ustedes mismos. En verdad, esencialmente, desde el punto de vista de la realidad espiritual, no hay superioridad de nadie sobre ustedes, tal como son, ahora mismo, en este instante. Existen superioridades físicas en cuanto a la talla, la fuerza, las capacidades corporales; existen superioridades artísticas, manuales, intelectuales; hay incluso superioridades emocionales, es decir, seres que se dejan llevar menos por las emociones; pero espiritualmente, en esencia, todos y todas, no solamente aquellos que están en un monasterio o en un ashram, todos aquellos que se pasean en la calle, existen, son, respiran, hablan, sufren, se alegran sólo porque la Consciencia los anima; cualesquiera que sean las formas (limitadas, golpeadas, caóticas, dolorosas) que pueda tomar dicha Consciencia.

Recuerden esto de vez en cuando: todo el camino está fundado sobre esta verdad. Ustedes saben bien que, en la parábola del cordero que bala y que se transforma en tigre que ruge, no es un cordero que se transforma en tigre, es un pequeño tigre criado entre corderos que cree ser uno de ellos, y que descubre que en realidad es un tigre. Esto es verdad para cada uno de ustedes. Esta es una convicción tal para mí ahora que ya no puedo ver a los demás seres humanos como los veía antes y ¿por qué lo que ha sido posible para mí no podría serlo también para cada uno de ustedes?

Es paradójico. Incluso cuando tal o cual de ustedes se siente completamente perdido, contradictorio, desamparado, violento, infeliz, no puedo no verlo como víctima de un malentendido; eso es todo. No se trata de algo como cuando una persona pobre tiene la oportunidad de llegar a ser rico trabajando, economizando, haciendo inversiones y operaciones de bolsa; se trata de una persona que ya es rica pero que, por un malentendido, ignora que toda esta herencia le pertenece, o ignora que en el sótano de su casa existe un cofre repleto de monedas de oro. ¿Entienden? No es lo mismo que una persona pobre a la que se puede decir: "No pierda el ánimo, su carta astral dice que en cuatro o cinco años las cosas se van a arreglar y que al fin tendrá dinero". Se trata de una persona ya muy rica, que por un malentendido se cree pobre. Esta comparación es muy conocida. Se encuentra en numerosas parábolas orientales y en la parábola del hijo pródigo que acaba comiendo raíces y algarrobas cuando en realidad es el hijo de un hombre rico y que toda esa herencia le pertenece por derecho de nacimiento. La herencia más grande que podamos imaginar les pertenece a todos por derecho de nacimiento. Y más aún, cuando decimos "herencia", corren el riesgo de pensar que es una suma que les llegará a la muerte de un abuelo, de un padrino o de un padre. Pero es una herencia que ya han heredado, que ya está a su disposición. Por lo tanto, cuando ustedes son, ya sea las unas o las otras, los unos o los otros, infelices, conflictivos, frustrados o inquietos, veo esto únicamente como un malentendido, tenaz, pero un malentendido.

Esta palabra "malentendido" es muy justa. Malentendido: ustedes entienden mal lo que yo les digo. Lo que les digo es lo que está escrito en los Upanishads o en las enseñanzas de Buda o en las enseñanzas de un swami hindú o de un maestro sufí, pero que ustedes entienden mal o no pueden entender. Existe un proverbio que dice: "Un vientre con hambre no tiene orejas". No se le puede hablar a alguien que tiene demasiada hambre. Es un proverbio muy acertado. Lo que pasa es que muchos de estos proverbios antiguos no tienen ya sentido para nosotros porque el mundo moderno ha suprimido de nuestras existencias un cierto número de realidades antiguas. Nosotros no sabemos ya, por lo menos en Europa, lo que es tener sed; hay agua por todas partes, hay cafés en todas las ciudades, y cuando se nos habla de sed y del agua que sacia esta sed, esto ya no corresponde a una experiencia vivida. Para personas que viven en Oriente, en países secos y calurosos, ya sean los hebreos de otra época o los musulmanes, la sed tiene un sentido. Del mismo modo: "Un vientre con hambre no tiene orejas". No pueden entender este proverbio porque, probablemente, ninguno de ustedes, sabe lo que es pasar hambre. Cuando alguien tiene verdadera hambre, no se puede hacer otra cosa por él, más que darle de comer para empezar. Un gurú que predicara a personas físicamente hambrientas estaría totalmente en el error. "Un vientre con hambre no tiene orejas"; se le puede hablar, pero él no puede escuchar. ¡Y no hay sólo el vientre! Cuando alguien tiene el corazón y el mental demasiado hambrientos, no puede escuchar. Puede retener palabras, pero no entiende la verdad de esas palabras.

Imaginen que alguien me diga: "Tengo hambre, tengo hambre", y que yo le responda: "Hay comida sobre la mesa", y lo vea a dos metros de esa mesa, todavía viéndome: "Tengo hambre, tengo hambre". Yo insisto: "Hay comida sobre la mesa"; y él continúa gimiendo: "Tengo hambre, tengo hambre". Y todavía él me repite: "Sí, usted me lo ha dicho, hay comida sobre la mesa. ¡Lo sé!" Y tan pronto acaba, comienza de nuevo: "Tengo hambre, tengo hambre", y no es capaz de ver la mesa y tomar todos esos alimentos. Esto es lo que yo llamo no entender. Ustedes no pueden *entender* la verdad; ya sea dicha por Ramana Maharshi o simplemente por Arnaud. Me paso semanas enteras diciéndolo desde hace tres años y medio y no pueden entenderlo. "Un vientre con hambre no tiene orejas", pero también: "Un corazón con hambre no tiene orejas; un mental con hambre no tiene orejas". Por esto es que yo digo: "Su sufrimiento, todos sus sufrimientos, son únicamente el fruto de un malentendido". Es verdad. Y a pesar de ello, ustedes aún no pueden entenderlo; si no, el problema sería resuelto en el mismo instante y el camino se detendría.

Ustedes saben que a menudo se han opuesto los caminos del despertar lentos a lo que se llaman caminos del despertar abruptos. Algunas enseñanzas se expresan en términos de progresión: se está más o menos avanzado. Un joven monje novicio está menos avanzado que un monje de más edad que ha progresado en la vía espiritual o, como dice el cristianismo, que ha progresado sobre los caminos del Señor. En otras enseñanzas, la manera de expresarse se opone a este primer enfoque. No se está más o menos avanzado. O se está despierto, o no se está.

Todos los autores que han escrito sobre el zen insisten sobre el carácter abrupto, inmediato, de la Iluminación; no se había *visto*, y de repente, se ve. Estos dos puntos de vista pueden también ser, en la práctica, reconciliados. Si no, por qué se emplearía la palabra *marga*, que quiere decir "camino" en sánscrito –*karma marga, bhakti marga,* camino de la acción, camino de la devoción.

He tomado a menudo el ejemplo –el cual he vivido muchas veces, pero que todos ustedes pueden imaginar– de la carretera de París a la India. Yo vivo en París y mi meta es ir a reunirme con Ma Anandamayí en la India. Preparo una expedición, equipo mi coche, cargo mi equipaje en la calle Soufflot en París, después salgo de París, voy por las carreteras de Francia, llego a Suiza, atravieso Suiza por el Simplon; ya estoy en el norte de Italia, Trieste, Yugoslavia; estoy más cerca de Ma, un poco más cerca. Cuando paso el Bósforo, estoy un poco más cerca; cuando atravieso la frontera de la India, estoy un poco más cerca; cuando estoy en el jardín del ashram, estoy todavía más cerca; cuando entro en el cuarto de Ma, he alcanzado la meta.

Pero esta comparación, desde otro punto de vista, es falsa. Ustedes nunca están, nunca han estado ni nunca estarán, en ningún momento, bajo ninguna condición, en ninguna circunstancia, ni más cerca, ni más lejos de la meta. Como si yo pudiera decir: en París o en el jardín del ashram, no estoy ni más cerca ni más lejos de Ma. La meta está ahí, ya. *Ustedes son ya la meta.* Todos. Si no, no respirarían, no hablarían, no amarían, nunca sentirían que existen y no emplearían el pronombre personal "yo".

La vida está ahí, la totalidad de la vida; la Consciencia está ahí, la totalidad de la Consciencia. Nunca estarán más cerca de la meta de lo que lo están hoy. Simplemente estarán más cerca de entender lo que digo; eso es a lo que se están acercando, por ser más rigurosos. Se aproximan a la posibilidad de entender. Cuando se pronuncian las "grandes frases" de los Upanishads, los *mahavakya,* "*aham brahmasmi*" ("yo soy brahman"), "*ayam atma brahma*" ("este atman –el Sí-mismo de cada uno– es el absoluto"), "*tat wam así*" (tu eres Eso), se ha dicho todo. ¿Entonces por qué su vida no ha cambiado?

Si toman un billete de la lotería nacional y yo llego con el periódico en la mano diciéndoles: "¡Ustedes han ganado el premio mayor!", lo entienden al instante. Miran los números, comparan, comprueban que es verdad y, en un instante, han entendido: todos mis problemas financieros están resueltos. Solamente que cuando se dice: "Ustedes son *satchidananda*: ser, consciencia, beatitud", no pueden entenderlo. Yo les digo: "No se dejen llevar, no se identifiquen con estados de consciencia pasajeros, dejen las cadenas de causas y efectos desarrollarse al nivel de los diferentes *koshas*. Déjenlo, no entren en conflicto. Cuanto más acepten, más libres serán. Sientan que son la Consciencia, simplemente, no tal o cual estado de consciencia limitado. Son la Consciencia, paz infinita, beatitud infinita, libertad, el atman al que nada puede afectar, destruir, limitar. Esta Consciencia es su realidad simplemente tomada dentro del juego de ciertas formas y, cuando hay una forma, hay multiplicidad de las formas, hay conflicto entre las formas y hay sufrimiento". No pueden entenderlo.

Krishnamurti puede decir la verdad todos los días en una ciudad de Occidente o en un lugar de Oriente; Ramana Maharshi lo dijo todos los días sin moverse de su ashram de Tiruvannamalai. ¿Quién lo ha entendido verdaderamente? Algunos han escuchado las palabras, las han repetido en los libros, pero no han llegado hasta el final de esta realización que, sin embargo, está a su disposición. En ningún momento estarán más cerca; en ningún momento estarán más lejos. Desde este punto de vista, soy muy categórico, como el lenguaje de ciertas enseñanzas: no hay ningún progreso de ningún tipo. Incluso las imágenes de crecimiento: "El grano que se transforma en árbol; el árbol ya está potencialmente dentro del grano", son sólo enfoques. El árbol ya está completo en cada uno de ustedes. No hay nada que ganar, nada que hacer crecer, nada que buscar aparte que lo que ya está ahí, en toda su plenitud, dentro de cada uno. El progreso no es una progresión que les lleva más cerca de lo que ustedes ya son. ¿Cómo quieren estar más cerca o más lejos de lo que ya son? La progresión, simplemente, les acerca al momento en el que entenderán. Y una frase que ha llegado a sus oídos cientos de veces les llegará al fin por primera vez. La entenderán. Con todo su ser, no podrán no ponerlo en práctica, no vivirlo. Y el despertar, que se ha llamado a veces "iluminación" se producirá.

Sí, de veras ¡qué malentendido! Y sepan que todo el camino que siguen está fundado sobre la realidad de ese malentendido. Ni por un instante puedo olvidarlo en lo que concierne a cada uno de ustedes. Nunca tengo la impresión de ver entrar en mi cuarto o de ver cruzar el jardín del Bost a un ser incompleto, un ser imperfecto, un ser que tiene todo por ganar, sino que siempre veo a un ser ya completo, ya perfecto, que no tiene nada que ganar —pero que es víctima de un malentendido. Mi trabajo consiste en tratar de disipar este malentendido. No tengo nada que hacerles adquirir que no posean ya, no tengo nada que hacerles alcanzar que no sean ya. Incluso no son semillas que tengan que transformarse en plantas: ya son plantas completas, acabadas; ya son perfectos —víctimas de un malentendido. Y estoy aquí para esforzarme a disipar ese malentendido y para hacerles posible, poco a poco, el entender.

¿Qué les impide escuchar? Si el corazón y el mental están agitados, reclaman ser tranquilizados en caso de miedo, ser consolados en caso de fracaso, no pueden escuchar. Saben bien que, si están en una emoción muy fuerte, no se les puede hablar de nada más. Un ser que está locamente enamorado no puede hablar de algo que no sea su amor, y no habla de otra cosa. Si tratamos de hablarle de otra cosa, no entiende; queremos explicarle que su sobrino está muy enfermo y que debería ir a visitar a su tía que está muy inquieta e infeliz... No puede escucharlo de ninguna manera. Otros, que tienen un gran problema profesional, no pueden escuchar más que los asuntos que entran en su línea de preocupación; sería como decir que todos los directores de industria son unos criminales y que mientras no se haya hecho la revolución, se seguirán produciendo injusticias.

Generalicen estas observaciones que todos ustedes han podido hacer y díganse que este mental que debe desaparecer, es su propia forma de reclamación, de demanda, de miedo, de tema preferido del cual no pueden salir y que les impide escuchar otra cosa. El mental repite indefinidamente: "Yo, yo, yo, yo". Yo, mis éxitos, yo, mis fracasos, yo, las injusticias de las que soy víctima, yo, las traiciones de las que he sido objeto; yo, mis problemas; yo, mis logros... no pueden escuchar otra cosa.

Es necesario que se pongan en disposición de escuchar. Y ahí, el camino encuentra su lugar, su justificación. ¿Cómo podemos poco a poco hacer silencio, hacer que el mental cese de gritar "¡yo, yo, yo!", para que puedan escuchar la gran verdad? ¿Cómo van a hacer para que se apacigüe la acumulación de miedos y de deseos que están ahí, dinámicos en el inconsciente y que se manifiestan en la superficie bajo la forma de pensamientos y emociones, lo que se llama técnicamente *"vritti"* en sánscrito (agitación o torbellino)? En esta perspectiva, podrán escuchar de manera justa expresiones como "destrucción del mental", "purificación de *chitta*", "neutralización de los *samskaras*", "erosión de las demandas, de las *vasanas*".

Ahora, voy a situarme desde otro punto de vista, que también es legítimo, y voy a utilizar un lenguaje ligeramente diferente al que acabo de utilizar. La experiencia muestra que esta incapacidad para escuchar es inmensa. Hay vidas de monjes zen, de discípulos sufís, de yoguis hindús que han sido consagradas a esfuerzos llamados en sánscrito *sadhana* y *tapas* (traducido por "austeridades" pero hay muchas formas de austeridades). Vidas enteras han sido consagradas a prácticas, ejercicios para escapar de esta situación trágica; cuando se está hambriento, se pide, se pide, se pide, esto es lo que impide escuchar la gran verdad.

Traducimos a menudo *vasana* por "deseo" pero la palabra *vasana* en sánscrito es femenina. Nos molesta un poco decir una *vasana* cuando, de hecho, entendemos "un deseo". Traduzcan entonces *vasana* por "demanda"; una *vasana* es una demanda; y esta palabra es probablemente aún más justa que la de deseo. Porque deseo, es fácil entenderlo con un trasfondo moral; existen deseos egoístas, existen deseos que proceden de la lujuria, existen deseos que proceden de los pecados capitales. Pero quién no sentiría que está hecho de demandas, que la existencia consiste en sentir en nosotros estas demandas, demandas a niveles diferentes. El niño demanda el pecho... Y eso continúa. Son estas demandas de un corazón hambriento que les impiden escuchar y que deben silenciarse. Si las demandas hacen silencio, ustedes podrán escuchar —escuchar verdaderamente, no sólo oír las palabras. Les bastaría con que leyeran algunas páginas de Ramana Maharshi para saber que lo que es extraordinario es el sufrimiento y el malentendido. Les bastarían algunos instantes para estar seguros de que ya esto es verdad, que todo ya está ahí. Las identificaciones caerían, las crispaciones caerían, los rechazos caerían, los conflictos caerían y, en unos instantes, estarían situados en esta posición de testigo que se revela completa en sí misma, libre de todo, inafectada, inafectable y de la cual hablan los textos sagrados a lo largo de sus páginas. Esto pueden "escucharlo", escuchen pues el camino como la posibilidad para ya no estar en la posición de "corazón hambriento no tiene orejas", "mental hambriento no tiene orejas". Y ahora regresamos al mundo de lo relativo.

¿Cuál es la demanda de Claudine? ¿Cuál es la demanda de Michel?, ¿Cuál es la demanda de Jacques?, ¿Cuál es la demanda de cada uno de ustedes que les impide escuchar la gran verdad? "Ustedes son el *atman*, ustedes están más allá de todo lo que ese mental y el ego han podido jamás soñar". Regresemos a la demanda, es decir a lo aparentemente contrario a la realidad. Regresemos a lo relativo, a lo que los mantiene prisioneros y llevamos a cabo todo un trabajo sobre esta demanda. Pero sitúenlo bien, sitúenlo en su justa perspectiva. Este trabajo, hablo de él en mis libros y a lo largo de mis encuentros con ustedes. No voy a regresar a ello hoy. Quiero, al contrario, insistir sobre esta verdad: nunca estarán tan cerca de la meta de lo que lo están ya en el momento actual. Yo les digo "coman" y ustedes siguen llorando: "Tengo hambre". No basta que tome su cara entre mis manos y la voltee para dirigir sus ojos hacia la mesa repleta de comida, ustedes siguen mirándome, tensos, agitados, tristes, repitiendo: "Tengo hambre".

La verdad de la que hablo es de otro orden y podemos muy bien emplear la expresión: compete otra dimensión. Imaginen hormigas que se mueven dentro de un plano. Vean, estoy sentado sobre una alfombra llena de diseños, formas, colores diferentes –rojo, azul obscuro, azul claro, beige, amarillo y blanco. Imaginen unas hormigas que se desplazaran sobre esta alfombra. En algunos momentos ellas se encontrarán en un paisaje rojo, luego en un paisaje amarillo, azul, azul claro, y así sucesivamente. Pero la tercera dimensión, la del pájaro, de la mariposa, que pueden volar, no sólo caminar, la tercera dimensión está ahí por todas partes. La vertical cruza la horizontal en cada punto. Si se tratase no ya de una hormiga sino de una hormiga alada, cuando se sitúe sobre el azul podrá salir volando, cuando se sitúe sobre el beige o el amarillo también podrá salir volando. La dimensión interior de la Consciencia está siempre disponible delante de ustedes; siempre. Está disponible cuando su paisaje exterior y, sobre todo, su paisaje interior es azul obscuro, amarillo, cuando es beige, rosa. Cuando ustedes están agitados, cuando están ansiosos, serenos, apacibles, tranquilos, asustados —cualesquiera que sean las condiciones emocionales y mentales en las cuales se encuentren— la tercera dimensión está siempre ahí.

Traten de ponerlo en práctica. Habrá un día en que les irá mal. O un día, al contrario, en que irá muy bien. Ah, cuando todo va bien sentimos menos la necesidad de la sabiduría. Cuántos proverbios de todas las religiones del mundo dicen que nos acordamos verdaderamente de Dios sólo en la adversidad. Cuando todo va demasiado bien y les parece que esta dimensión espiritual ya no les interesa, cuando todo va demasiado mal y les parece que esta dimensión espiritual nunca será para ustedes, traten de acordarse de que todo está ya ahí y que la dimensión interior está siempre disponible. Realícenlo una vez. Será inolvidable.

Si esperan que las cadenas de causas y efectos los regresen a la calma o que la acción paciente de un gurú los ponga en situaciones de serenidad, nunca despertarán. Despertarán solamente cuando ustedes solos —completamente solos— hayan recordado la enseñanza un cierto número de veces, incluso cuando estaban aparentemente a cien leguas de lo que es de hecho lo más cercano. En ese momento mismo yo soy ya perfecto, en ese mismo momento estoy apartado de esa perfección solamente por un malentendido. Desde luego, todo lo que está ahí en lo relativo, está bien ahí, pero no es la realidad última. A nivel de los "cuerpos", *sharirs*, o a nivel de los "revestimientos del Sí-mismo", *koshas*, se producen fenómenos como el cansancio, la enfermedad, el agotamiento, las emociones, la impaciencia, la codicia, los miedos y las inquietudes. No discutamos; desde el punto de vista de la realidad última, todas las formas se deben de meter en el mismo saco. Son formas, mientras que la realidad no tiene ninguna forma; son definiciones, mientras que la realidad es infinita; son límites, mientras que la realidad es ilimitada.

No entro en conflicto; acepto que se produzca lo que ocurre a nivel del cuerpo físico, a nivel del *pranamayakosha*, de los miedos, de los deseos, del corazón, de las emociones. Que se produzca lo que ocurre a nivel de los pensamientos. Pero yo, yo soy la Consciencia. Y así ustedes mismos, sin ninguna ayuda exterior —la ayuda exterior ya la han recibido— harán un milagro. Transformarán su limitación en ilimitación, sus arrebatos en paz y estabilidad; sabrán, y habrán escuchado. La varita mágica está en sus manos; utilícenla. Dan vueltas en círculo dentro de la prisión, pero la llave está en sus manos; ¡utilícenla! Esta llave, es la de reconocer los pensamientos como pensamientos, las emociones como emociones, las sensaciones como sensaciones, es decir, como formas y cadenas de causas y efectos. ¿Quién sufre? ¿Quién tiene un arrebato? Agárrense a lo que yo llamo la vertical. Esta vertical corta la horizontal a cada instante, aquí y ahora; siempre. Aquí y ahora. No dentro de un segundo, no en cinco minutos, no cuando todo vaya mejor, no cuando ustedes hayan hablado con Arnaud, no cuando hayan tenido su entrevista privada, no cuando hayan expresado sus emociones, no cuando su estancia aquí haya terminado. Aquí y ahora, enseguida, está ahí. La vertical está disponible delante de ustedes —ya sea que consideren que la vertical apunta hacia lo alto, si ese simbolismo les conviene, o que consideren que esta vertical les conduce al interior de ustedes mismos, hacia el centro, hacia la "caverna del corazón" de los Upanishads, el "Reino de los Cielos que está dentro de ustedes", ese atman que son.

O bien no existe la menor verdad en la enseñanzas esotéricas, iniciáticas o espirituales y no existe nada que se pueda llamar despertar o iluminación, liberación o vida eterna. O bien lo que digo ahora es verdad. No puede ser de otra manera, si no, regresan a la causa y el efecto, regresan a las formas e imaginan simplemente formas que les convendrían mejor. El camino no es un tranquilizante mejor que los demás. Es un despertar; es una respuesta absoluta. Utilicen almenos una vez la varita mágica que tienen en sus manos. Recuérdenlo *una vez* ustedes solos, sin la ayuda de nadie. Ya no es el gurú que los lleva de la mano, es el discípulo en ustedes que hace oír su voz. Vivan la experiencia y vean que lo que digo es verdad —es verdad para ustedes—, que no esperaba más que su gesto interior, era verdad hace ocho días, hace dos años, hace diez años y será verdad para toda la eternidad, aquí y ahora. Se darán cuenta de que es verdad y no lo olvidarán nunca más. Otras *vasanas* subirán a la superficie y estas demandas los conducirán aún a otras acciones que serán acciones del ego y tendrán otra vez que cosechar el fruto de sus acciones. Pero no podrán olvidar que en realidad el problema ya está resuelto. El futuro les turbará menos porque, en alguna parte, recordarán que poseen la varita mágica. No puedo prometerles que una sola experiencia será definitiva y decisiva; las *vasanas* y los *samskaras* son poderosos en el inconsciente. Pero el camino está constituido por la repetición de esos momentos en los que ustedes habrán escogido comprometerse con la dimensión interior sin discutir las circunstancias, en lugar de estancarse y dar vueltas, hasta que todos sus miedos, todos sus deseos, todo lo que los constituye, haya escuchado la verdad.

Cuando no quede más que un último elemento de sí mismos que convencer, y que este último elemento haya sido convencido, la liberación será definitiva y merecerá verdaderamente el nombre de despertar, y no simplemente el haberse despertado por un breve instante. Swamiji decía: "Es como una cortina que se abre y se cierra". Tuvieron tiempo de ver un poco, pero se volvió a cerrar. La cortina se abrirá cada vez más a menudo y quedará cada vez más tiempo abierta. Pero comprendan que, mientras que una sóla parte de esta complejidad que los constituye tenga aún una demanda, esta parte de ustedes no podrá escuchar, y subsistirá como una última amarra que ata el barco a la orilla. Cuando esta última parte de ustedes sea capaz de escuchar, la enseñanza es tan simple que se despertarán.

Escuchen la voz del corazón hambriento, del mental hambriento. ¡No traten de hacerla callar! No se callará si gritan más fuerte que ella. Escúchenla. Pero escuchen también al discípulo en ustedes. Existe un aliado todopoderoso; es la verdad profunda, es el atman hacia el cual este discípulo se dirige y les dirige —como Moisés dirigió a todo el pueblo hebreo hasta la Tierra Prometida a través del desierto del Sinaí.

Algunos sabios perfectos han proclamado la verdad de manera admirable, pero, alrededor de ellos, aquellos que estaban atraídos o incluso fascinados por su luminosidad, no podían escuchar. Por eso, verán alrededor de maestros sublimes, personas que, al cabo de treinta o cuarenta años, se encuentran todavía en el miedo, el conflicto, la emoción, la limitación. Desde cierto punto de vista, para las necesidades de la enseñanza, puedo tomar una comparación más. Están en la planta baja, en el patio, congelados porque hace frío, con los dedos morados, las orejas les duelen –tiritando y hambrientos. Desde la ventana del primer piso, alguien los mira, con un amor indecible. Desde abajo, miran su rostro y él les dice: "Vengan aquí, suban, no se queden fuera, hace mucho frío y ustedes tienen mucha hambre. Vengan aquí, tengo una calefacción muy buena y hay mucha comida; suban, vengan". Pero no les dice dónde está la escalera. Él les llama: "Vengan, ninguna puerta está cerrada, sólo necesitan subir". Pero no les dice dónde está la escalera.

Esta comparación es, como todas las comparaciones, imperfecta, porque en verdad, ustedes ya subieron; ya están en la sala del festín. Pero no pueden ver la mesa que está a un metro de ustedes. Algunas enseñanzas añaden algo a este llamado, a esta promesa. Sí, el sabio –y alguno de ustedes pensará en un nombre o en otro– les dice la verdad. Sí, ahí donde él está situado, nadie tiene frío, nadie castañetea los dientes, nadie se congela, y ahí donde él está, nadie tiene hambre. Pero no saben dónde está la escalera. Y otros sabios descienden, vuelven a descender, al menos sobre el plano de las funciones, porque en su corazón, no abandonarán nunca la sala caliente, donde hay alimento en abundancia. Descienden, regresan al frío, al frío de ustedes, regresan a ese patio congelado donde ustedes se debaten, regresan a ese patio donde no hay nada que comer y vienen para tomarlos de la mano: "¡Vengan!". Ustedes se resisten, no pueden ni siquiera entender porque tienen demasiado frío y hambre, pero el gurú vuelve a bajar al patio. Y sube la escalera con ustedes, poco a poco. Mientras quede alguien en el patio –al menos en su patio– el gurú regresará a buscar a cada uno y lo llevará a esta sala en donde, en efecto, las puertas estaban abiertas.

Existe una verdad absoluta y una verdad relativa. La verdad relativa es aquella de la multiplicidad, del tiempo y de las causas que producen efectos, pero vista aproximadamente como es. No basta con proclamar la verdad absoluta y, desde la ventana, decir a aquellos que están en el patio: "Suban, suban". Es necesario también entrar en su verdad relativa, la de cada uno, la cual los mantiene en el exterior, tiritando y hambrientos.

Entiendan ahora otro punto más. Si existe una verdad absoluta, ésta incluye todo. Si distinguen lo absoluto de lo relativo, entonces lo absoluto ya no es absoluto. Si lo relativo no es lo absoluto, lo absoluto encuentra su límite; si este absoluto es infinito, no pueden colocar lo finito al lado de lo infinito, porque este finito sería una limitación para lo infinito y lo infinito ya no sería infinito, y así sucesivamente, cualquiera que sea el término metafísico que quieran utilizar. La inteligencia adivina inmediatamente una cosa, y es que esta distinción entre relativo y absoluto no puede ser la verdad última. La verdad última es que definitivamente no existe un relativo que se pueda distinguir de lo absoluto; que son dos aspectos de la misma realidad. Una vez más, tomaré la comparación de las olas y el océano. El océano es las olas, las olas son el océano; no existen las olas de un lado y el océano del otro; las olas son el océano, el océano es las olas. La verdad relativa es la verdad absoluta; la verdad absoluta es la verdad relativa. Los pensamientos son la expresión del no-mental, las formas son la expresión de lo sin-forma, la forma es la expresión del vacío. Y un día, verán que eso que llaman sufrimiento es una expresión de la beatitud. Por supuesto que su corazón no puede escuchar una frase como ésta, pero tal vez su inteligencia sí pueda. Si cada ola es la expresión del océano, si nada finito puede estar fuera de lo infinito (si no, lo infinito ya no sería lo infinito), entonces todo es lo absoluto. He aquí la verdad última. El sufrimiento es una expresión de *ananda*, la beatitud, y algunos lo han descubierto. El sufrimiento está en la beatitud como la ola está en el océano, y la beatitud está en el sufrimiento como el océano está en la ola. De hecho, en ciertos momentos, algunos de ustedes al estar completamente unificados con su sufrimiento sintieron que en el corazón mismo del sufrimiento se revelaba en ellos la beatitud. Mientras se esté en conflicto, se sufre. Si pueden ser "totalmente uno con" el sufrimiento, pasar enteramente del lado del sufrimiento al punto de que ya no quede una persona perceptible para sufrir, la beatitud se revela y tendrán una idea de esta verdad última: lo relativo es lo absoluto; lo absoluto, es lo relativo y lo digo bajo la forma más inadmisible: "La beatitud es el sufrimiento, el sufrimiento es la beatitud". Existe una palabra que se emplea mucho en inglés en los ashrams, es la palabra *glimpse*, un guiño, un vistazo, tan sólo una mirada. Tendrán un vistazo de la verdad última. Un maestro taoísta al cual le preguntaron: "¿Cómo escapar de las hogueras del infierno?" respondió: "¡Salten en las llamas, ahí donde estén más altas!".

Quisiera hacerles sentir al mismo tiempo la grandeza de esta enseñanza y que esta enseñanza es para ustedes. Para cada uno de ustedes. Los Upanishads no han sido escritos para la totalidad de la humanidad porque la totalidad de la humanidad, en cada generación, no se interesa en estas enseñanzas. Pero los Upanishads tampoco han sido escritos para una docena de sabios por siglo. En cuanto al Buda, él proclamó el mensaje de la metafísica a las multitudes en un lenguaje accesible a muchos, no solamente a los brahmanes. No lleven la enseñanza trascendental, metafísica, al nivel del ego, del mental y de la psicoterapia. No sean inútilmente humildes, desconsolados: "Eso no es para mí, eso no será nunca para mí". ¿Por qué? ¡Nada de falsa humildad! ¿Cómo es posible que no sea para ustedes eso de realizar lo que ya son en plenitud? ¿Cómo es posible que no sea para ustedes eso de disipar un malentendido? Es para ustedes. ¿Por qué razón tendrían una enseñanza rebajada? Pero no se dejen arrullar por los esplendores de la enseñanza; no se dejen arrullar por las palabras de Ramana Maharshi, de Ramakrishna o de Buda. Tomen todo a la vez, la horizontal y la vertical, las formas, las sensaciones, las emociones, los pensamientos, las demandas, el testigo y la consciencia. No existe ningún camino; nunca estarán más cerca, ya están totalmente cerca, aquí y ahora, de esta verdad divina. Y escuchen también el otro aspecto: "Un corazón hambriento no tiene oídos". Mis demandas me ensordecen. No puedo escuchar esta verdad sublime. Si no, se quedarían algunos días aquí y ya no tendrían necesidad de volver.

Escuchen la demanda de su corazón hambriento; escuchen la demanda de su mental hambriento; traten de escuchar también la verdad y vean lo que les ensordece. Si miran bien, todas las ascesis conocidas tienen esta misma meta (salvo aquellas que están ya degeneradas y totalmente recuperadas por el mental): hacer que el corazón y el mental estén menos hambrientos. Generalmente, se expresa en un lenguaje que se nos escapa; se dice: "establecer el silencio del mental", "establecer la calma del mental", ya sea que los textos sánscritos utilicen la palabra *manas* o la palabra *chitta*, y que se traduzcan estas palabras por mental, pensamiento, consciencia, mente —las traducciones son a menudo imprecisas. Me quedo con *manas* y *manonasha*, "destrucción del mental".

Todas las enseñanzas indican cómo hacer el silencio: "Concentren toda su atención en su respiración, concentren toda su respiración en un centro en el interior de su organismo; retiren su atención de la periferia, de las asociaciones de ideas, de los objetos de los sentidos. Calmen las agitaciones del mental". La expresión célebre del yoga "*chitta vritti niroda*", "desaparición de las perturbaciones de *chitta*", hace alusión a las distracciones que vienen cuando tratan de meditar. Las agitaciones que surgen cuando están inmersos en la vida proceden sobre todo de *manas*. Si tratan verdaderamente de hacer el silencio dentro de ustedes para realizar "yo soy el brahman", todo tipo de agitaciones se levantan por sí mismas en su interior, y estas proceden de las profundidades de su inconsciente (*chitta*).

Voy de nuevo a modificar ligeramente el proverbio "Un inconsciente hambriento no tiene oídos", porque una gran parte del psiquismo es inconsciente. Inconsciente hambriento, hambriento de amor humano, de amor dualista, de ternura, de protección, de consolación —un inconsciente hambriento no tiene oídos... Tienen pues un trabajo que hacer sobre *chitta* de manera que ya no sea el grito del hambre lo que ensordezca en ustedes el lenguaje de la verdad, hasta el día en que su última partícula, consciente e inconsciente, sea capaz de escuchar. En el momento en que la última parte de ustedes habrá escuchado, entonces la libertad será definitiva. Si no es del todo definitiva, se darán cuenta de ello; de repente se elevará en ustedes un momento de emoción, de miedo. ¡Ah! He aquí una parte de mí que no ha escuchado. ¿Puede escuchar? ¿O quizás haya todavía que llevar a cabo un trabajo para que pueda escuchar?

Acepten el lenguaje que habla de camino súbito, de iluminación repentina; o se está despierto o no; el mental ha sido destruido o no; se percibe el mundo a través del ego o se percibe el mundo a través de la consciencia sin ego. No hay duda, o es uno o lo otro. Y, sin contradicción, escuchen también un lenguaje de progresión, la progresión en su posibilidad de entender, en el silencio de las demandas de su corazón, de su mental y de su inconsciente. Cada uno, cada una, aquí y ahora, nunca estarán ustedes tan cerca de la meta como lo están ahora; ni en seis meses, ni en dos años, ni cuando hayan atravesado un cierto número de vicisitudes en su existencia. Ahora mismo, aquí, están tan cerca como nunca lo estarán, y están "así de cerca" por toda la eternidad. *"Just be, just be"*. "Solamente, sean". Sean —en el interior de todas las formas.

***

Les propongo un cambio total de punto de vista. En lugar de considerar como norma la condición habitual insatisfactoria, consideren enseguida, tal como son, como criterio, la paz, la plenitud, la serenidad y luego constaten que aparecen mecanismos psicológicos que hacen desaparecer, de una manera o de otra, esta paz y esta serenidad. La doctrina, la conocen bien y todas las enseñanzas iniciáticas afirman que si la libertad, la sabiduría, la consciencia perfecta, no estuvieran ya ahí, éstas procederían del mundo de los fenómenos, de lo que es creado, causado, y permanecerían en el ámbito de lo relativo. Puesto que tendrían un nacimiento, tendrían también un fin, pues estarían producidas por ciertas causas y podrían ser destruidas por otras causas.

Ya de por sí es importante entender esto teóricamente, porque es algo nuevo con respecto a la manera en que consideramos toda la existencia. Algo no está ahí hoy pero, esforzándome, puedo crearlo. Yo no tengo ninguna capacidad para tocar el piano, me voy a ejercitar, un día seré capaz de tocar convenientemente el piano. No hablo para nada el bengalí, voy a estudiar bengalí y un día seré capaz de hablarlo. Toda su experiencia ha sido de este tipo: algo les falta hoy, ya sea en lo que tienen o en lo que son y, por sus propios esfuerzos, van a generar un resultado. Y tratan de aplicar este principio a su despertar espiritual. Imaginemos que uno de ustedes considera que le falta audacia. Él va a practicar judo, por ejemplo, con la intención de adquirir esa audacia que le falta hoy a través de la práctica de una de las artes marciales japonesas. Permanecemos dentro de eso que llamamos el mundo fenoménico, el mundo en el cual todo lo que existe es nacido, hecho, acontecido, compuesto. Pero, en esta misma cita tan importante del budismo, Buda dijo: "Existe un no-nacido, no-hecho, no-compuesto, no-acontecido, y si no existiera un no-nacido, no-hecho, no-acontecido, no-compuesto, no existiría forma posible de escapar de lo nacido, lo hecho, lo acontecido, lo compuesto". No existe ninguna duda de que nuestro cuerpo físico nació un día, nuestro cuerpo sutil —hecho de pensamientos, emociones, recuerdos, tendencias, deseos, miedos que nos distinguen a unos de otros— también nació, fue hecho, es decir, producido por causas, acontecido, es decir que tiene una historia. Incluso eso que los hindús llaman el cuerpo causal también es nacido. En lo que concierne a nuestro cuerpo físico, la química y la biología nos demuestran hasta qué punto nuestro cuerpo, en efecto, está compuesto. Un aspecto de las enseñanzas orientales consiste en primer lugar en atraer nuestra atención sobre estas características de la realidad relativa: un tejido está compuesto de hilos, si quito los hilos, ya no hay tejido y los hilos mismos están compuestos de fibras y las mismas fibras están compuestas de "átomos". Nuestra ciencia, desde el siglo XVII, no ha hecho más que confirmar estas afirmaciones antiguas.

¿Hay una excepción posible fuera de lo nacido, de lo hecho, de lo acontecido, de lo compuesto? Vean bien que todo lo que han conocido hasta el momento presente, todo, dentro o fuera de ustedes, procede siempre de estas diferentes características. Las palabras Realización, Despertar, Iluminación pueden hacernos entender un acontecimiento, el momento en que despertamos, el momento en que se realiza lo que podemos llamar la Beatitud, Consciencia o atman. Pero este atman es "no-nacido". El budismo zen ha resumido toda la enseñanza de Buda en la expresión "el No-Nacido". Es difícil hacerles abrirse a una idea de la que no tienen ningún ejemplo dentro de la experiencia corriente. Yo he tomado a menudo un ejemplo simple que, para mí, ha sido el más explícito cuando me vino a la mente: nosotros estamos, ustedes están ya desnudos bajo su vestimenta. Si yo los miro, los veo a todos vestidos, pero ya están desnudos bajo sus ropas y la desnudez de unos y otros no ha sido creada, producida o causada. Ella está ahí ya, está entera, intacta, completa, bajo la ropa. Es necesario tan sólo quitar los revestimientos. Quitar la ropa es una acción que se sitúa efectivamente en lo relativo, en el tiempo, en la causa y el efecto, pero para llegar a un resultado que, él, no depende de la acción.

Existe lo que depende de su esfuerzo y que, por consiguiente, se integra en el tiempo, en lo relativo, en la causalidad y hay lo que ningún esfuerzo puede producir. Depende de mi acción quitarme el abrigo, quitarme la chaqueta, quitarme la camisa, quitarme mi camiseta, quitarme el calzón, quitarme los calcetines hasta que quede totalmente desnudo, pero no depende de mi acción crear dicha desnudez. La desnudez *es*, y puede ser descubierta. Esta palabra "descubrir" es muy justa ya que "descubrir" significa quitar lo que recubre. De la misma manera, todas estas enseñanzas afirman que la Consciencia infinita, sin comienzo ni fin, sin forma, sin medida, sin contrario, totalmente libre, está ya en cada uno. Esta Consciencia ES por sí misma, eternamente, sin cambio, inmutable, que escapa al tiempo, sin modificación, nada le falta, nada puede serle quitado, nada puede serle añadido. Los hindús la llaman la plenitud, *purnam*, y los budistas el vacío, *shunyam*, vacío de lo que limita, de lo que define, de lo que condiciona. ¿Cómo dar una idea de esta Consciencia a aquellos que no tienen otras experiencias más que las de los "estados de consciencia" o de las "formas de la consciencia" limitadas y siempre insertadas en cadenas de causas y efectos? Los tibetanos toman a menudo la imagen del cielo azul en el cual de repente pasa una nube o un pájaro. Si no vemos más que el pájaro, porque toda nuestra atención está enfocada en el pájaro, nuestra consciencia entera ha tomado la forma del pájaro, y ya no vemos el cielo azul. A menudo he tomado el ejemplo de las olas y del océano, o ese que se encuentra en la literatura oriental, el de un lago inmóvil en cuya superficie aparecen de repente oscilaciones, ondulaciones, arrugas, pequeñas olas. De la misma manera, en el interior de nosotros se encuentran el océano y las olas. En el interior de cada uno de nosotros, la Consciencia está ahí como el océano. Cada forma de consciencia (emociones, pensamientos, sensaciones, impresiones, deseos) es siempre una forma de este océano. Las olas están en el océano y el océano en la ola. Lo sin-forma está en las formas y las formas están en lo sin-forma. Las formas de consciencia están en la Consciencia y la Consciencia está en las formas de consciencia.

Acepten este poco de metafísica que es la base de todo el camino. Si no, harán del camino una experiencia que no saldrá nunca del mundo condicionado. Estarán un poco más calmados, un poco menos nerviosos, un poco más relajados, un poco más felices, pero no saldrán nunca de lo relativo y de las identificaciones que limitan esta Consciencia infinita. Uno estará particularmente identificado con su cuerpo, sus enfermedades, sus sensaciones, su médico, su masajista y sus medicamentos. Otro estará identificado con las heridas de su amor propio, su vanidad, orgullo, humillaciones. Esto cambiará en unos y otros, pero la pura Consciencia permanecerá siempre velada y no obtendrán resultados más que en el interior de lo relativo, en el interior de lo nacido, hecho, acontecido, compuesto, causado.

Estas verdades les conciernen a todo de inmediato. ¿Acaso durante un segundo, dos segundos o tres segundos —no más que uno, dos o tres segundos de nuestro tiempo—, pueden estar absolutamente tranquilos y sentir: ¿estoy tan silencioso, vacío, sin forma, como un lago inmóvil cuando no hay nada de viento sin la más pequeña onda en la superficie? Tomen como criterio esta realidad vacía, inmóvil, que no es esto ni aquello, que simplemente ES, en lugar de tomar como criterio: yo me conozco como alguien a menudo fatigado, no muy hábil en los negocios, nervioso, o a menudo agitado o rápidamente humillado y herido por los demás, etc. ¿Por qué tomar como criterio la realidad relativa, cambiante y no tratar con el proceso contrario? Traten de sentirse ser, de tomar conciencia de sí mismos de la manera más simple, o sea vacíos, sin ningún miedo, ni demandas, ni movimiento interior, ni tensiones hacia lo que sea, ni relación con lo que sea. En una inmovilidad interior completa. No solamente una inmovilidad aparente en el sentido de que no se les vea moverse. Las funciones están ahí pero en reposo. Tomen el ejemplo del silencio; ningún ruido en el interior de ustedes mismos. Tomen la imagen del vacío, la imagen del lago liso como un espejo sin la menor ola, la imagen de la pantalla del cine sobre la cual se podría proyectar una película pero que solamente está iluminada por la luz del proyector. Si tan solo pudieran tener por uno, dos o tres segundos, esta Consciencia de sí mismos, habrían hecho un descubrimiento esencial, habrían hecho el descubrimiento esencial. Basta con que dure uno, dos o tres segundos. Después, vean lo que les exilia o lo que les arranca de ese estado completo, perfecto. Y habrán comprendido la esencia misma del camino.

Estarán de acuerdo en que, físicamente, su naturaleza esencial, es la inmovilidad. A partir de esta inmovilidad, pueden caminar, correr, levantarse, bajarse, levantar los brazos, separarlos, llevar a cabo todos los movimientos imaginables, pero lo que es fundamental, lo que es esencial, no es un movimiento u otro, es la inmovilidad a partir de la cual todos los movimientos son posibles. Si experimentan, tan solo por tres segundos, esta consciencia inmóvil, silenciosa, vacía, verán que esta consciencia es totalmente satisfactoria, no teme nada, no pide nada, no es atraída por nada, no es rechazada por nada, no rehusa nada. Es el estado más feliz posible, completamente feliz. Es un estado sin deseos pero la meta de todo deseo es llegar a realizarse y, por ende, alcanzar el estado sin deseos. Les deseo que puedan llevar a cabo, aunque sea por un instante, esta experiencia y que les sirva de criterio. ¿Qué ocurre luego para que esta plenitud me sea robada y que me encuentre de nuevo en un mundo interior limitado, insatisfecho, ya sea porque deseo algo que no tengo, ya sea porque temo algo? ¿Por qué suben pensamientos, emociones, enojos, decepciones, esperanzas, impaciencias, pensamientos felices o pensamientos tristes que vienen a robarme esta paz y esta serenidad? Esta Consciencia es felicidad, expansión y plenitud. ¿Por qué caigo en la dualidad, en el conflicto, entre mí mismo y otra cosa que influye en mí? Cuando están en el silencio interior no existe ninguna dualidad. Esta es una consciencia vacía o totalmente plena, las dos palabras de hecho son sinónimos, y no hay nada que experimenten como distinto a ustedes, que sea susceptible de robarles esta paz o esta alegría.

Si toman como criterio la perfección de esta consciencia, comenzarán a ver lo que sucede, y ésta es la manera justa de proceder. Si se contentan con sufrir por sus desgracias y sus decepciones, no comprenden la esencia del camino. Continuarán llevando el camino a la experiencia habitual, al mental, a la dualidad, a tratar de mejorar alguna cosa, de parar los golpes, transformar un detalle u otro, permanecerán en las cadenas de causas y efectos, y lo que es verdaderamente espiritual se les escapará. La palabra espiritual se aplica a esta realidad sin forma y, si existen todavía formas, no es la palabra espiritual la que conviene, es la palabra psíquico. Distingan bien entre físico, psíquico y espiritual. Físico, sabemos bien de qué se trata. Pero enseguida comienza la confusión porque hemos perdido el antiguo lenguaje; empleamos la palabra alma que significa todo y nada; alma, que se dice *psikhé* en griego, corresponde al plano psíquico o al cuerpo sutil. Más allá se encuentra el atman o el espíritu. La vida espiritual está más allá de la vida psíquica pero, muy a menudo, se confunde lo psíquico y lo espiritual y algunos estados puramente psíquicos con estados espirituales.

Durante uno, dos o tres segundos permanezcan absolutamente en la paz, absolutamente felices. Esto es más que inmenso, es infinito. Es indecible y, sin embargo, es lo más simple, lo más natural, lo más inmediato. ¿Qué hay de más simple para un ser humano que la desnudez? Pueden cubrirla con una prenda del siglo XVII, o con un traje de marciano, pueden ponerse toda la vestimenta posible, pero la extrema simplicidad es la desnudez. A partir de ahí, vean: "Ya está, esta paz, esta plenitud, acaba de serme robada, aquí estoy de nuevo caído en el plano de la insatisfacción, en el plano de lo limitado, arrastrado por una forma". El estado del que hablo es inmutable, absolutamente inmutable y las formas son una corriente en perpetuo cambio. Ustedes estaban en la serenidad y, en un instante, caen en un río y son arrastrados por la corriente, por una corriente interior de fuerzas. Esto es verdaderamente una caída, una caída fuera de la plenitud. Pero esta caída es solamente una apariencia porque esta plenitud permanece en la profundidad y, aunque empíricamente la consciencia esté separada de ello, esta plenitud no vacila jamás. Les llegará la demanda justa, la verdadera demanda del discípulo: "¿Cómo hacer para permanecer en este estado que es mi verdadera naturaleza?". Y no: "¿Cómo hacer para salir de este mundo de conflictos, de sufrimientos, de agitaciones, de demandas, en el cual estoy metido, pero que, a fin de cuentas, es tan insignificante cuando se le considera en sí mismo?". Comparado con la realidad que no tiene ni comienzo ni fin, que es total, infinita, perfecta, aquello que produce las alegrías y los sufrimientos, aquello por lo que se mata, aquello por lo que se atraviesa el mundo, aquello por lo que se construye, aquello por lo que se destruye, aquello por lo que nos agitamos, es insignificante. Cuando se ha visto una vez el océano inmenso que se extiende bajo nuestros ojos, hasta el horizonte y aún más lejos, cuando se ha entrevisto la profundidad del océano ¿qué son las olas sobre la superficie, aunque sean altas de tres metros? Nada. Todo lo que compone las existencias, todo lo que es objeto de las conversaciones de los hombres de la mañana a la noche y todo lo que conforma las páginas de los periódicos, es irrisorio. Es obvio que este no es el lenguaje de los políticos, no estamos en un fórum político. Estamos en un ashram. Empleo un lenguaje que se ha empleado desde hace miles de años y que todavía no se ha acallado por completo en la superficie del planeta.

Es necesario que en su propia existencia, cada uno de ustedes, durante uno, dos o tres segundos, haya descubierto un estado de calma tan apacible, tan completo que, incluso todo aquello que compone a Arnaud, Bernard o Marie haya desaparecido. El estado del que hablo no es hombre ni mujer, ni viejo ni joven, y les es tan natural como el permanecer inmóviles. ¿Por qué no han tenido nunca acceso a él? Ustedes conocen la enfermedad de Parkinson que obliga al enfermo a moverse y temblar sin jamás poder detenerse, sin poder estar un segundo inmóvil. ¿Entonces cuál es esa enfermedad de Parkinson psíquica que hace que sin parar, sin parar, haya movimiento, agitación en ustedes, y que su consciencia no pare de tomar una forma u otra? Con referencia a la plenitud del vacío, todo les parecerá insatisfactorio. Incluso un pensamiento feliz les parecerá como una caída. Están en ese estado inmóvil, total, pleno y, de repente, les sube una sensación: "¡Ah! Esta noche voy a cenar en casa de mis amigos los Guérin". Pensamiento puramente feliz, ustedes los quieren, su apartamento es bonito, se come bien... ¡Qué caída! Aunque estén totalmente enamorados de alguien y en el interior de esta paz silenciosa surja: "Esta tarde tengo una cita con él, o con ella, a las ocho", esto resulta ser todavía un empobrecimiento.

Si lo que digo no es verdad, entonces no hay camino que valga, no hay más Krishnamurti, Buda, Ma Anandamayi, ni Ramana Maharshi, ya no queda nada. Toda la espiritualidad se derrumba y llevarán la espiritualidad a algunas modificaciones psíquicas. ¿Cómo tener estados más felices? Tomen LSD, vayan al cine, o modifiquen su ritmo respiratorio, hasta que hayan conseguido transformar sus estados interiores. Esta espiritualidad es absolutamente trascendente y, al mismo tiempo, totalmente simple y natural en cada uno de ustedes. ¿Acaso no es más simple y natural permanecer inmóviles que estar gesticulando? ¿No es más simple y natural estar totalmente inmóviles emocional y mentalmente? Durante uno, dos, tres segundos ustedes saben: "Yo soy la Consciencia, soy infinito, soy perfecto, soy la vida eterna, soy el Reino de los Cielos, soy la naturaleza de Buda".

A partir de esta certidumbre, el camino comienza, porque este estado perfecto en sí mismo no va a durar ¿Por qué no dura? He aquí la verdadera cuestión. ¿Por qué el Parkinson mental se reactiva a pesar de mí? Tranquilícense, esto ya ha sido estudiado por otros para ustedes, y recibirán ayuda. No tendrán que descubrirlo todo por sí solos. Pero, en verdad, un buscador que tenga una determinación sin falla, llegaría a descubrirlo todo por sí mismo. Aquel que hubiese tenido por tres segundos la experiencia de la que les hablo, sería enseguida capaz por sí mismo de redescubrir todo el resto de la enseñanza. Y, mirando, el vería. Solamente, es necesario ver. Es necesario no ser arrastrado de tal manera que ya no quede nadie que mire. ¿Cómo, en el interior de ustedes, este océano infinito produce las olas finitas y cambiantes de los humores, estados de ánimo, impulsos, voliciones, siempre limitadas, siempre condicionadas, siempre en la dualidad? ¿Cómo aparece esta dualidad, atrayente o amenazante, que tiene poder para arrancarme de esta paz? Ahí interviene la enseñanza. Todo lo que han leído en los libros de Arnaud o han escuchado decir aquí, y todo lo que se ha dicho en otras partes, toma sentido a partir de este punto de partida y en esta perspectiva.

¿Qué es lo que viene a arrancarme de esta Consciencia y me regresa al mundo de las formas? Es la extraordinaria complejidad del ser humano. Esta obedece a leyes sobre el plano físico y el plano sutil, que las enseñanzas antiguas han estudiado muy bien. Pero el mejor modo de estudiar es estudiar sobre uno mismo. Algunos tests, electroencefalogramas, algunas medidas diversas nunca permitirán alcanzar el conocimiento del plano psíquico que el tantrismo, el vedanta, el yoga u otras enseñanzas han alcanzado y, sobre todo, con los resultados que permite obtener. Estas ciencias humanas modernas han mostrado cada vez mejor los condicionamientos y determinismos del ser humano pero, como ellas parten de estos condicionamientos y determinismos, no salen de ello. Muestran cómo disminuirlas cuando toman una forma patológica, pero estas ciencias humanas ignoran el punto de vista esencial, espiritual, del que hablo aquí. Estas ciencias humanas, que tienen un cierto valor a su propio nivel, no poseen ningún punto de vista de la gran realidad porque no tienen en cuenta este elemento inmutable. No salen de lo nacido, de lo hecho, de lo acontecido, de lo compuesto. Estudian mecanismos, causas, efectos, y ven como, modificando ciertas causas, se pueden modificar ciertos efectos. Pero no acceden al infinito, no acceden a lo eterno. Y, además, casi siempre lo niegan. ¿Pero cómo se puede negar la inmovilidad? ¿Cómo se puede no tomar en cuenta otra cosa que no sea movimiento? ¿Cómo se puede imaginar que si existen las formas, no exista algo sin-forma? Cómo se puede ignorar la posibilidad de lo que el Dr. Gödel llamó muy bien "la experiencia liberadora", que es el hecho más importante entre todos. No llevemos el hinduismo o el budismo, en lo que tienen de más profundo, a nuestras limitaciones. No llevemos únicamente al mundo de la forma lo que tiende hacia lo sin-forma. No llevemos el absoluto hacia lo relativo.

Piensen en cualquier especialista de las ciencias humanas modernas, psicología, antropología, psicoanálisis, etnología, incluyendo los enfoques marxistas, existencialistas, estructuralistas del hombre. He aquí un autor cuyos libros están traducidos a quince lenguas, pero que no ha conocido probablemente nunca estos tres segundos de los que estoy hablando hoy; estos tres segundos donde solamente la Consciencia está ahí. He ahí alguien que no ha conocido más que la corriente de las formas.

El antiguo conocimiento hindú o budista ha estudiado muy minuciosamente esta corriente de las formas, tanto o más que las ciencias modernas. No podemos descubrir nada que no lo hayan hecho ya las antiguas Escrituras hindús, los Yoga sutras de Patañjali, ciertos tantras, el vedanta de los Upanishads o en la Prajñaparamita del budismo. Tendrán pues una enseñanza a su disposición que les ayudará a comprender-se y que les mostrará un proceso interior y una habilidad nueva para no estar más perennemente arrancados de su verdadera naturaleza. Sabrán de qué se trata, lo que hacen, por qué lo hacen y en qué dirección van ustedes.

Les sugiero que intenten una experiencia una vez, dos veces, diez veces –la de entrar enseguida en ese silencio. He ahí un descubrimiento que he hecho tardíamente. ¿Por qué no me habían transmitido antes ese secreto tan simple? Yo cometí el error que todo el mundo hace, o sea, el de llevar la meditación al plano de la causalidad: "Voy a tratar de relajarme bien, de luchar contra la asociación de ideas que me llevan aquí y allá, de centrar mi atención sobre la respiración o sobre la sensa-ción del cuerpo o sobre uno de los chakras del yoga, o sobre el centro del corazón a la derecha del pecho como lo indicó Ramana Maharshi y voy a llegar, como fruto de mi medita-ción, a un estado de gran calma. Si todo va bien, en cinco minutos, un cuarto de hora, media hora, o mañana, o pasado mañana, o en tres semanas, llegaré a un estado de meditación satisfactorio". Esto no es completamente inútil, pero no es la manera correcta de proceder. Vayan directo y comiencen por donde yo imaginaba que debería acabar. Inmediatamente, en el instante mismo, instálense en la paz de las profundidades y vean cuánto tiempo pueden permanecer ahí. Me están entendiendo bien, no se trata de una técnica de meditación que les permita alcanzar la calma o el samadhi. No, enseguida, directamente, como alguien que abandona todos los movimientos, de un golpe. Partan de ahí donde por costumbre se busca llegar. Constatarán que eso no dura, pero habrán descubierto lo que es esencial descubrir.

Todas las enseñanzas explican por qué no permanecemos en ese estado de consciencia perfecta, y cómo nos identificamos con las formas. Ustedes no pueden permanecer para siempre solamente en el estado de consciencia del vacío; tendrán por fuerza pensamientos, percepciones y sensaciones. Pero ¿es posible hacer coexistir esta paz, este silencio infinito con las formas? ¿Es posible percibir a la vez el vacío y las formas? ¿Es posible percibir a la vez el infinito y lo finito? ¿Es posible estar en la plenitud de ese estado de consciencia no-dependiente que han experimentado durante algunos segundos y, al mismo tiempo, hablar, responder, decidir, constatar que tienen dolor de estómago, o que la llanta de su coche está ponchada? Harán un descubrimiento que será suyo y no el de Swamiji o de Arnaud y que nadie más podrá quitarles —si me opongo, aunque sea un poco, soy arrastrado; si no me opongo en absoluto, no soy arrastrado. Descubrirán que pueden hacer durar ese estado no ya tres segundos sino diez segundos o diez horas si no se oponen en absoluto. Se vuelven a la vez testigos y participantes, y no ya únicamente participantes arrastrados. Son como alguien que está sentado a la orilla del río y que ve pasar la corriente. Allí pasa una ramita, allí pasa un remolino, allí una rata muerta o una flor en la superficie del agua. O bien serán como un buen nadador que desciende con la corriente sin que la paz de su corazón le sea arrebatada. El descubrimiento más esencial que pueden hacer por sí mismos es ver que hay dos maneras completamente diferentes de vivir, en general, y, en particular, de vivir tal o cual acontecimiento: ser llevado y ser uno con. Mientras que puedan ser "uno con" lo que se presente, esta plenitud perfecta no les será robada. Pero si de repente ya no son uno con, si se oponen, aunque sea un poco, esta plenitud desaparece bruscamente. "Ser uno con" quiere decir que no hay dos, ni para temer ni para desear. Concretamente, eso quiere decir estar completamente de acuerdo. En el contexto de la reunión de esta tarde, escuchen una vez más, lo que yo llamo "ser llevado" y "ser uno con". Yo doy, en *Los Caminos de la Sabiduría*, la ilustración, que no tiene nada de tradicional, del descenso de los rápidos del río en kayak, ya saben, esas pequeñas canoas que se ajustan alrededor de la cintura para que el agua no pueda penetrar. Se es volteado, sacudido, empujado cincuenta veces antes de llegar abajo y hay que "ir con", sumergirse con toda el alma en los remolinos. Qué diferencia entre el campeón que toda la semana ha soñado con ir a los rápidos en kayak el domingo, o que, todo el invierno, ha soñado con descender los rápidos en verano, y el infeliz muchacho que unos camaradas imbéciles instalan en un kayak y empujan a los rápidos. Al cabo de tres metros el pobre ya perdió el remo y hace todo el descenso aterrorizado. También lo hará. Lo hará porque es el torrente quien lo lleva pero no es para nada lo mismo que aquél que quiere hacerlo y que, tres metros antes del desnivel, está ya preparado para arrojarse en ese desnivel sabiendo que se va a sumergir. Si siente que la canoa se va a voltear, se lanza con todas sus fuerzas con la canoa para tener suficiente impulso para darse la vuelta.

Tomemos otra comparación: un muy buen clavadista que ama verdaderamente los clavados, sube hasta el trampolín más alto, ve el agua debajo y se lanza desde la altura, se sumerge en el agua y sube a la superficie. Él es uno con la caída, la gravedad, la atracción. Alguien torpe, que apenas sabe nadar, sube al trampolín más alto para mirar "lo que se siente" y, como está un poco húmedo, se resbala, pierde el equilibrio y cae al agua. Desde el punto de vista de la caída de un cuerpo físico, las leyes son las mismas. Pero el estado de consciencia es completamente diferente. El primero es *uno con* el trampolín y el otro es *llevado por* el trampolín. Pueden tomar también el ejemplo del mal esquiador que, desde que comienza el descenso, se lamenta de que no haya frenos en los esquís como los hay en un coche; y el ejemplo del buen esquiador que cuanto más desciende más acelera y más va con la pendiente. Esto es el ABC del esquí. Si van con la pendiente tendrán una oportunidad de descender, mientras que si no son uno con la pendiente, no queda más que sentarse enseguida sobre las nalgas.

Si son "uno con" no pueden ser "llevados por". ¿Creen que el estado interior del esquiador le sea robado porque la pendiente hace acelerar sus esquís? ¿Creen que el estado general del clavadista le sea robado porque la caída y la gravedad le hacen caer al agua? ¿Creen que el estado feliz de quien desciende en kayak le es robado porque hay remolinos? Por otro lado, el estado feliz del mal esquiador, del no-clavadista que se ha resbalado en el trampolín y del infeliz al que se empuja a la corriente, desaparece de inmediato. Es simple, tan simple. En la existencia, si son "uno con" no pueden ser "llevados por" y descubrirán que pueden conservar no ya diez segundos, sino diez minutos, media hora, un día, siempre, este estado perfecto que yo tomo no ya como punto de llegada sino como punto de partida, y que podrán conservar cada vez más y cada vez mejor. Esta es la justificación de todas las técnicas, los yogas, los tantras, los Upanishads y de todos los tratados esotéricos. Pueden hacer coexistir todas las formas con la plenitud infinita del estado no dependiente, que no teme nada, que no quiere nada, que no pide nada, el estado sin forma, sin límite, de absoluto silencio y absoluta inmovilidad interior. La Consciencia, en singular, está en todos los estados de consciencia momentáneos. Lo sin-forma está en todas las formas, con la condición de ser "uno con". Pero ahí interfiere cierto fenómeno que se llama técnicamente ego (*ahamkar*) o mental (*manas*), y que se describe como ilusorio, y que es llamado a desaparecer completamente. Entre la Consciencia y las formas interviene un cierto "ego" que puede desaparecer y que conduce al estado-sin-ego. ¿Por qué este estado-sin-ego aparece como algo totalmente imposible, reservado a algunos sabios por siglo en lejanos ashrams? En verdad ¿cuál es el interés de comprometerse con un camino espiritual si es para llevar ese camino a la mediocridad cotidiana y considerar que la meta final no será nunca para ustedes? Si pueden alcanzar esta meta final durante tres segundos, ¿por qué no la alcanzarían definitivamente?

Por supuesto, no basta con tratar de permanecer tranquilos por tres segundos para realizar esto de lo que hablo pero, si van directamente al silencio absoluto, tarde o temprano van a llegar, y tal vez más rápido de lo que piensan. ¿Por qué no pueden permanecer ahí? Vean cómo interviene el mecanismo de la dualidad. He ahí que de repente algo aparece en su consciencia, exteriormente, algo que no les conviene. ¿Van a ser "llevados por" o van a ser "uno con"? Y harán este descubrimiento: "Yo puedo no ser llevado". Se ven en el proceso de ser llevados, transforman el no en sí, el rechazo en aceptación, el "ser llevado por" en "ser uno con", y habrán ganado aún unos segundos de paz perfecta. Esta primera emboscada no los atrapó. ¡Qué maravilla cuando descubran por sí mismos y para ustedes mismos que tienen la varita mágica en sus manos! Yo estaba en esa plenitud perfecta, vi algo que iba a robármela, en el momento en que iba a perder esta paz, abracé totalmente y la paz no vaciló. ¡Qué victoria! ¡Descubrí todo lo que había que descubrir! Debe haber un medio para hacer que esta victoria sea permanente.

Sí, eso no se llevará a cabo en pocos días, pero existe una ciencia que ha llegado hasta nosotros y que enseña cómo volver esta victoria permanente. Después harán el mismo descubrimiento en lo que concierne a lo que sube espontáneamente desde la profundidad de sí mismos. Están solos en su habitación, se sumergen directamente en ese estado de perfección y se eleva un pensamiento: "¡Oh, es enero, hay que hacer la declaración de impuestos!". Sí, hay que hacer la declaración de impuestos. SÍ. O soy uno con ese pensamiento y no puede arrancarme de esa plenitud, o soy llevado y la legislación fiscal tiene pleno poder para robarme mi serenidad y reducir el atman a un pobre contribuyente.

Pero el poder de estas formas no es omnipotente. Es un poder hipnótico y podemos resistirnos a un sueño hipnótico. Se puede luchar, con atención y vigilancia, para permanecer despierto. Luego harán un descubrimiento complementario. Esta serenidad inmutable les es robada también por las emociones felices, las imágenes felices, los pensamientos felices. Supongamos que son invitados a casa de unos amigos donde habrá personas que no conocen. Están en esa paz, no dependiente. Tocan a la puerta, les abren, les invitan a entrar al salón y (tomo un ejemplo que concierne a los hombres) ahí se encuentra una mujer hermosa, muy bella, que les sonríe en el momento en que entran. Se acabó la no-dependencia, completamente acabada para toda la noche. Cuando uno es un hombre, es muy agradable que una mujer nos sonría. Pero es necesario que sepan lo que quieren: quieren quedarse en el mundo de lo agradable-desagradable, feliz-infeliz, mujer-bellaque-les-sonríe y decepción-amorosa-para-morirse, ¿o tienen una ambición espiritual? Por el contrario, pueden ser uno con lo que normalmente los arrastra a causa de una emoción feliz. "Bien, no hay duda, esta mujer es muy bella; cierto, su belleza hace elevarse en mí una atracción, pero no soy llevado". Es necesario realmente quererlo, porque nos dejamos llevar alegremente en cuanto un acontecimiento nos parece ser feliz, interesante o excitante. Esto es un poco más difícil de entender para el ego. Pero si el ego se reserva el derecho de dejarse llevar en el momento en que algo le gusta, es cierto que se dejará también llevar cada vez que algo no le guste. "A estas palabras, el cuervo no puede frenar su felicidad", porque el zorro le dijo que tenía la voz más bella y el plumaje más hermoso de todo el bosque. Dos minutos más tarde, el cuervo está "avergonzado y confuso". Conocerán ya esta pequeña fábula de La Fontaine. Sin embargo, si son capaces de ser uno con los acontecimientos fastidiosos, también pueden ser uno con los acontecimientos felices, no llevados por, sino uno con. Eckhart, el gran místico alemán del siglo XIV, dijo: "Está permitido tomar a manos llenas las bendiciones de la existencia, con la condición de que estén dispuestos, en el caso contrario, de abandonarlas también alegremente". Esta es una frase muy profunda. Si son "uno con" y no "identificado con", están absolutamente en el instante y lo que está ahí les puede ser inmediatamente arrebatado. Es decir, que lo favorable se puede convertir inmediatamente en desfavorable. Serán uno con lo desfavorable del mismo modo que lo fueron con lo favorable y, por consiguiente, el estado inmutable no será afectado. ¡Pero entiendan bien lo que digo aquí porque yo sé cómo escucha el mental! Él no entiende más que una cosa: Arnaud dice que a condición de ser "uno con", Eckhart estaba de acuerdo con que está bien seducir a las mujeres bellas. Han llevado todo al nivel del mental y del ego y quedan prisioneros de la prisión, es decir de la identificación a estados producidos, causados, compuestos, dependientes.

Yo podría detenerme ahora y cerrar el Bost. Les he dicho todo. Pueden irse. Sólo que la experiencia muestra que, concretamente, no tenemos la audacia, la determinación y la fuerza que nos permiten poner en práctica estas verdades. Por esto las enseñanzas que ocupan las bibliotecas enteras de los monasterios están ahí para su auxilio. Pero lo que he dicho hoy es el eje de la verdad y el eje del camino.

Les deseo a todos que descubran, durante dos segundos, esta plenitud. La descubrirán si penetran en ella directamente y no si hacen la prueba con técnicas lentas que les darán esta paz en un cuarto de hora, media hora o una hora de meditación. Entren derecho a lo más profundo de sí mismos, en el silencio total, la inmovilidad total, la ausencia de formas. Y les deseo también el segundo descubrimiento: que puedan ver aparecer una forma que normalmente les habría robado todo y que no va a robarles nada y habrán ganado diez segundos de más. Después se trata solamente de poner en práctica, de descubrir este mecanismo del mental o del ego que es añadido e inútil y, a través de la comprensión, eliminar ese mental y ese ego hasta que la no-dependencia esté completamente establecida. El "ser llevado por" se convierte en "ser uno con". Lo sin-forma y la forma coinciden para siempre.

Tomen la meta, es decir la plenitud, como punto de partida. Tomen como punto de partida la desnudez y no sus chaquetas, sus suéteres, sus camisas y sus camisetas. El punto de salida es que estoy desnudo y, por encima, está la ropa. El punto de partida es que son la Consciencia y, por encima, están las formas de la consciencia. Es un cambio de dirección y es este cambio de dirección el que hace el verdadero camino.

III

MANONASHA
La destrucción del mental

Las dos expresiones tradicionales *manonasha* y *chitta shuddhi* no son propias de Swamiji. Las encontrarán en boca de maestros contemporáneos como Ma Anandamayi y en textos o comentarios antiguos. *Manonasha* se traduce generalmente por "destrucción del mental" y *chitta shuddhi* por "purificación de *chitta*", la memoria inconsciente. Si leen las obras serias que conciernen a las diversas escuelas hindús, vedanta, samkhya y yoga, correrán el riesgo de caer en cierta confusión entre los términos. En los glosarios o léxicos que se encuentran al final de dichas obras, verán *manas* traducido por pensamiento o mental y *chitta* traducido también por pensamiento o mental y se preguntarán cual es el sentido exacto de estas dos palabras y sobre todo en qué caso se debe emplear una u otra.

Los diferentes gurús han insistido a veces sobre un aspecto de estas funciones, sobre un posible sentido de estas palabras más que otro y no hay que ver en ello oposiciones irreductibles. De hecho, se trata de dos maneras de enfrentar lo que llamaríamos comúnmente el psiquismo. Es la misma función, pero descrita desde dos puntos de vista diferentes.

Cuando pensamos, cuando reconocemos lo que percibimos, cuando organizamos las impresiones y cuando reaccionamos, es esencialmente *manas*, el mental, lo que está en juego. Cuando el pensamiento está particularmente influenciado por el pasado, ya sea el pasado en esta existencia o impresiones dejadas por existencias anteriores, se emplea de preferencia *chitta*. Los hindús, tres o cuatro mil años antes de la psicología de las profundidades, del psicoanálisis y de Sigmund Freud, reconocieron plenamente la importancia fundamental de las huellas que subsisten, olvidadas pero dinámicas, en las profundidades del inconsciente.

La palabra *chitta* designa particularmente la función de pensamiento en la medida en que sólo es producto del inconsciente. Todos los textos, tanto los del yoga como los del vedanta, dicen que *chitta* está esencialmente compuesto de lo que se llaman *samskaras* y *vasanas*. Existe entre los indianistas una especie de partido tomado o de pudor de evitar cualquier confusión posible con la psicología de las profundidades, como si la psicología moderna, desde el momento en que redescubrió el inconsciente con Freud, fuera sistemáticamente sospechosa. Por ejemplo, no encontrarán la palabra "inconsciente" en la literatura hinduista ordinaria. Sólo encontrarán expresiones equivalentes, la palabra subconsciente —abundantemente empleada—, o bien, la palabra subliminal. Etimológicamente *limen*, en latín, quiere decir por debajo, es decir lo que se encuentra por debajo del nivel de la consciencia, y la palabra *subliminal* también es empleada en inglés. Esto no es más que una manera de hablar y leerán en un autor eminente, mundialmente reputado, como Mircea Eliade, expresiones del tipo "residuos subconscientes" para los *samskaras* y "latencias subliminales" para los *vasanas*. Esta palabra "latencias", *latencies* en inglés, quiere decir tendencias, fuerzas que están latentes.

Cualesquiera que sean las sutilidades del vocabulario, la importancia que Swamiji daba a lo que él llamaba, de un modo muy simple, *the unconscious*, el inconsciente, no es específica de una sola línea del pensamiento vedántico —el Adhyatma yoga del cual Swamiji era partidario—, sino que forma parte del conjunto del conocimiento del hombre y de la psicología de los hindús. Si tienen ocasión de leer los muy célebres yoga-sutras de Patanjali, un texto bastante corto hecho de fórmulas breves pero que constituyen el evangelio del yoga en la India, verán que frente a unos cuantos aforismos dedicados a las posturas, la respiración o incluso a la concentración, los demás son puramente psicológicos.

En la enseñanza del vedanta se emplea la expresión *manonasha* que significa la extinción del mental. Pero hay que comprender bien que entre *manas* (el mental) y *chitta* (el inconsciente) existe un lazo. No son dos funciones completamente independientes. Y existe también un lazo entre la destrucción del mental, *manonasha*, y la purificación del inconsciente, *chitta shuddhi*. Vean en primer lugar, no ya teóricamente sino en relación con la experiencia que ustedes tienen de sí mismos y de la manera en la que funcionan, lo que es este "mental". He dado muchas definiciones de él en el libro *En Busca del Sí-Mismo, Volumen 1, Adhyatma Yoga*, pero quiero regresar sobre este tema insistiendo en la "destrucción" posible de dicho "mental". ¿Qué es ese famoso ego del cual se habla a lo largo de las páginas de los libros de hinduismo y budismo y todos los días en los ashrams? ¿Qué podría ser el estado-libre-del-ego o el estado-sin-ego o, mejor aún, qué es este mental del que se dice que es el responsable de todos los males y de todos los sufrimientos y del cual podemos liberarnos?

Este funcionamiento particular del pensamiento y de la emoción es llamado a desaparecer completamente, para que, de segundo en segundo, no exista ya ninguna barrera o separación entre nosotros y el resto del mundo fenoménico. Pero, en tanto que este trabajo no haya sido llevado a cabo, es imposible acceder a la experiencia que proponen todas las enseñanzas, es decir, vivir la eternidad en el aquí y en el ahora, rebasar el tiempo, la dualidad, abolir el sentido de la separación, ver la unidad en el interior de la multiplicidad, sentir que no hay más que UNO, que todo lo demás y yo no somos más que uno. Estas bellas palabras, si tienen algún sentido, se volverán verdaderas solamente cuando la forma burda del mental sea superada; aquella que hace que no solamente no podamos estar en contacto con la realidad esencial, el *atman* o la *shakti*, sino que incluso hace que no estemos en contacto con el mundo fenoménico, cambiante, evanescente, aquél que se supone que nuestros cinco sentidos nos deben dar a conocer.

***

He aquí un primer enfoque: el mental es el funcionamiento del psiquismo por el cual vivimos en *nuestro* mundo en lugar de vivir en *el* mundo. Esta es una definición concretamente muy eficaz. Durante mi primera estancia con Swamiji, le hablaba de Ma Anandamayi con la cual yo había pasado casi dos años a lo largo de periodos de varios meses de 1959 a 1965 y cuya influencia era lo más importante en mi vida en aquella época. De repente, Swamiji me interrumpió y me dijo: "*You have never seen Ma Anandamayi*", "Usted nunca vio a Ma Anandamayi". Yo me sentí incomodo, como cuando se experimenta un malentendido con alguien de quien se esperaba mucho. Tuve la impresión de una incomprensión total y repetí: "Sí, sí, Swamiji, no solamente la vi, sino que tuve un gran número de entrevistas privadas con ella". Swamiji me interrumpió: "*You have never seen Ma Anandamayi*". Con este diálogo de sordos, me sentía cada vez más desorientado. Al cabo de un rato Swamiji me dijo: "*You have never seen Ma Anandamayi, never, never, you have seen only your Ma Anandamayi*", "Usted nunca vio a Ma Anandamayi, nunca, nunca; usted solamente vio a *su* Ma Anandamayi."

Es necesario reflexionar en una frase como esta; no contentarse con encontrarla original o interesante sino aplicarla a uno mismo y hacer de ella su propia experiencia y convicción. El corazón de esta frase se encuentra en este adjetivo posesivo: *su* Ma Anandamayi. Y esto merece ser observado con más detalle. ¿Qué significa este *su*, este adjetivo posesivo? Podemos equivocarnos. Si yo digo mi hijo, entendemos bien que puedo considerar a este hijo como que es mío, si digo mi coche podemos comprender que considero a este coche como que es mío; es simplemente el adjetivo posesivo tal como lo hemos aprendido en la escuela. Y si digo: "Usted no ve el coche, usted ve su coche", puede que ustedes pasen a un lado del sentido profundo de esta frase. "Seguro que veo mi coche, ya que es mi coche".

Mi coche, *mi* hijo significa que ven el hijo de su mental, el coche de su mental, es decir que no lo ven por ellos mismos sino con referencia al mental, al ego y a todo ese inconsciente en el cual el mental y el ego tienen sus raíces. Los ven con relación a ustedes mismos. Esto es verdad siempre, ya se trate de objetos que les pertenecen legalmente, tales como la casa de la que son propietarios delante de un notario y el coche del cual tienen los documentos o de todo aquello con lo que están en contacto. Comprendan bien las graduaciones sutiles de este egoísmo. No ven de una manera impersonal sino de una manera subjetiva, en función del dato esencial del ego que es el de distinguir lo que él considera como bueno y como malo.

Ya he hablado mucho de esta dualidad, pero hay que verla en uno mismo y comprender que, con términos simples, estamos en el proceso de abordar una enseñanza que es extraordinaria con relación a la experiencia habitual. De hecho, sólo se asimila conforme se avanza en la propria transformación interior.

Ustedes son "egoístas" porque están atados a todo lo que poseen; es verdad, pero esto de lo que hablo aquí va más lejos. En lo que concierne a la relación de los padres con los hijos, ya es mucho reconocer "soy *su* padre" y no solamente "es *mi* hijo". Durante mucho tiempo, hasta que una transformación radical se haya operado en nosotros, no vemos más que nuestro mundo. Por consiguiente, sólo vemos a nuestra Christiane, no vemos más que nuestro André y así sucesivamente. Tal vez alguno de ustedes objetará: "Estoy de acuerdo en decir mi hijo, mi coche, pero en cuanto a decir *mi* Castillo de Versalles, nunca he considerado que el Castillo de Versalles sea mío". Por eso insisto sobre esta enseñanza que parece tan simple y que en realidad es tan sutil. Cada uno ha visto "su" Castillo de Versalles a través de su inconsciente, a través de sus *samskaras*, a través de su mental, a través de su ego. Deberán verificar hasta qué punto esto es verdad y, si tienen esta convicción experimental, querrán escapar de esta limitación. Lo que otro experimentó y se los transmite, no tiene valor. El gurú no está ahí para hacerlos partícipes de su experiencia, está ahí para ayudarlos a que tengan a su vez esa experiencia. ¿Por qué buscarían "liberarse" si no se consideran prisioneros? ¿Por qué buscarían "despertar" si no se consideran dormidos? ¿Por qué, al precio de intensos esfuerzos cotidianos, buscarían vivir en el mundo si no están convencidos, íntima, profundamente, por propia convicción, de que nadie vive en el mismo mundo y que ésta es la explicación de todas las tragedias que suceden en la superficie de la tierra en las relaciones entre los seres humanos? Es por esto que en el lenguaje simbólico de los milagros de Cristo se dice que los ciegos ven y los sordos escuchan o también que algunos tienen ojos para no ver y oídos para no escuchar. Repito hoy la frase de Heráclito: "Los hombres que siguen dormidos viven cada uno en un mundo diferente; los que se han despertado viven todos en el mismo mundo". Es necesario que lleguen hasta el final de lo que está contenido en esta pequeña frase de Swamiji: "Nadie vive en el mundo, cada uno vive en *su* mundo". Comprendan la utilización del adjetivo posesivo cuando se trata de realidades sobre las que no tienen ninguna pretensión de posesión. De hecho, el ego nunca es neutro, nunca es desapegado, sino que siempre está implicado. Permanece un elemento de posesión, porque siempre es–más o menos sutilmente– con relación a ustedes que experimentan todo. Todo lo nuevo que abordan, todo lo que descubren, pasa a través de su ego. En la práctica pueden considerar al ego y al mental como sinónimos.

El ego los sigue por todos lados. Está siempre ahí con su esperanza, ¿voy a ganar algo? Una alegría, un bienestar, una satisfacción que codicia consciente o inconscientemente. Y, al mismo tiempo, permanece siempre en la aprensión, consciente o inconscientemente. Se pregunta si lo que le espera es el éxito o el fracaso. ¿Tendré hoy buenas o malas noticias? No existe la libertad. No existe la relajación absoluta. Existe vulnerabilidad con respecto a la emoción. El ego nunca puede ser neutral, todo el tiempo está implicado. Ama o no ama. Y, en las profundidades del inconsciente, está afectado de una manera que es sentida como agradable o desagradable. Si dicen: "Me gusta el Castillo de Versalles" o si dicen: "No me gusta el Castillo de Versalles" en ambos casos testimonian que no han visto el Castillo de Versalles, sino que sólo han visto *su* castillo de Versalles, de otro modo ni les gustaría, ni les dejaría de gustar. Dirían simplemente: "El Castillo de Versalles es" —y se acabó. Pero pueden precisar sus dimensiones, el número de ventanas, las características del estilo. *Pure statement of facts*, el simple enunciado de los hechos.

Si van un poco más lejos en esa dirección, lo que les parecía tan simple les va a parecer menos simple y tal vez inaceptable. "¿Cómo?, ¿Usted me arrebata el derecho de que me guste o no me guste el Castillo de Versalles o preferir el de Amboise o el de Chantilly?". Yo no les quito absolutamente nada. Les muestro únicamente que vivimos en nuestro mundo, en el ego y en el mental y que es posible escaparse de este mundo, del ego y del mental. Pero esta liberación es excepcional; muy pocos seres humanos la consiguen y constituye algo radicalmente diferente a la experiencia ordinaria. No se puede cambiar y al mismo tiempo continuar siendo el mismo; no es posible convertirse en mariposa y permanecer oruga, no se puede conservar todas las características del ego y del mental y, al mismo tiempo, alcanzar los estados "supra-normales" o "supra-mentales", cualquiera que sea el nombre que les quieran dar.

A donde quiera que vayan, el ego y el mental los acompañan y, por donde vayan, el ego y el mental perciben, reciben, ven y escuchan de manera subjetiva. "Arnaud, usted nunca vio a Ma Anandamayi, no vio más que su Ma Anandamayi". Si me dicen que toman todos los días su aperitivo en el café *Deux magots* o *Coupole*, todavía les diría: "Nunca han visto al *Deux magots*, nunca han visto al *Coupole*. Sí, ustedes no han visto más que su *Coupole*, aunque ninguno haya considerado que el café *Coupole* en París le pertenece. Aunque la posesión no sea legal, está ahí. Está ahí de un modo burdo o sutil.

La desaparición del ego es la erosión del adjetivo posesivo y del pronombre posesivo mi, mis, el mío, que son fundamento de la existencia. Si estos pronombres y adjetivos posesivos desaparecen verdaderamente, entonces aparece eso que pueden llamar la sabiduría, el despertar, la liberación. El sabio está más allá del adjetivo posesivo y del pronombre posesivo, porque no puede haber posesión —burda o sutil— si no hay separación o dualidad. Si la dualidad entre el yo y el no-yo por fin se borra, la Consciencia permanece, pero liberada de los deseos, de los temores, liberada de todo sentido de posesión, aunque sea sutil. Este es el desapego completo. No estamos ya atados a nada, de ninguna manera, ni por atracción ni por repulsión. Detrás o en el corazón de lo que puede ser destruido, subsiste lo que es indestructible. Lo que es indestructible también está ahí en nosotros y, en verdad, ninguna separación puede existir esencialmente. En la superficie, existe llegada-salida, encuentro-separación, creación-destrucción, pero solamente en la superficie. Si el ego y el mental por fin desaparecieron, otra Consciencia ve esta realidad estable por todos lados y todo el tiempo, que es la única totalmente satisfactoria. En lo relativo, la satisfacción nunca es completa. Es incompleta y provisional. Pero existe un camino para acceder a este estado supra normal de no-dualidad y comienza cuando descubren su incapacidad de *ver* la realidad relativa en sí misma. El esfuerzo por salir de su mundo y ver *el* mundo los llevará a sopesar qué es lo que hace esta tarea tan difícil y serán llevados de manera natural a comprender que una gran parte de lo que los mantiene en su mundo está oculto en el inconsciente. La necesidad de *chitta shuddhi*, en el sentido de revelar el inconsciente, se vuelve cierta y ya no hay dos procesos, uno que va a ser considerado como una psicoterapia y el otro como una espiritualidad. Hay un solo camino, que no tiene ni siquiera necesidad de ser nombrado, *que es simplemente la vida misma no-deformada, no-desnaturalizada por el mental.*

Swamiji me había hecho notar que la expresión *"to be free from the world"*, "ser libre del mundo" no tenía ningún sentido y que la expresión justa sería *"to be free from my world"*, "ser libre de mi mundo". Libre de las cosas, ¿cómo quieren serlo? Un sabio, por más grande que sea, cuando salga bajo la lluvia se mojará. ¿Cómo quieren ser libres del mundo? El mundo está ahí. Es la manera de percibirlo que puede cambiar radicalmente. Y, para comenzar a comprender de qué se trata, para encontrar un pequeño lazo entre la experiencia última y la suya, hoy, aténganse a esta fórmula: existe el mundo y existe la manera en que ustedes lo experimentan. Esto es lo que constituye su prisión y esta interpretación inútil puede desaparecer.

Comprendan bien que la única definición que pueden dar de la felicidad —esta felicidad que todo el mundo busca— es la coincidencia perfecta del mundo y de su mundo. Si quieren algo y ese algo lo tienen, durante un instante el mundo y su mundo coinciden y son felices. Imaginemos que desean estar de vacaciones y que lo están. Desean estar de vacaciones al borde del mar y están de vacaciones al borde del mar. Desean que el mar esté tibio y no contaminado, y el mar está ahí tibio y no contaminado. Desean que haga calor y buen tiempo, hace calor y buen tiempo. En ese instante, su mundo y el mundo coinciden y sienten "soy feliz". Si desean que el mar esté caliente y el mar está helado, sus vacaciones ya están comprometidas. Si abren la ventana del hotel para mirar un sol prometedor y ven los árboles inclinados por el viento, la lluvia que cae en ráfagas, las nubes grises y, a lo lejos, la arena mojada, su mundo y el mundo ya no coinciden. En su mundo hace buen tiempo y calor. En el mundo llueve y hace frío. Sus vacaciones no son lo que esperaban y, en lugar de sentir "qué feliz soy", están tristes, decepcionados. El secreto de la felicidad es tan simple como esto. No hay necesidad de ser un gran filósofo para reconocer la verdad de lo que acabo de decir. Pero tal vez sea necesario un gran filósofo para comprender todo lo que está contenido en esta verdad trivial. Cada vez que, de una manera u otra, su mundo y el mundo no coinciden de manera perfecta, algo falta y el mental desea regresar a una situación pasada en la que era feliz o alcanzar una situación futura en la que será feliz. Dicho de otro modo, que las cosas sean diferentes de lo que son. Su mental comienza a funcionar no aceptando ya el aquí y el ahora.

¿Es posible que la coincidencia de estos dos mundos sea permanente y definitiva, en cuyo caso su felicidad perfecta será permanente y definitiva? Miren la respuesta de la experiencia. Está ahí, evidente, abrumadora: "no". Moraleja: la felicidad perfecta no existe. Ahora recuerden algunas frases de maestros que afirman que esta felicidad perfecta existe, ya sea que se le llame *ananda, moksha, nirvana*, Reino de los Cielos, la dicha que permanece, la paz que supera toda comprensión. Todos los maestros, célebres o menos célebres, han dado testimonio de la realidad de esta felicidad perfecta y definitiva. Ahora bien, la experiencia les muestra que el mundo no coincidirá nunca con su mundo. Como decía Swamiji, ustedes no son el director de orquesta que mueve su batuta, y el resto del mundo no son los músicos que tocan la partitura que ustedes han compuesto. Para mí esta comparación era muy elocuente ya que en el pasado asistí a numerosas grabaciones de música de películas. Es evidente que si el mundo entero pudiera caminar al son de mi batuta, conseguiría siempre hacerlo coincidir con mi mundo. Pero éste no es el caso. Para algunos elementos que responden a nuestros anhelos, a nuestros deseos, a nuestras exigencias, a nuestras voluntades o a nuestras órdenes, la inmensa mayoría de lo que compone el universo y de lo que nos rodea no nos obedece. Llueve cuando deseamos que haga buen tiempo, la caldera se estropea cuando queremos que funcione y, sobre todo, los demás seres humanos, los que están más cercanos a nosotros, aquellos de los que esperamos algo y aquellos a los que debemos algo porque tienen autoridad sobre nosotros, actúan libremente, como les conviene y nunca como queremos (o bien raramente).

Miren bien esta verdad flagrante: llevamos en el corazón la nostalgia de una coincidencia perfecta de nuestro mundo y del mundo. ¡Qué maravilloso sería! Y eso nunca tendrá lugar. A menos que ocurra algo fantástico, increíble, estupendo, es decir, darle la vuelta a la situación y que sea nuestro mundo el que coincida definitivamente con el mundo. Esto es contrario a todos los hábitos empedernidos del mental y de la emoción, pero eso que es visto como locura a los ojos de los hombres, es sabiduría a los ojos de Dios. El verdadero desafío está ahí. No pueden ser felices a menos que su mundo y el mundo coincidan exactamente. El mundo no coincidirá nunca con su mundo. ¿Sería posible hacer que su mundo coincida definitivamente con el mundo mediante una revolución interior completa, un cambio total de todos sus funcionamientos? En cuyo caso, ésta es la garantía de la felicidad perfecta y definitiva.

Seguramente el ego y el mental se indignan y no quieren escuchar esta propuesta. La felicidad a ese precio, no la quiero. Lo cual es estúpido; si se trata de felicidad, es evidente que la quiero. El ego y el mental dicen: "¿Qué?, ¿quieren pedirme que sea feliz cuando mis vacaciones se echan a perder a causa de la lluvia?, ¿quieren pedirme que sea feliz cuando me suceden las peores cosas?". Esto nos parece como algo sin sentido y no queremos reflexionar, no queremos ver. Permanecemos prisioneros del sufrimiento y, digámoslo, de la estupidez, como alguien que pusiera como condición para ser feliz el poder tocar la luna con un dedo. Y continúan tratando en vano –¡y cuán en vano!– de hacer que el mundo coincida con su mundo. No permanezcan cerrados a la sabiduría, al secreto de la liberación que les muestra cómo a través de técnicas, de métodos y de una gran revolución interior, es posible hacer coincidir su mundo con el mundo y cómo eso ha sido posible para seres a los que se les ha llamado liberados, despiertos, maestros, sabios o Budas.

En términos simples, muy simples, les doy el secreto de todas las enseñanzas espirituales. Así pues, la condición previa es: "¿Sigo queriendo que el mundo coincida con mi mundo?". En cuyo caso, abordan todas las enseñanzas espirituales con esta perspectiva falsa: el yoga me va a volver más eficaz, el yoga va a desarrollar ciertos poderes en mí sobre los demás o sobre los elementos. Muchos piensan que la plegaria se va a conceder si "aprendo a orar", y la oración consistirá en pedir que el mundo coincida con su mundo. Innumerables personas, después de cinco años, diez años, treinta años, están comprometidas en un camino espiritual o en una tentativa de síntesis de diferentes caminos espirituales con este pensamiento oculto implícito: todo este trabajo, todas estas conferencias, estas meditaciones, este yoga me van a permitir hacer coincidir mejor el mundo con mi mundo. Eso es una ilusión completa que desnaturaliza esas enseñanzas y las hace perder su eficacia. Estas enseñanzas proponen lo que se llama el despertar, o muerte y resurrección. Les muestran cómo reconocer por fin que el mundo sigue su marcha y no obedece a la batuta de su ego. Inclínense delante de esta verdad y tendrán la inteligencia para descubrir el secreto: le doy la vuelta a la situación y, a partir de ahora, voy a hacer todo para que sea mi mundo el que coincida con el mundo, porque es la única posibilidad para una felicidad definitiva. Queda por saber si eso es posible, pero deben al menos ver esto: esa es la única oportunidad para la felicidad. No puede haber más que esa y ninguna otra.

¿Eso es posible? Sí. ¿A qué precio? ¿Con qué condiciones? Esa coincidencia perfecta no ya del mundo con nuestro mundo sino de nuestro mundo con el mundo, algunos la expresan en términos religiosos: "Estoy siempre de acuerdo porque veo la voluntad de Dios en todas partes, Dios hace todo para mi bien, Dios me deja sufrir por amor. Veo por todos lados la gracia de Dios en acción. Dios me somete a pruebas para purificarme y acercarme a Él". Expresado en lenguaje religioso, basado en un intenso sentimiento religioso o devocional (*bhakti*), el verdadero cristianismo conduce a esta coincidencia y, por consiguiente, a la felicidad.

La experiencia de la humanidad nos demuestra que un cierto número de seres humanos han permanecido radiantes de felicidad en condiciones que parecen hostiles o adversas, simplemente porque ningún conflicto existía en ellos. Su mundo y el mundo coincidían y estaban tan felices en el abandono, la traición, el sufrimiento y la enfermedad, como ustedes lo estarían al borde de un bonito mar azul y tibio, sobre una playa de arena limpia, bajo un sol cálido, de vacaciones, cuando todo sucede exactamente como quieren que suceda. Esa es la diferencia entre aquel que vive en el sueño y aquel que está despierto, aquel que vive en la ignorancia y aquel que vive en el conocimiento, aquel que vive en la prisión y aquel que está liberado. Y el verdadero discípulo de un camino, ya sea el yoga, el vedanta, el cristianismo, el budismo o la enseñanza de Heráclito, Sócrates o Marco Aurelio, es aquel que ha comprendido definitivamente, con su inteligencia y con su corazón, las verdades tan simples que acabo de expresar. Él se ha comprometido con esta empresa que tal vez parezca sobrehumana: le voy a dar la vuelta a la situación. Voy a transformar mis mecanismos internos, voy a disipar, desagregar todo lo que en mí rechaza que lo que es sea y que exige lo que no es –hasta que haya alcanzado la meta. No hay duda de que van a tener que luchar con mecanismos muy complejos que las ciencias humanas modernas redescubren y que el yoga y el vedanta han estudiado minuciosamente en otra época. Van a ver en primer lugar que todo dentro de ustedes se irrita y se resiste a este movimiento de adhesión. Los miedos, los deseos, las demandas (*vasanas*) están ahí, en ustedes, en estado latente.

Este es un trabajo que cada uno debe hacer para sí mismo. Nadie puede comer y digerir en su lugar, nadie puede respirar por ustedes, nadie puede purificar *chitta* por ustedes y liberarlos del dominio de los *vasanas* y de los *samskaras*. Se les puede ayudar, se les puede guiar, se les puede estimular, pero el trabajo tendrán que hacerlo ustedes personalmente.

Les corresponde a ustedes ver, para ustedes, la realidad de estas impresiones y de estas demandas que llevan dentro de sí y que se levantan, se yerguen, gritan, que a veces chillan para hacer triunfar su mundo sobre el mundo o para rechazar al mundo y que les conducen a un camino sin salida.

Mientras que estas impresiones y estos deseos estén activos en las profundidades, nunca estarán en paz. De dos maneras. La primera es que cuando están en contacto con el exterior, nunca pueden estar en contacto simple, directo, inmediato con ese exterior. Siempre serán llevados a "pensar" sobre este exterior; a quererlo un poco diferente. El mental aparece como una pantalla entre el exterior y ustedes, como si tuvieran puestos en las manos unos guantes que nunca se quitasen y que, luego, con sus manos enguantadas, trataran de tocar lo liso, lo rugoso, lo granulado. Tendrían siempre la misma sensación, la de sus guantes. Su mental los mantiene prisioneros en su mundo. Ni siquiera están ya en contacto con la superficie de los fenómenos, ¿cómo quieren estar en contacto con la profundidad? Desde el inconsciente sube y se impone este funcionamiento que, una vez que se ha vuelto consciente, se llama *manas*, el mental.

Por otro lado, si tratan de entrar dentro de ustedes mismos, de permanecer silenciosos, vacíos, inmóviles, para descubrir la fuente misma de la vida, la pura Consciencia, serán asaltados por asociaciones de ideas, distracciones, ganas de moverse y, aunque se empeñen durante años en meditar, harán poco progreso. Si la fuente de las agitaciones, de las tensiones mentales, emocionales y físicas ha sido agotada, la meditación se convierte en un estado natural, cómodo y espontáneo. Por consiguiente, no hay que sorprenderse si el trabajo sobre el inconsciente forma parte del célebre yoga de Patanjali, ni tampoco hay que sorprenderse si también forma parte del Adhyatma yoga de Swamiji.

***

Otra definición de *manas*, el mental, es ésta: el mental es lo que nos impide vivir la plenitud del "aquí y ahora".

La India ha estudiado en cada detalle todos los mecanismos de los condicionamientos y determinismos del ser humano, pero siempre con la perspectiva de la liberación. Una parte del conocimiento hindú concierne al estado supremo que se llama *kaivalya*, *moksha* o *mukti*. Pero, por otro lado, otra parte del conocimiento indio concierne la inserción en lo relativo y en el mundo percibido por nuestros sentidos. El mundo es inmediatamente conceptualizado: percepción y concepción, *nama* y *rupa*. *Rupa* es traducido generalmente por forma y *nama* por nombre. Se podría también decir la sensación y la idea. Se nombra una cosa y el hecho de nombrarla, ya sea vocalmente o simplemente con el pensamiento (y por lo tanto "reconocer"), transporta las experiencias nuevas a experiencias pasadas. Decir "esto es un sillón" hace que comparemos este sillón con otra cosa que ya conocemos y que se nos ha enseñado a reconocer como sillón. Ya no vemos, aquí y ahora, el sillón que tenemos delante de nuestros ojos en su novedad y como un instante único que nunca se ha producido y que nunca más se reproducirá. Hay que llegar a vivir en la novedad del instante, liberados del pasado y vírgenes del futuro. Cuando yo reconozco: "Es un hombre, es una mujer", ya he hecho entrar una experiencia nueva, una experiencia única, absolutamente original en un cuadro antiguo. Todo lo que está almacenado en mí y que tenga que ver con un hombre o una mujer, está ya en juego en el trasfondo.

Para comprender este mecanismo de la definición, es necesario una ascesis del lenguaje. En cada enseñanza, el rigor del lenguaje es esencial. Nos damos cuenta rápidamente de que nos conformamos con un lenguaje impreciso y vago, que mentimos sin darnos cuenta y que es necesario tener una vigilancia inmensa respecto a la manera en la que nos expresamos, para que corresponda perfectamente con la verdad. Luego podrán ir aún más lejos y ver cómo el lenguaje, hecho de palabras que ya conocen y de resonancias afectivas de hechos o conceptos, les frustra la posibilidad de vivir, de una manera absolutamente pura, el aquí y ahora. Saben bien que las enseñanzas yóguicas o espirituales siempre han insistido de una manera u otra sobre el silencio. El zen se presenta como una "transmisión de la verdad más allá de las palabras". Todos aquellos que conocen un poco el budismo saben que el momento supremo de la vida de Buda es el instante en que él toma una flor en su mano y solamente su discípulo Kashyapa comprende el mensaje contenido en ese gesto silencioso. Pero las Escrituras nos hablan con palabras de una realización que va más allá de las palabras y encontrarán expresiones muy difíciles de comprender tales como "pensamiento no conceptual" o "destrucción del pensamiento". No ven a qué puede corresponder eso.

Por supuesto llega el día en el que ya no se "piensa" más. Swamiji insistía mucho sobre la distinción esencial entre *to think*, pensar, y *to see*, ver. "Pensar" es separarse de la visión pura, es añadir algo, comparar, referir, reconocer por referencia a una experiencia pasada, es decir nombrar interiormente. Verán que, poco a poco, podrán acceder a una visión *inmediata*. Luego, para poder dialogar con los demás, utilizarán palabras. Si algunos sabios enseñan en el silencio o simplemente a través de un gesto o una acción que sorprende, muchos otros han también hablado. Es incluso paradójico ver que tantas palabras han sido dichas sobre el peligro intrínseco de las palabras y la necesidad de ir más allá de ellas.

Cuando hablamos de *chitta shuddhi,* purificación del inconsciente o purificación de la memoria, desaparición de esa memoria subyacente que nos impide estar en el instante o en el eterno presente, se llega a un absurdo si nos imaginamos al sabio como alguien privado de toda memoria. La constatación que yo he hecho acercándome a los sabios más notables y reconocidos, es que, al contrario, su memoria es excepcional. Ma Anandamayi, que veía a decenas (cuando no eran centenares) de personas por día, se acordaba a veces con una precisión sorprendente de lo que había pasado quince años atrás con tal persona en uno de sus ashrams. He tenido prueba de ello en varias ocasiones. Lo que pasa es que hay dos memorias. Hay una memoria que se ha vuelto enteramente consciente y que ya no nos lleva hacia el pasado, que ha cortado las ataduras con el pasado. Esta memoria está a nuestra disposición cuando tenemos necesidad de ella, pero no se nos aparece nunca cuando no la necesitamos —ésta es quizás la definición más simple que se pueda dar de ello. Y existe una memoria inconsciente que debe ser destruida y que hace que los recuerdos del pasado regresen a nuestro pesar. Vuelven a pensar en algo cuando no desean pensar en ello y no tienen ninguna razón válida para pensar en ello. Los recuerdos aparecen en ustedes, se imponen en ustedes y los arrastran hacia atrás. Cuando esta memoria emocional ha sido purificada, el pasado ya no tiene ningún poder sobre nosotros. Se queda en su lugar y no se manifiesta sin que nos demos cuenta o a pesar nuestro. Es necesario pues ser claro sobre el sentido que vayamos a dar a esta palabra "memoria" si la utilizamos para traducir *chitta*. Hablo de esa memoria inconsciente, hecha incluso de *samskaras* de vidas anteriores, que roba el milagro del instante, que hace que estén siempre a la vez en el pasado y en el futuro. Si se es libre del pasado, se es libre también del futuro. Si se es libre de los temores pasados, se es libre también de los temores por el futuro.

¿No quieren tener ninguna aprehensión por el futuro, quieren vivir sin ensoñaciones respecto al futuro, sin sueños dorados ni ansiedad? No pueden liberarse del futuro, sólo pueden liberarse del pasado. Cuando se es libre verdaderamente del pasado, el futuro ya no existe. No existe más que el instante, después el instante siguiente y el instante siguiente.

Existe una confianza: el futuro se ocupará de sí mismo y todo temor desaparece. ¿Cómo es posible haber vivido en el temor durante tantos años y un día liberarse de él? Cuando tenemos la convicción de que existe un estado de consciencia no dependiente, positivo, totalmente feliz y del cual estamos seguros de que subsistirá cualesquiera que sean las condiciones y circunstancias, ¿dónde podría estar el temor? ¿Dónde podría estar la aprensión por el porvenir, el pensamiento acerca del porvenir que acaba de imponerse en nosotros en lugar de dejarnos tranquilos en el presente? Cuando ya no hay temor, el porvenir desaparece y no queda más que el instante. Antes nos bastaba con ciertas evocaciones para que nos sintiéramos mal: "Y si...". Pero llega el día en que todas esas evocaciones ya no pueden emocionarnos. Lo esencial no puede ser afectado. Sócrates decía: "Los jueces del tribunal pueden condenarme a muerte, pero no pueden hacerme daño". Es la experiencia de Sócrates, pero ¿cómo hacer para que se vuelva también la de ustedes? Todo lo que digo aquí podría ser perfectamente expresado en el lenguaje religioso del cristianismo —confianza absoluta en la Providencia, poner todas las preocupaciones en las manos de Dios. La experiencia fundamental es la misma.

Una de las *sadhanas* más eficaces para la destrucción del mental es el esfuerzo incansable de vigilancia, para vivir conscientemente la realidad del instante presente. Se los he dicho muchas veces, traten a la vez de sentir cuál es su meta y qué acción se les pide, justo ahora, justo aquí, para que se acerquen a esa meta. Ambos deben ser percibidos simultáneamente. Si la meta, o mejor dicho su meta, no es lo suficientemente clara, su acción no puede ser más que incierta porque no están orientados, en el sentido etimológico de esta palabra, es decir, vueltos hacia el Oriente, vueltos hacia la dirección desde donde se levanta el sol, símbolo de la vida y símbolo de la luz. Y, al mismo tiempo, no se puede progresar más que segundo a segundo, a partir de ahí donde ustedes están situados exteriormente —en ciertas condiciones y en ciertas circunstancias— e interiormente en ciertos deseos, miedos, tensiones emocionales, físicas y mentales.

Aunque exista (si nos quedamos en lo superficial) una contradicción en lo que voy a decir, la meta nunca está en el futuro sino siempre aquí y ahora. Cada vez que han tenido una meta y que han hecho esfuerzos en su dirección, han concebido esa meta como futura y lo que hayan hecho aquí y ahora estaba destinado a acercarlos a esa meta. Retomemos la comparación con un viaje: tengo un camino que seguir, salgo de cierto lugar y a partir de ahí, cada paso, cada vicisitud, cada incidente del viaje es llevado a cabo en función de un punto de llegada que sitúo en alguna parte en el futuro. Puede haber ahí un primer malentendido o error, suficiente para comprometer considerablemente su camino, es decir, creer que lo que esperan, lo que buscan o aquello a lo que aspiran será para más tarde. "Cuando yo haya cambiado... cuando haya comprendido lo que no comprendo todavía... cuando haya limpiado ciertos aspectos de mi inconsciente, cuando me haya liberado...". Y, en nombre de dicho futuro, dejan escapar al instante presente. La única realidad que existe, a cada instante, es la del instante y nada más. Imprégnense de esta verdad. El pasado es pasado, el instante siguiente aún no está ahí; la única realidad que existe, de instante en instante, es este instante y nada más. Y el mental tiene como característica, por no decir como definición, robarles siempre el instante.

Primero, de una manera burda y fácil de percibir. Ustedes están trabajando todo el año y piensan: "Cuando esté de vacaciones...". Están en París y piensan: "Cuando esté junto al mar". Ya no están aquí y ahora. Pero también de una manera más sutil: "Cuando haya recorrido todo el camino... cuando esté libre de mis emociones... cuando haya realizado el atman...". Cada uno empleará la expresión que le convenga mejor, pero la actitud interior es la misma: "más tarde". Y se encuentran en la situación del burro que camina porque alguien ató una zanahoria al final del hilo de una caña de pescar que pende a un metro de su nariz, y el burro trata de atraparla. Cuanto más avanza, más se aleja la zanahoria —más bien la zanahoria avanza al mismo tiempo que él. Y él avanza, avanza, avanza, persiguiendo una zanahoria que nunca estará a su alcance. Swamiji me contó a este respecto una pequeña historia, que debe ser bien internacional porque yo la conocía desde niño, de un cierto barbero que había puesto un letrero en su vitrina: "Mañana se rasura gratis". El cartel no se movía y todos los días la gente decía: "Venimos por lo del cartel". —"¿Pero no han visto lo que está escrito? Mañana se rasura gratis". —"Sí, ¡pero yo ya lo leí ayer!" —"Eso no tiene importancia. ¿A qué viene usted?" —"Vengo por lo del cartel". Una vez que las personas ya estaban allí, acababan diciendo: "Mala suerte, me voy a rasurar, pero pagando". Siempre será para mañana, si dejan que se aplique a la sadhana esta costumbre del mental, o sea la de siempre actuar en función de un futuro —o casi siempre. La mayoría de las existencias se pasan preparando el porvenir: "Cuando haya terminado mis estudios", dice el niño. "Cuando sea grande...". Y poco a poco el niño —que espontáneamente vive en el presente, ahí donde se encuentra y en las circunstancias actuales—, se deja llevar por ese mecanismo: cuando... Si buscan pasar unos exámenes, en efecto existe: "Cuando yo sea aprobado en los exámenes". Si buscan desarrollar su musculatura, practicarán las pesas ahora para tener músculos en tres meses o en tres años. Para los objetivos ordinarios de la existencia, esta costumbre que consiste en tender hacia un futuro está justificada. Uno comienza a construir una casa pensando: "Cuando esta casa esté totalmente terminada, podré vivir en ella". Pero el camino es algo de otro orden, diferente a los objetivos ordinarios de la existencia. No lo olviden, porque el mental, siempre, todo el tiempo, reduce el camino a lo que ya conoce y hace de un asunto extraordinario un asunto ordinario; hace de un asunto metafísico un asunto que se limita a su experiencia del mundo cambiante y del mundo múltiple. Y simplemente va a llevar el camino a esta experiencia que se ha vuelto una costumbre: "cuando". "Cuando yo esté liberado". Y en esas condiciones, ya no hay camino.

El camino consiste únicamente en tratar de vivir de manera perfecta el instante presente, porque es sólo en la perfección del instante presente que la meta puede ser alcanzada. Y si viven este instante presente conservando en segundo plano, aunque sea sólo un poco, una idea del futuro, ya no están en el camino. Integren en ustedes, imprégnense de esta verdad universal que es tan a menudo desconocida en la mentalidad actual que está, más que cualquier otra, enfocada en el futuro. De una manera general, las culturas antiguas estaban menos enfocadas en el futuro. Se trataba de mantener una tradición recibida de nuestros antepasados y que queríamos transmitir a nuestros hijos: un orden humano, un orden social. Hoy, para la mentalidad colectiva y para la mentalidad individual, todo sucede en el futuro: "Cuando hayamos hecho la Revolución, cuando hayamos progresado más técnicamente...".

Miren bien, están impregnados desde su infancia de una mentalidad que proyecta la felicidad en el futuro y que justifica esa actitud. Acusamos a las demás civilizaciones de no tener el sentido de la Historia, decimos que el sentido de la Historia es el privilegio de la mentalidad occidental y se lucha, cada uno a su manera, por un mejor mañana. Esto está bien para un revolucionario. Pero no está bien para alguien que busca descubrir la Realidad eterna. A este respecto, no hay un mañana. "Mañana se rasura gratis" y la zanahoria del burro será siempre para el minuto siguiente.

¿Qué buscan ustedes? Lo mismo que todo el mundo —ser lo más felices posible. Busquen esa felicidad con más exigencia y rigor que los demás. No se sorprendan de mi definición diciendo que es egoísta. Cada uno busca ser lo más feliz posible. Si son muy infelices, ser un poco feliz les parecerá una meta envidiable, pero si esa poca felicidad les llegase, pensarían que podrían ser todavía más felices. Las condiciones habituales de la existencia no pueden darles esa felicidad. Los años han pasado, esa felicidad se les escapa siempre y, poco a poco, toman la costumbre de proyectar esa felicidad hacia el futuro: "Cuando esté menos cansado, cuando gane más dinero, cuando haya encontrado la mujer o el hombre que ame, cuando haya tenido el aumento que me prometieron para fin de año...". Esta felicidad es siempre para mañana. Y, además, esa felicidad depende de elementos sobre los cuales tienen muy poco control, es decir factores externos a ustedes, como la voluntad y el comportamiento de los demás, los fenómenos naturales y fenómenos que se producen en ustedes, como fatiga, enfermedades, malestar interno, ansiedad, angustia. Ya que, en esa dirección, que es la que se les presenta inicialmente, no hay salida, ¿acaso podría existir otra?

La verdadera felicidad es un estado de ser que no puede depender de lo que les es dado o de lo que no les es dado. Al menos en ese punto no hay duda: no puedo contar verdaderamente con nada. Con nada. Ustedes no pueden contar realmente con los demás y tampoco pueden contar con sus diferentes funcionamientos: podrían caer enfermos, estar agotados, etc. A cada segundo esta búsqueda de la felicidad es rebatida y amenazada.

¿Quién es feliz?, *¿quién* es infeliz?, *¿quién* busca ser feliz? Estudien muy atentamente, muy cuidadosamente el mecanismo de la felicidad y del sufrimiento. Estúdienlo en sí mismos y por sí mismos. No mientan, no mientan de manera desvergonzada y no vengan a decirme que es una búsqueda egoísta.

Todos, sin excepción, aspiran a la felicidad y viven para conseguir la felicidad. De todas maneras, solamente un ser que ha encontrado la felicidad puede demostrar a los demás cómo conseguirla. Es, pues, un logro eminentemente altruista.

Todas las enseñanzas esotéricas afirman que esa felicidad no está en el futuro, que es primordial, previa a todo y que, como seres humanos, estamos exiliados de ella. Ustedes pueden entenderlo como: "Dios creó al hombre a Su imagen"; a continuación "el hombre, por haber comido el fruto del árbol del Conocimiento del bien y del mal, se encuentra exiliado del paraíso perdido", sin embargo "el Reino de los Cielos está dentro de él". Pueden escucharlo en el lenguaje hindú o budista: ustedes son el atman, son la naturaleza-de-Buda, son Consciencia, beatitud, libertad —pero sugestionados, engañados, ilusionados por el apego a las formas cambiantes y múltiples.

Ya que se trata de una felicidad no dependiente que, por consiguiente, no es producida, ni causada y, por lo tanto, no puede ser destruida por causas adversas, esa felicidad no puede estar en el futuro. Abandonen la mentalidad ordinaria que les hace decir: "Esa felicidad espiritual sublime de la que hablan los sabios, será para mí más tarde, un día será para mí". Pues, a partir de ahí, el instante presente pierde interés; el verdadero interés está en el futuro; el instante presente no puede ser ya verdaderamente interesante ya que no es el instante de esa dicha; ese instante no existe en función de sí mismo sino en función del futuro.

¿Qué saben ustedes de ese futuro? Nada. No tienen prueba alguna de que ese futuro existirá para ustedes, individualmente, o para ustedes y aquellos que los rodean, colectivamente. ¿Qué accidente les puede suceder, qué tragedia, qué enfermedad, qué cataclismo? ¿Qué saben ustedes? Su camino espiritual está contaminado por esta gangrena, la peor de todas, que consiste en no apreciar el instante presente —o muy raramente— mientras que no hay nada más que este instante presente y que el camino no está hecho más que de este instante presente. Ahora es cuando las cosas suceden; aquí y ahora. Y, en cada instante, tal vez es ahora cuando la realización se va a llevar a cabo, es ahora cuando se hará el descubrimiento supremo. Intentándolo en cada instante con todo el corazón, libre de esa obsesión por el futuro, será en efecto como descubrirán, hoy o mañana, lo que hay por descubrir. Pero es solamente así. Ustedes pueden verlo, cada uno para sí: no estoy en el instante presente. Véanlo: "Cuando vaya a la India... cuando haya acabado de desentrañar mis emociones reprimidas... cuando haya llevado a cabo la destrucción del mental, la purificación de *chitta*, la erosión de los *vasanas*, seré libre". Solamente desde un cierto punto de vista. Y vean bien esta paradoja: si ustedes se dejan arrastrar por la experiencia ordinaria que ve todo en función del futuro, el camino se detiene, porque dejan de dar al instante presente su importancia divina, sagrada, quienquiera que sean ustedes, o donde quiera que estén, cualquiera que sea su nivel de ser, su nivel de evolución. No existe ninguna condición limitativa a lo que aquí digo.

El verdadero buscador espiritual, es aquel que ha comprendido el carácter sublime del instante presente, no solamente con su cabeza sino con su corazón, como una evidencia que nada puede poner en tela de juicio. Ustedes saben bien que, si hubieran alcanzado el final del camino, esto sería verdad: cualesquiera que sean las condiciones y las circunstancias, Ramana Maharshi, Ma Anandamayi o Kangyur Rimpoché están establecidos más allá del tiempo, en la plenitud. Si, acercándose a uno de estos sabios célebres —y muy justamente célebres–, tuvieran de repente la impresión de que, justamente ahora, porque las condiciones son particularmente desfavorables, ese sabio ya no estuviera en la plenitud, ustedes harían sus maletas y pensarían ¡es como los demás! Lo que nos sorprende, cuando nos acercamos a un maestro verdadero, es que para él la cuestión está resuelta definitivamente y así lo sentimos; sentimos muy bien cuando estamos cerca de él, que vive en el instante, que para él no existe el futuro. Suceda lo que suceda, su realización interior no podrá cambiar. Entonces ¿por qué está verdad no se puede aplicar a ustedes, candidatos a la liberación o a esta sabiduría?

No se trata de imitar a un sabio en lo externo. Es imposible, y no los llevaría a ninguna parte, pero eso no quiere decir que deban darle la espalda a la sabiduría. Ahora bien, si han comprendido y sentido que la definición de sabio es estar en la plenitud siempre y para siempre, cualesquiera que sean las condiciones y las circunstancias, entonces deben de pensar que si siguen rechazando el hecho de que esa plenitud puede estar ahí en el instante, le están dando la espalda a la sabiduría. Al menos no la rechacen. Segundo tras segundo, estén no solamente abiertos a la posibilidad de esa plenitud, sino completamente vueltos hacia ella. Esa plenitud es para ustedes, aquí, ahora, sean cuales sean las condiciones, tan adversas como les puedan parecer. Es ahora, no es para más tarde. Es ahora cuando esa realidad está ahí, y es a través de ese ahora cuando ella se expresa; es sólo ahora cuando ustedes tienen una oportunidad de realizarla. Pero si dicen: "Será para más tarde", siempre será para más tarde.

Desde el punto de vista de lo relativo, ocurrirá que, a pesar de su convicción interior y de la rectitud de su actitud, en efecto, no es ahora que habrán realizado esta realidad en su plenitud. Bien. Un segundo "ahora" les es dado, y un instante después, un tercer "ahora" les es también dado para intentar de nuevo vivir de una manera justa. Es la sucesión de estos "ahora" vividos de manera justa lo que constituye el camino. Si no escuchan lo que estoy diciendo, ya no hay camino; lo que hay es una preparación para estar un día en el camino.

Aquí y ahora es cuando todo sucede. No cuando hayan progresado. No. Ahora, de inmediato, no hay otra cosa que el aquí y el ahora. Recuerden la comparación que utilizo a menudo porque para mí es muy elocuente. Yo recorrí muchas veces la distancia de París a la India en coche en una época en que eso se hacía muy poco y donde las carreteras asfaltadas no existían. Este inmenso viaje de diez mil kilómetros se efectúa de centímetro en centímetro, esos centímetros en los cuales se adhiere el neumático a la carretera. Eso es todo. Swamiji empleaba la comparación antigua del viaje a pie. Un camino de tres cientos kilómetros a pie se hace únicamente en el espacio preciso donde el pie toma apoyo sobre el suelo para empujar el suelo hacia atrás. Yo he pasado esta comparación a mis viajes en coche, en que el mismo coche que estaba aparcado en una calle de París está aparcado un día en una calle de Benarés, en Bután o al norte de Afganistán, rodeado de musulmanes con sus grandes abrigos y sus turbantes. Todo el trayecto se hizo a través de esta adhesión de una pequeña superficie del neumático con la carretera. He aquí el camino: aquí y ahora. Y el pasado vuelve este "aquí y ahora" casi imposible.

Si existe una realidad interior *no dependiente*, a la cual las condiciones y circunstancias no pueden añadir nada y no pueden quitar nada, esa realidad está aquí, de inmediato. Para el sabio está ahí en plenitud, con certeza; para ustedes está ahí, virtualmente, pero está ahí. Vivan impregnados de esa verdad. Llévenla con ustedes a todas partes y no la olviden. Cualesquiera que sean las condiciones en las que se encuentren, condiciones externas concretas y condiciones mentales, recuerden: "En las mismas condiciones, Ma Anandamayi o Ramana Maharshi estarían iluminados. ¿Por qué yo no?". Si no, se equivocan. Subrepticiamente, a su pesar, su proceso está contaminado por la mentalidad habitual *y mienten*. Su actitud se vuelve una mentira con relación a la verdad del camino. Su actitud, sin que se den cuenta de ello, proclama: "En mis mismas circunstancias, Ma Anandamayi no estaría en la beatitud, Ramana Maharshi no estaría en la beatitud, Kangyur Rimpoché no estaría en la beatitud". Y mienten. En las mismas condiciones en las cuales están ustedes —enfermos, traicionados, abandonados, criticados, separados, heridos, incapacitados— en estas mismas condiciones, Ma Anandamayi estaría en la beatitud, Ramana Maharshi estaría en la beatitud, Kangyur Rimpoché estaría en la beatitud. Y digo beatitud por decir en una sola palabra todo lo que se podría decir: libertad, consciencia, eternidad, infinito —ustedes lo saben.

Ahora bien, este es un lenguaje que el mental no quiere comprender. No mientan. No desperdicien el instante, no lo dejen escapar. Siempre habrá alguna cosa, siempre, siempre. Y se dejarán arrastrar perdiendo el instante. Pasarán veinticuatro horas, y cada instante se desperdiciará; y después, comenzará un nuevo día en el que cada instante será desperdiciado.

Todos los maestros lo dicen, todos lo repiten —pero se puede escuchar durante años sin haberlo entendido, es decir sin vivirlo y ponerlo en práctica ¡y eso significa que todo el camino está en tela de juicio! Entonces tengan el valor de ir hasta el final de sus opiniones. Si por desgracia tienen en su casa un libro sobre Ma Anandamayi, Ramana Maharshi, el budismo, el vedanta o el cristianismo, tírenlo. Si por desgracia tienen en casa la foto de un sabio hindú o budista, ¡rómpanla! Tengan el valor de sostener sus opiniones. Pero si quieren conservar esos libros, si quieren conservar esas fotografías, si en alguna parte están interesados en poderse considerar candidatos a la sabiduría o aspirantes a discípulos, no cierren sus oídos a la verdad unánimemente proclamada por esos maestros —y que ellos encarnan día tras día.

Aquí y ahora, la realidad está ahí, eterna, perfecta. En un segundo, las condiciones fenoménicas habrán cambiado pero la Realidad eterna y perfecta estará siempre ahí; y en un segundo más, las realidades relativas habrán cambiado una vez más, pero la Realidad eterna estará siempre ahí, perfecta. El camino no está hecho más que de la perfección del aquí y ahora. ¿Y qué es lo que impide este aquí y ahora? Es el mental. Quiten el mental y el aquí y ahora está ahí. Quiten definitiva, totalmente el mental y la realización está ahí. Pero si el mental, en el sentido más inmediato, más burdo, tiene todo el poder, no solamente no hay realización, sino que ni siquiera hay camino hacia la realización. Lo que hay es pura y simplemente rechazo de las condiciones y circunstancias actuales.

Si el mental —en el sentido completo de la palabra mental (y mental se convierte en sinónimo de ego)— hubiera desaparecido completamente, la realización estaría ahí; no verían ya la serpiente, verían la cuerda. En el tiempo verían la eternidad, en la multiplicidad verían la unidad, y en la sucesión de causas y efectos verían la libertad. Pero existe un sentido aún más restringido de la palabra mental, al cual la psicología tiene más o menos acceso; y si este mental —en el sentido restringido de la palabra— está en acción, todopoderoso, no hay ni siquiera camino, ni siquiera discípulo; sólo queda un sueño proyectado sobre el futuro. Y para que este mental —en el sentido limitado de la palabra (es una de las cuatro funciones: "*chittá*", "*ahamkar*", "*buddhi*" y "*manas*")— no esté ya en acción para impedirles la realidad del camino, es necesario que hayan sido impregnados de lo que digo hoy: "'Aquí y ahora' es la realidad y nada más". Este aquí y ahora, cualquiera que sea, es siempre grandioso, sublime, sagrado y, si fueran capaces de sentirlo, siempre perfecto. Todo el esfuerzo consiste en estar, de la manera más perfecta posible, aquí y ahora y no en prever una liberación en el porvenir y en vivir en el futuro.

¿Pero qué es lo que impide este esfuerzo? ¿Qué es lo que lucha dentro de ustedes contra su comprensión y su decisión de vivir de la única manera justa? ¿Cuál es el adversario que trata de mantenerlos en la ilusión del tiempo, del futuro, del mañana? ¿Quién quiere hacerlos correr toda su vida como un burro detrás de la zanahoria que pende delante de él? Es el mental y son las raíces subterráneas de ese mental, los *vasanas* y los *samskaras* en la memoria inconsciente llamada *chitta*. Más adelante llevarán a cabo un determinado trabajo llamado *chitta shuddhi* (purificación del inconsciente); *vasanakshaya* (erosión de los deseos, de los miedos y de todo lo que les empuja a meterse aún más en el mundo de la dualidad) y *manonasha* (destrucción del mental).

Cuando hayan comprendido que tienen que cumplir esta tarea, sean vigilantes. Si no, inmediatamente, el pensamiento ordinario va a retomar la delantera y estarán convencidos de que la realización se sitúa en el futuro: "Cuando haya acabado con la erosión de los *vasanas*... la destrucción del mental... la purificación del inconsciente... seré libre". Y, de nuevo, el instante presente pierde su valor; y, de nuevo, viven en función del futuro; y, de nuevo, le vuelven la espalda a la verdad; y, de nuevo, dejan de estar en el camino. Y, en nombre del camino, se impiden a ustedes mismos el camino.

Si nos quedamos en la superficie, parece haber una paradoja en lo que estoy diciendo. Esa paradoja ha estado siempre ahí, pero el camino reconcilia los contrarios, hace coincidir los opuestos y resuelve las paradojas. Para llevar a cabo la erosión de los *vasanas*, para llevar a cabo la destrucción del mental, para llevar a cabo la purificación del inconsciente, no existe otra posibilidad que la de tender sin cesar, más y mejor, hacia el respeto del instante. Al no respetar el instante no respetan la eternidad; al huir del instante huyen de la eternidad. Reconozcan el carácter sagrado del instante y que el rechazo del instante es una blasfemia y una profanación. Entonces, están en el camino. El criterio es innegable y, con un poco de vigilancia, es muy claro. De inmediato, aquí y ahora y nada más. Y nunca discutan las condiciones y las circunstancias. Luego actúen, cambien lo que puedan cambiar, rectifiquen lo que puedan rectificar —nadie se los impide— pero siempre de instante en instante.

Ustedes pueden utilizar estas dos palabras, célebres entre todas, "aquí y ahora", como criterio para distinguir el mental y la *buddhi*. En cuanto ya no estoy aquí y ahora, eso es el mental; en el momento en el que estoy aquí y ahora, es la *buddhi* que funciona. Sería deshonesto si les dijera: "Esta es la enseñanza de Swamiji". Esta es la enseñanza de todos los sabios, de todos los gurús. ¡Esta es también la enseñanza de Swamiji! Y para aquellos que han conocido a Swamiji, es eminentemente la enseñanza de Swamiji.

El mental hace que no estemos *ahora*, porque el pasado viene a colorear el ahora y a proyectar sus temores y sus esperanzas sobre el futuro. Cuando sean libres del pasado, les puedo prometer que serán libres también del futuro. El mental hace que no estemos *aquí*, porque el mental introduce una comparación con algo diferente a lo que está aquí, *crea un "segundo", una sobre-imposición*. Solamente la vigilancia permite escapar del mental; solamente la vigilancia permite regresar, instante tras instante, al segundo que está ahí para vivirlo en la verdad. ¡Cuantos miles de segundos habrán dejado escapar sin ni siquiera tratar de vivirlos de manera justa! Todo es posible para el mental. No hay más que una sola verdad, pero miles de mentiras posibles.

Swamiji citaba muy a menudo una frase de los Upanishads que dice: "El camino hacia la realidad está pavimentado de verdades". Los adoquines que constituyen el camino hacia la Realidad son las verdades, las verdades de cada segundo; de pequeña verdad en pequeña verdad, alcanzarán la gran Realidad. Pero desconfíen de la frase que acabo de emplear, de la misma frase de los Upanishads que dice: "El Camino hacia la Realidad está pavimentado de pequeñas verdades". ¡De nuevo parten hacia el futuro! La gran Realidad no está en el futuro más que desde un cierto punto de vista. Sí. Cuando Swamiji decía de sí mismo *"the young man"*, hablaba de sí mismo en tercera persona –quería decir, Swamiji antes de llegar a ser Swamiji. *"The young man was only emotion"*, "el joven era solamente emoción". Desde un cierto punto de vista, el tiempo existe; desde un cierto punto de vista, se puede decir "antes de que Swamiji se convirtiera en Swamiji y después de que Swamiji se convirtiera en Swamiji". Pero sólo desde un cierto punto de vista.

Tomen los dos al mismo tiempo. Desde un punto de vista, existe un camino y tal vez puedan decir como Ramdas: "Hasta la edad de treinta y ocho años, la vida de Ramdas fue un fracaso; a partir de los treinta y ocho años, la vida de Ramdas fue un éxito". Esta frase, la he escuchado de la boca del mismo Ramdas: *"Until 38, Ramdas' life was a failure; after 38, Ramdas' life was a success"*. Pero esto no es ni la mitad de lo que hay que entender. La otra mitad es: no hay futuro, no hay más que el instante. Pueden fabricar sadhanas ilusorias indefinidamente, pero no hay otra sadhana real más que la del esfuerzo llamado vigilancia para volver incansablemente al instante cada vez que el mental los aparte de él al proyectar un "segundo" como un pasado, un futuro u otro lugar.

Incluso si el mental ha desaparecido completamente, la *buddhi* puede continuar a prever, a ver hacia adelante. Pero esta previsión es la función del aquí y el ahora; por consiguiente, es una previsión que se hace sin la intervención del mental, sin emoción, de una manera neutra. Esta es una previsión que no nos arranca del instante. En este momento, aquí y ahora, yo estoy aquí y preveo una acción para el futuro. Tendré un viaje en el futuro; pero dar instrucciones a quien va a hacer la reservación de los boletos del tren es algo que se lleva a cabo en el instante. Esto era muy interesante de observar cuando estaba cerca de Swamiji y me encontré un cierto número de veces asociado a las previsiones de Swamiji. Como discutíamos respecto al futuro, el discípulo hindú (que no había llegado al final de su camino más que yo) se imaginaba el bullicio en la estación del tren, el viaje inconfortable, la fatiga de la llegada, los posibles incidentes... Yo tengo un recuerdo muy preciso de la gran diferencia que existía entre el discípulo hindú y yo, los dos proyectados en el futuro, y Swamiji que hablaba de este futuro viaje permaneciendo al mismo tiempo de un modo perfecto en el instante presente. Este aquí y ahora comprendía el hecho de dar ciertas instrucciones y pedir cierta información relativas a un viaje futuro. Emanaba de Swamiji la evidencia de que él no estaba en el futuro, aunque hablara de él. Él estaba de tal modo fuera del tiempo que eso me había desconcertado, casi perturbado.

Esto de lo que hablo podría ser la verdad de su existencia entera y, de segundo en segundo, estarían en el camino, donde quiera que estén, hagan lo que hagan, suceda lo que suceda. Pero al menos, cuando piensen en el camino, cuando se consideren de un modo más particular sobre el camino, que esta verdad esté viva en ustedes. Cuando lleven a cabo un trabajo sobre el cuerpo, o posturas de yoga, o cualquier otra técnica, vean cómo interviene el mental: "Cuando consiga hacer esta postura... cuando tenga más elasticidad...". Así no hay futuro. *Tal vez* haya uno; eso es todo. En la realidad, no hay más que el instante. Ya no se trata de saber si tendrán elasticidad la próxima semana, es cuestión de saber, en el instante mismo, cómo están viviendo esa postura de yoga.

De la misma manera, durante años muchas "meditaciones" permanecen estériles porque son vividas sin haber escapado a este trasfondo de esperanza en el futuro: "En un cuarto de hora esta meditación me habrá llevado a la calma". "Si medito hoy, mañana, en un año, mis meditaciones me habrán conducido a la calma". Eso es falso. La meditación justa es una tentativa que respeta el carácter sagrado del instante.

Solamente traten de escapar del mental que quiere que el instante sea diferente del que es, eso es todo. "Voy a calmarme...". ¡Ya se acabó! Ya están en el futuro. Voy a ser perfecto en el instante; eso es todo. A fuerza de, simplemente, dejar apaciguar todo lo que los aparta y aleja del aquí y ahora, desde el punto de vista en que la podemos considerar en función de su duración, la meditación va a acercarlos a esa perfección del instante hasta que la totalidad de ustedes participe en ella. La reunificación se va a establecer; reunificación de todas sus funciones: pensamiento, emociones o sentimientos, vida física y motriz, energía sexual, todo es reunido en el instante. Cuando se logra la perfección del instante, el tiempo siempre es superado, y lo que se llama atemporalidad o eternidad se revela. En esta unión, reunificación, se encuentra siempre la beatitud. Porque, al menos provisionalmente, el mental y el ego dejan de funcionar, de desear otra cosa que lo que es, de desear una vida más bella, más feliz. Toda la vida se va a convertir en meditación; primero, porque meditación etimológicamente significa simplemente ejercitarse y que toda la vida debe volverse un ejercicio; me ejercito a regresar al aquí y ahora del que el mental está constantemente tratando de apartarme.

¿Por qué meditar, por qué permanecer inmóvil y centrado en sí mismo como hacen los swamis, los yoguis o los monjes? Para alcanzar "el Reino de los Cielos que está dentro de nosotros". ¿Qué es ese Reino de los Cielos? La paz que rebasa toda comprensión, la dicha que permanece, la Consciencia inalterada e inalterable, lo infinito, lo ilimitado. Toda la vida se puede convertir en meditación con una sola condición, necesaria y suficiente, y es que estén impregnados de la convicción intelectual y del sentimiento profundo de esta sublimidad del aquí y el ahora. Y lo que digo en este momento, o lo escuchan o no lo escuchan. Si el mental es demasiado fuerte, les impide escucharlo, si la emoción es demasiado fuerte, les impide escucharlo. Y, en el momento mismo en que yo hablo, están creando un segundo. Están fatigados, les resulta pesado escucharme y piensan: "Si no estuviera fatigado, me costaría menos escuchar". "Estoy fatigado, me cuesta escuchar, tengo ganas de moverme...". Aquí y ahora, sí, permanezcan unificados.

Tal vez puedan admitir que hoy no lo van a poner en práctica todo el tiempo y que, en muchas circunstancias de su existencia, volverán a crear "un segundo", tal vez, si no hay más remedio, sigan admitiéndolo —aunque evidentemente sería mucho más eficaz no hacer ninguna excepción a esto que digo. Pero, por lo menos cuando pretendan estar en el camino, cuando hagan en su casa una tentativa de silencio, cuando le hablen a alguien del camino, busquen la perfección del aquí y ahora. Lo que hace fracasar sus intentos es que los viven admitiendo que el mental esté en el trasfondo sugiriéndoles un futuro, o el resultado de ese futuro. Y entonces ya no hay resultado. Por esto se dice esta frase poco comprensible: "Mientras busquen el resultado, el camino se detiene". Por supuesto, porque ese resultado está en el instante siguiente pero no en el instante mismo. Si la imagen tan simple del burro corriendo detrás de su zanahoria puede ayudarles como me ha ayudado a mí, no duden en utilizarla. Un día esta imagen me vino a la mente y sentí hasta qué punto era verdadera, que yo corría detrás del segundo siguiente o del minuto siguiente, o del año siguiente y que, segundo tras segundo, dejaba escapar el instante.

"Aquí y ahora", es la frase de los maestros zen, es el *hic et nunc* latino, es el no-mental. Y nadie puede estar "aquí y ahora" por ustedes, sólo ustedes pueden estar ahí. Abandonen el pasado, abandonen el futuro, no escuchen ninguno de los argumentos que el mental les dará para perjudicar sus esfuerzos. El instante está ahí, les es dado, el mental puede recubrirlo, pero no puede robárselos y este instante es su oportunidad, es la totalidad de su oportunidad y su única oportunidad.

***

Otra perspectiva sobre el "mental" es ver que ese mecanismo les impide comprender. Solamente la *buddhi* puede comprender. Y recuerden que etimológicamente "comprender" significa "incluir". Pero, aunque el mental no comprende, no se priva de juzgar, es decir, de decidir lo que es justo y lo que no es justo. Ese juicio es absolutamente subjetivo. Consiste en querer que las cosas sean diferentes de lo que son. Funciona por comparación y esa comparación proyecta sobre la realidad una irrealidad puramente mentirosa e ilusoria. A partir de ahí, ustedes deciden, juzgan, condenan.

Por otro lado, existe otra justicia sobre la cual todos los hombres que han escapado de su mental están de acuerdo: los hombres que ya no viven en su mundo sino en el mundo, reconocen una justicia que no depende de su inconsciente, sino que es "la justicia del Reino de los Cielos". Recuerden la frase de Cristo: "Busquen en primer lugar el Reino de Dios y Su justicia, y todo lo demás les será dado por añadidura". Ustedes pueden entender "justicia" como sinónimo de "justeza", lo que es justo. El mental confunde sin parar lo que implican estas dos palabras "justeza" y "justicia". Ustedes dirán de un modo irreflexivo: "No es justo que mi casa se haya quemado". ¿Por qué?, ¿En nombre de qué podemos decir que "no es justo que mi casa se haya quemado"? Y, ahí, puede que ustedes se rindan un poco o mucho ante los acontecimientos naturales; pero cuando se trata del comportamiento de otros seres humanos, los hombres piensan constantemente: "Lo que él o ella hizo no es justo".

En verdad, todo lo que sucede —ya sea un evento natural o el comportamiento de un ser humano— es el resultado inevitable de una serie compleja de causas y efectos que se remonta a la noche de los tiempos. De la misma manera en que, después de un cálculo complicado que supone innumerables operaciones de todo tipo, llegamos a un cierto resultado del cual podemos decir que es cierto o que es falso, igualmente estamos obligados a decir acerca de cada suceso que es justo en el instante mismo en que se produce. Es justo porque es el resultado (que no puede ser de otro modo) de esas cadenas de causas y efectos. Y, de una acción que juzgaríamos fácilmente culpable o criminal, Swamiji decía: *"Act is always right even if action is wrong"*, "El acto es siempre justo, aunque la acción sea incorrecta", como ya expliqué en el primer volumen de *En Busca del Sí-Mismo*.

Tomo como ejemplo un padre que, llevado por su emoción, golpea brutalmente a su hijo con una barra de hierro hasta herirlo. El conjunto de cadenas de causas y efectos que están en acción para desembocar en esa situación hace que eso no pueda ser de otro modo. Si no, hubiera sido de otro modo. Este es el primer punto que hay que ver de frente, sin dejar "pensar" al mental. A partir de ahí, ¿qué acción podemos emprender para que el futuro sea modificado en un sentido u otro? Es posible hacer alguna cosa por el futuro, pero en lo que concierne al presente, al aquí y ahora, nunca hay nada que discutir.

Sin embargo, si por un lado el acto es siempre justo, Swamiji añade: "La acción es incorrecta". Y ahí parece que el rigor de la enseñanza de Swamiji pueda ser puesto en entredicho. El padre encuentra justo corregir severamente a su hijo que ha cometido una falta, a sus ojos extremadamente grave, con el fin de que se imprima en él que esta acción no debe volver a repetirse nunca más. Ya que el padre encuentra eso justo, ¿qué nos permite establecer esta ley "un padre no golpea a su hijo de manera brutal y hasta hacerlo sangrar"? ¿Qué es lo que demuestra que, una vez más, en el momento en el que pretendemos una justicia objetiva, no caigamos en *nuestra* justicia subjetiva? Es una gran pregunta porque, si no lo examinamos con el rigor necesario, entonces lo que decía Swamiji continuará: ustedes seguirán mezclando su justicia subjetiva y la justicia objetiva y justificando todas sus preferencias, sus condenas, sus apreciaciones, tanto en lo que concierne a los acontecimientos externos a ustedes como a lo que sucede dentro de ustedes. Seguirán viviendo en el mundo del mental. Nunca tendrán acceso a la realidad fenoménica tal como es y aún menos a la Realidad nouménica, a la esencia detrás de las apariencias, a la profundidad detrás de la superficie.

Cada ser humano tiene una cierta consciencia de sí mismo y esta conciencia de sí lo somete a la limitación. Si hay limitación, forzosamente hay separación; si hay limitación, hay un lugar en el que me detengo y, más allá de ese lugar, ya no soy yo –no incluyo más, no comprendo más. Miren hasta qué punto esto, que es simple, es de hecho esencial. Todo ser humano siente que está sometido a la medida, y esta limitación se manifiesta por el hecho de que aquí me detengo, porque allá ya no soy yo. Esto, ningún ser humano lo acepta verdaderamente. Y la humanidad busca superar la limitación de esta consciencia de sí con acciones que proceden todas del tener. Por ejemplo, uno querrá aumentar la cantidad de tierras que posee y hay hombres que toda su vida buscan –con motivo de mudanzas a la ciudad, herencias, muertes– adquirir un campo, luego otro más, para aumentar el número de hectáreas de su propiedad. Otros quieren aumentar su celebridad, su notoriedad. Otros quieren aumentar las ganancias de sus negocios. Otros quieren un tener más sutil como tener ideas originales, emociones artísticas maravillosas, tener sensaciones nuevas, todo lo que dé una sensación de expansión y de ampliación. Toda la naturaleza busca la expansión. Es una ley. El ser humano siente que todo lo que es contracción es sufrimiento, todo lo que es expansión o dilatación es alegría; al menos de manera normal, corriente.

Yo he podido estar en contacto con muchas personas colmadas por la existencia en diferentes ámbitos; nunca las he visto en paz, satisfechas, contentas. Contentas, tiene el mismo origen que contenido, es decir *"full"* en inglés –pleno. Si no falta nada, no hay nada más que buscar. Tengo todo. ¿Qué hombre puede decir "tengo todo"? Nunca, ninguno, lo saben bien —ni hombre, ni mujer, ni jefe de Estado, ni policía, ni presidente del consejo de administración, ni vedette. Este impulso fundamental de "siempre más" está en nosotros. No se detendrá a menos que, de una manera o de otra, el problema sea resuelto —no puede ser resuelto más que superándolo. No más límites; infinito. La meta del hombre es la ilimitación; en inglés se dice también *infinitude*; escapar completamente de la medida —de toda medida.

¿Existe alguna posibilidad para el ser humano de alcanzar esta meta que lleva dentro de sí? Lo que se llama en la India la "Realización" de los yoguis, de los sabios, de los ascetas ha demostrado que sí. Es la realización de una consciencia que escapa al sentimiento de la limitación *porque ya nada es sentido como mostrando esta limitación*. Si alguien se pone delante de mí diciéndome: "Esta es mi casa, la tuya se acaba aquí y vamos a construir un muro entre las dos propiedades", me hace sentir mi limitación. Si alguien me dice: "no", me hace sentir mi limitación. Esta es la experiencia normal y pocos seres humanos soñarían con discutirla, al mismo tiempo que desean empujar constantemente más lejos aquello que los hace sentir sus límites. Pero esta percepción del límite puede ser superada, trascendiendo lo que se llama "el ego" y "el mental". Mientras que permanezca el "soy yo", subsiste lo que no es yo. Más allá se encuentra un estado de consciencia en el cual el "yo" individualizado ha desaparecido totalmente. Y, en la perspectiva de esto que digo aquí, ya no puede haber percepción de la limitación.

Y hacia esto va cada uno, lo sepa o no, lo formule de una manera clara o no. Durante mucho tiempo esta expansión se busca en el tener. Pero esta expansión puede hacerse también en la dirección del ser, a través de la libertad frente a todas las obligaciones del tener. Esta marcha hacia adelante aparece a la vez como una expansión y como la disminución y la desaparición de lo que hacía sentir nuestros límites. Desde cierto punto de vista, pueden describir todo este movimiento como un crecimiento; la palabra "crecimiento" por otra parte ha sido utilizada tanto en la espiritualidad como en la economía. Y, al contrario, se puede también expresar este movimiento como la disminución de nuestro sometimiento frente al tener y a lo que representa nuestros límites y nuestra percepción de la dualidad: "allá, ya no soy yo". Existe una frase de los Evangelios dicha por Juan el Bautista que, como todas las frases de los Evangelios, puede ser comprendida a niveles muy diferentes, desde el más simple hasta el más iniciático: "Es necesario que Él crezca y que yo disminuya". Vean que los dos movimientos son indicados en la misma frase. El ego disminuye, disminuye al mismo tiempo que el no-ego, es decir el Cristo, crece en nosotros.

Algunas enseñanzas parecen poner el acento sobre la disminución. Ustedes pueden, si se acercan a ellas sin poner atención, tener la impresión de que se trata únicamente de empobrecimiento y perder totalmente de vista esa meta de expansión, de ilimitación. El camino total aparece como una expansión; volverse cada vez más vastos, *comprender* cada vez más, en todos los sentidos de la palabra comprender. Y "comprender", lo saben bien pero no lo olviden nunca, significa "incluir". Decimos de una manera simple: "¿El servicio está incluido en la cuenta?". "¿El precio de la pensión comprende todas las comidas?"

Cuando afirmamos que comprendemos lo que sea o a quien sea, esto quiere decir que nuestra consciencia es capaz de incluirlo; eso se convierte en nosotros, forma parte de nosotros, no lo sentimos como diferente de nosotros o aparte de nosotros. Y, al mismo tiempo, la palabra "comprender" guarda su sentido habitual: "explícame, todavía no comprendo". Si pueden comprender lo que sea o a quien sea, lo incluyen en ustedes. Esta es la etimología de la palabra "comprender" o *comprehension* en inglés. Y también en inglés hay otra palabra cuya etimología es muy importante, que también traducimos por "comprender", se trata de *"to understand"*: "colocarse debajo", es decir ponerse exactamente en el lugar del otro —y no en nuestro lugar, nuestro lugar de ego. Estos dos términos ingleses corresponden a la frase: "Yo permanezco en ustedes y ustedes permanecen en Mí". Esta frase no describe un privilegio exclusivo de Cristo sino de todos aquellos que pueden decir como San Pablo: "No soy yo quien vive, es Cristo quien vive en mí". Todos tienen el derecho de decir: "Yo permanezco en ustedes (*to understand*), ustedes permanecen en mí (*to comprehend*)". Comprender, incluir, volverse más vasto. Si tienen la audacia de ver, se darán cuenta de que no hay límite para esta aspiración. Esta expansión sólo puede ser totalmente satisfecha si se alcanza la iluminación: ya no hay nada que me haga sentir mi límite, de ninguna manera. Como vemos bien que, sobre el plano estrictamente fenoménico, esto nunca será posible, podemos impulsar más lejos nuestra investigación sobre la consciencia de sí, la consciencia que siente, prueba, quiere, rechaza, y descubrir que nos hemos detenido en el camino, en la superficie y que podemos acceder a una consciencia en la cual todo lo que es, ha sido y será se encuentra incluido y de la cual se ha borrado toda impresión de estar limitado por cualquier medida.

Vean bien la importancia concreta de esta palabra "comprender". Incomprensión significa no ser vasto, no incluir. ¿Creen verdaderamente que un lector de *L'Humanité* pueda comprender, en el verdadero sentido de la palabra, a un lector de *Le Figaro*? ¿Creen verdaderamente que un lector de *Le Figaro* pueda comprender, en el verdadero sentido de la palabra, a un lector de *L'Humanité*? Ya no estarían definidos, determinados, condicionados, de derecha o de izquierda, ni burgueses ni obreros. ¿Creen verdaderamente que los partidarios de Monseñor Lefebvre puedan comprender, en el sentido de incluir, a un sacerdote que con todo su corazón predica en el altar por la unión de la izquierda? ¿Y creen que el cura marxista pueda verdaderamente comprender, en el sentido de "incluir en sí mismo", a un sacerdote integrista? La incomprensión maneja al mundo. Esta no-comprensión hace el sufrimiento y, si hay una salida, sólo puede tener lugar en la disminución de la incomprensión y en el crecimiento de la comprensión. Esta comprensión puede llevar a cada ser humano hacia su propia meta: volverse cada vez más vastos, *all embracing*, incluyendo todo.

Sólo aquello que aumenta la comprensión, en el verdadero sentido de la palabra comprender —es decir que pierdo poco a poco las limitaciones que me definen e incluyo cada vez más en mí mismo— puede llevar al aumento de la felicidad. El aumento de la incomprensión no puede llevar más que al aumento del sufrimiento; y el mundo siempre se ha comprometido en la dirección del aumento de la incomprensión, con las querellas, los odios, los conflictos individuales o colectivos. Toda la cuestión se plantea en términos de limitación de la comprensión o aumento de la comprensión. ¿Qué soy capaz de comprender, de incluir? La educación debe permitir al niño, y después al adolescente, comprender cada vez más, es decir, ampliar cada vez más los límites de su ego —o afinar cada vez más este ego que limita la Consciencia infinita. Sin embargo, vemos que el efecto contrario es lo que se produce. El ego del niño se fija cada vez más por el conflicto con los padres, los maestros de escuela, los directores de instituto, los vigilantes, los policías que se oponen a él cuando comienza a conducir su motocicleta y así sucesivamente. Y luego existen todos aquellos que se oponen a nosotros porque no piensan como nosotros, no se visten como nosotros, no razonan como nosotros. ¿Creen que el niño al que se ha enseñado a ser "muy bien educado" pueda verdaderamente comprender e incluir en él a aquel que dice "palabrotas" todo el día? Ya no damos a los niños una educación que consista en un aumento de la comprensión; damos a los niños una educación que es una cristalización de su ego: "esto es justo, esto es verdadero, esto está bien y los demás están en el error". Y a los demás ya no los comprendemos.

Todo lo que ustedes juzgan, no lo comprenden. No se puede al mismo tiempo comprender y juzgar. Cuanto más comprendan, más felices serán; cuanto menos comprendan, más infelices serán. Mientras más comprenden, menos son heridos, vejados, frustrados, choqueados, limitados —y mientras menos comprenden, más son heridos, más sienten que el mundo y los demás los alcanzan, los afectan, les hacen daño.

Pueden apreciar todo fenómeno del cual un hombre es responsable a partir de este criterio: ¿qué es este crecimiento de la comprensión? ¿Qué es esta disminución del ego? ¿En qué consiste esta enseñanza que pretende que una consciencia pueda ser cada vez menos limitada por el sentido de la separación?

Deben tender hacia lo que a menudo he oído llamar en la India *pure statement of fact*, el puro enunciado del hecho, sin ningún juicio. Por lo tanto, hay que utilizar un lenguaje absolutamente neutro, impersonal, sin emoción, sin calificación. "Un hombre investido de la autoridad paterna utiliza un instrumento rígido para propinar una serie repetida de golpes a un niño con la intención de hacerle sentir que cierto comportamiento no debe volver a repetirse." ¿Acaso esta acción es justa? ¿Será que esta acción conducirá al niño a crecer en la comprensión y a volverse más vasto? ¿O, por el contrario, será que esta acción va a limitar la comprensión del niño, a hacer que comprenda menos, incluya menos, se vuelva más encerrado en sí mismo y esté más o menos empujado a escapar del sufrimiento que representan esta limitación del ego y esta impresión de que el "no-yo" actúa como enemigo?

Tener una visión desprovista de lo que es la propia historia de uno, su propio inconsciente, sus prejuicios, sus idiosincrasias, sus determinismos, sus condicionamientos y limitaciones, permite acceder a un punto de vista impersonal, neutro, sin emoción que da la visión real. Si yo "pienso", si mi emoción me dice que este padre no debería actuar así, entonces, se acabó, "ya no comprendo" a este padre, no "lo incluyo más". Y me siento separado de él. Se acabó. Si tengo exactamente el mismo amor por el padre —mientras que otros comenzarán a expresar sus emociones y sus juicios y lo van a considerar como brutal o bestial— si tengo el mismo amor por el padre que por el niño, mi visión se vuelve justa. La comprensión se asocia tarde o temprano —y más bien temprano que tarde— al amor, pero no al amor emocional que ama esto y no ama aquello, porque no amo todo aquello que me hace sentir mi límite.

¿Cómo quieren superar la conciencia de la limitación, que es sufrimiento, al reservarse al mismo tiempo el derecho a amar o no amar? Esto es una contradicción sin remedio. No pueden escapar del ego y del mental si no aceptan renunciar con alegría a este privilegio de amar o no amar que el ego se atribuye. En la medida que rechacen amar al hombre que, en su cólera incontrolada, está hiriendo a un niño, permanecerán en su limitación. Si incluyen tanto a ese hombre como a ese niño, si comprenden tanto a ese hombre como a ese niño, su visión se vuelve justa.

En el libro de Ouspensky *Fragmentos de una enseñanza desconocida* hay una frase que no admití hasta que llegué junto a Swamiji y que dice: "No se puede comprender y no estar de acuerdo". En otra época tropecé con esta frase: "Pero sí, puedo comprenderlo bien, pero no estoy de acuerdo". Esto es falso. No estar de acuerdo es juzgar, es pensar que el acto no es justo; "eso no debería ser". ¿Qué, eso no debería? *Not what should be but what is*, no lo que debería ser sino lo que es. Si puedo comprender, no puedo no estar de acuerdo, no puedo no estar absolutamente de acuerdo con lo que es, simplemente porque es. No puede ser de otro modo. A partir de ahí, ¿qué acción puedo tomar? Si ustedes están aún motivados por sus limitaciones y su mental, su acción será una acción subjetiva que cada uno apreciará a su modo. Si ya no son prisioneros de su propia necesidad de crecimiento porque han alcanzado más allá del crecimiento del tener, la acción se vuelve una acción impersonal, una respuesta a la situación.

Volvamos a tomar el ejemplo del padre que hiere al hijo golpeándolo. La intervención de ustedes no puede ser justa al menos que esté exenta de toda coloración personal y que tengan el mismo amor por el padre y por el hijo. No puede haber comprensión sin amor.

Los primeros progresos de la comprensión llevan a la simpatía; y cuando la comprensión es impulsada más lejos, la simpatía se vuelve amor, amor real —no amor-emoción, tan fluctuante, sino amor que no conlleva odio en ningún lado. Si su acción no favorece más que a uno de los elementos de la situación, ésta no es una acción objetivamente justa; es una acción en la cual han tomado partido. Y la vida, pueden verlo, no está hecha más que de tomar partido.

Pueden, si quieren, no retener más que una sola verdad: la expansión es alegría, la contracción es sufrimiento. La ilimitación es alegría, la limitación es sufrimiento. ¿Cómo van a poner en práctica esta verdad para llegar a resultados eficaces, es decir, disminuir el sufrimiento y aumentar la alegría? Pueden incluso partir de un punto de vista completamente egoísta: disminuir mi sufrimiento y aumentar mi alegría. Si son egoístas pero inteligentes, inevitablemente serán conducidos al no-egoísmo. Van a reflexionar: yo quiero disminuir mi sufrimiento, quiero aumentar mi alegría. Y se darán cuenta, tarde o temprano, de que no pueden disminuir su sufrimiento más que disminuyendo su egoísmo, no pueden aumentar su alegría más que aumentando su no-egoísmo.

En fin, no se trata solamente de comprender a los demás sino de comprenderse también a uno mismo. Por el momento, su pequeño consciente superficial no puede incluir tantos aspectos de ustedes mismos que les confunden o les dan miedo. Y, como tienen miedo de ustedes mismos, no pueden amarse.

La comprensión y el amor no egoísta los harán cada vez más vastos y, por lo tanto, cada vez más felices. Ustedes pueden hacer de esta constatación su brújula; los conducirá hasta el final del camino.

***

Pero la definición más importante de *manas*, ese mental que está llamado a desaparecer (*manonasha*), es sin duda ésta: para el mental nunca nada es neutro.

La enseñanza de Swamiji se expresa en algunas frases inmensamente ricas en contenido que, si las dejan crecer y obrar dentro de ustedes, pueden poco a poco transformar completamente su ser. Al comienzo, cuando comencé a entrever la manera de enseñar de Swamiji, me sorprendí. Yo ignoraba completamente el trabajo sobre *chitta*, el inconsciente, que descubrí tres años más tarde y vi que lo esencial del camino consistía en entrevistas. Desde hacía algunos años, había llegado a la conclusión de que las ideas y las palabras no podían transformar al ser, y que solamente experiencias en las que nuestra totalidad –cuerpo, emoción y pensamiento– está involucrada, podían cambiarnos. Luego descubrí, estancia tras estancia, que a través de sus palabras Swamiji poseía un inmenso poder de transformación. A condición de que uno entienda estas frases con todo su ser, que las analice desde todos los ángulos, las digiera, asimile, que se conviertan en su propia substancia. Una de estas frases de lo más desconcertante era, la digo primero en inglés: *"Everything is neutral, you qualify good and bad"*, "Todo es neutro, ustedes lo califican de bueno o malo". Es por afirmaciones como estas que los sabios se hacen crucificar, lapidar o condenar a beber cicuta. No escuchen estas palabras como si escucharan una conferencia sobre faros y balizas o sobre pesca submarina, sino como un desafío que les es lanzado en plena cara y que concierne a cada uno. "Todo es neutro, ustedes son los que califican de bueno o malo". Si escuchan verdaderamente estas palabras yo digo que es algo escandaloso. ¡Qué! ¿si mi hijo, frente a mis ojos, atraviesa la carretera corriendo y un coche lo atropella, eso es neutro y soy yo quien lo califica de bueno o malo?

Una parte del camino junto a Swamiji consistía en escuchar frases imposibles de escuchar e inadmisibles y después dejar subir una duda: "¿Y si fuera verdad?". Toda nuestra comprensión es puesta en tela de juicio. ¿Pero la Sabiduría no tiene precisamente que poner en tela de juicio nuestra manera de ver las cosas? Unos pequeños cambios aquí y allá en nuestra mentalidad no pueden conducirnos a la liberación. Para superar la condición humana habitual, es necesario aceptar una revolución total, que vaya hasta las raíces de nosotros mismos. Si rechazamos aquello que es demasiado desconcertante, nos aferramos a nuestras posiciones adquiridas, las del ego. Todo es neutro. Y ustedes son los que califican como bueno o malo, como favorable o desfavorable. En verdad esa es, expresada directa y brutalmente, la enseñanza metafísica transmitida, de generación en generación, en el hinduismo, en el budismo e incluso, bajo una forma diferente, en el cristianismo y el islam.

Para tratar de comprehender esta afirmación es necesario ir paso a paso para saber cómo puede concernirlos y si tiene posibilidad de concernirlos un día. Miren cuantos acontecimientos cotidianos podrían ser considerados como neutros, mientras que ustedes los califican como buenos o malos. Si empiezan tratando de ver que la destrucción de millones de seres humanos en los hornos crematorios es neutral, acabarán volviéndose sordos a una enseñanza como ésta. Es seguro. Dejen para más tarde, con un gran signo de interrogación, tragedias tan crueles y vean retroactivamente cuántos acontecimientos han calificado como buenos o malos que habrían podido calificar como neutros, es decir no calificado para nada; acontecimientos menos dolorosos, menos inadmisibles para la comprensión dualista. Ahí ya existe una primera posibilidad de hacer un progreso real sobre el camino.

Si están de acuerdo con las doctrinas metafísicas, como el vedanta hindú, por ejemplo, entonces no puede haber realización de la pura Consciencia no identificada a funcionamientos, si no se descubre esta neutralidad. Es posible descubrir en uno el fundamento mismo de nuestro ser, la Consciencia. Es posible para un hombre descubrir que su verdadera realidad no es yo soy grande, triste, cansado, feliz, traicionado, colmado, condenado a muerte; sino simplemente yo soy el atman, yo soy la naturaleza-de-Buda, yo soy Shiva. Si admiten esta enseñanza, tal como está descrita en el vedanta, tal como la retoman a su vez sabios como Ramana Maharshi y muchos otros más, están obligados a reconocer que ese estado de consciencia trascendente es soberanamente libre, tan libre como la pantalla de cine con relación a una película de horror o de terror que se proyecte sobre ella. Por consiguiente, desde el punto de vista de esta realización, en efecto, todo es neutro ya que no queda nadie para sentir como bueno o malo, favorable o desfavorable aquello que simplemente ES.

En otros tiempos, esta verdad se presentó como sumisión total y absoluta a la voluntad de Dios. Este es el corazón del cristianismo auténtico y es también el corazón del islam, puesto que la palabra islam significa sumisión. Pero es expresada también en el taoísmo y en el vedanta hindú bajo una forma no religiosa. Si admiten que esta liberación es posible, admiten incluso una consciencia completamente diferente que ve los acontecimientos múltiples y cambiantes del mundo fenoménico como olas en la superficie de un inmenso océano de plenitud. Las olas se estrellan contra las rocas y regresan al océano como espuma, dos olas en el flujo y reflujo chocan entre sí. Esto es un juego, una expresión por la cual el océano no es ni disminuido ni aumentado. La visión humana habitual es exactamente el opuesto y nunca nada es neutro. Eso que nos gusta, lo calificamos como bien o bueno, lo que no nos gusta lo calificamos como mal o malo. Regresen a su propia experiencia. Siempre han funcionado así. Pregúntense cómo se sitúan personalmente con relación a este hecho. ¿Me sería posible, sí o no, superar esta manera de sentir con respecto al futuro y al pasado, retroactivamente? Si, desde siempre, no se han percatado de la existencia más que en términos de bueno o malo y nunca como neutro, inevitablemente guardan las huellas de ello, almacenadas en ese receptáculo llamado *chitta*.

Hay dos procesos posibles. Uno es tomar la decisión de abordar la existencia de una manera nueva tratando de ver los acontecimientos como neutros y reconociendo el mecanismo que hace que ustedes los califiquen como buenos o malos con relación al ego. El otro es regresar, con todo su ser, con toda su memoria, cabeza, cuerpo y corazón, a acontecimientos antiguos importantes que hayan sentido eminentemente como buenos con el dolor de que no duran, o que hayan sentido eminentemente como malos, para tratar de descubrirlos como neutros. Dicho de otro modo, neutralizarlos. Mientras que su memoria inconsciente esté hecha de buenos y malos recuerdos, la enseñanza de la neutralidad, que por sí sola puede conducir a la realización del atman o del brahmán, no les es accesible.

Comiencen por tomar ejemplos muy simples. Abro las ventanas en la mañana. El cielo está gris y llueve. Si hay un acontecimiento neutro, es bien este. Es posible que un jardinero, obligado a transportar cubetas de agua para regar su huerta, esboce una gran sonrisa al constatar: "Por fin llueve". Ustedes habían decidido ir de picnic ese día y esa lluvia les parece, personalmente, como una desgracia. He aquí el mismo acontecimiento perfectamente neutro, que es simplemente "llueve" –porque el agua del mar se evapora, se condensa en nubes y las nubes se transforman en lluvia–, calificado como bueno o malo según el deseo de cada uno. ¿Acaso verdaderamente la atmósfera que rodea nuestro planeta ha hecho que llueva hoy sobre Auvernia intencionalmente para molestarme? Por supuesto que no. Y, sin embargo, ustedes califican. Pero ustedes admiten, sin indignarse, que debe ser posible considerar este acontecimiento como neutro. Ya no estamos ahí ante la muerte de un niño frente a los ojos de su madre o ante la separación de una familia llevada a cabo por los nazis bajo la ocupación. ¿Por qué califican siempre? ¿Pueden hoy reconocer que cadenas de causas y efectos están en acción, múltiples, complejas, reforzándose unas a otras, oponiéndose unas a otras y que el conjunto de estas cadenas de acciones y reacciones hace que a cada instante cierto acontecimiento se produzca? Este acontecimiento es la expresión de esas cadenas de causas y efectos; no está dirigido precisamente contra nadie. Se produce simplemente porque no puede no producirse. Es neutro. ES.

Pero si tratan de extender esta visión a situaciones más dolorosas, entonces se produce una indignación respecto a esta enseñanza. ¿Cómo? ¿Arnaud quiere que yo considere ahora como neutra la infidelidad de mi marido o de mi mujer, las groserías de mi hijo o de mi hija, las intrigas de mi colega o de mi socio? Pues sí. Si eluden siempre este aspecto de la enseñanza, el verdadero camino no comenzará nunca. La honestidad me obliga a decirles que la enseñanza está ahí pero que una buena parte de ustedes rehúsa escuchar este lenguaje, desea quedar prisionero de esta percepción dualista —favorable/desfavorable— y quiere que de una manera o de otra, la enseñanza venga a aumentar lo favorable y a disminuir lo desfavorable. ¿Por qué detenerse en el camino? ¿Por qué desde un comienzo limitarse? Están tal vez lejos de la meta, pero no se tapen los oídos cuando se les habla de dicha meta. Poco a poco, ganen terreno.

Para empezar, vean plenamente hasta qué punto, hoy, la no-calificación les resulta difícil, casi imposible. Están hechos de entusiasmo e indignación, de juicios de valor, de opiniones. Recuerden al budismo zen: "El camino consiste en esto: deje de atesorar opiniones". Y Marco Aurelio dijo: "Lo que hace sufrir, no son las cosas, es la opinión que tenemos de las cosas". Si Marco Aurelio dice lo mismo que el budismo zen, debe haber en ello un fondo de verdad. Y encontrarán las mismas frases en el taoísmo. Pero una parte de ustedes se reserva el derecho de calificar como bueno o malo y esta enseñanza de la neutralidad los indigna. Vean pues cómo se sitúan con respecto a esta enseñanza, qué autoridad puede tener, quien la ha sostenido, transmitido, dado testimonio. Construyan su propia certeza, pero permitan a ideas nuevas, realmente nuevas, penetrar en ustedes. No pueden seguir siendo los mismos y, al mismo tiempo, cambiar. No pueden cambiar si ninguna de sus concepciones de base es puesta en tela de juicio. Si admiten la enseñanza de la no-dualidad, trascendiendo la atracción y la repulsión, trascendiendo el bien y el mal, vean cómo funciona para ustedes la calificación. Sorpréndanse en flagrante delito de calificación y regresen a este esfuerzo: "¿Puedo ver este acontecimiento como neutro?". Este ejercicio también podrá, poco a poco, disgregar el mental y la identificación con todo lo que los limita en el mundo de las formas. Díganse, como una inmensa esperanza, que la velocidad de su progreso irá acelerándose. Llegará un día en que, en dos meses de su vida, harán más progreso del que hicieron en dos años hace algún tiempo. Si se ponen en camino, si se ejercitan, si no dejan escapar las ocasiones, ¿por qué no lo lograrían? No se vayan vencidos y regresen a su realidad de hoy. Observen la calificación, por todas partes donde es aún aceptable verla. Si consiguen vivir la neutralidad en una condición crucial para ustedes, es una victoria inmensa, pero si no lo consiguen, simplemente quedarán desanimados. Si pueden, frente al abandono, la traición, la muerte de alguien que aman, *ver*, ver hasta el fondo del acontecimiento y hasta el fondo de ustedes mismos, descubrirán la realidad metafísica de que lo que les aparece como trágico —o como maravilloso– es neutro, y que son ustedes, con ese mental llamado a desaparecer, los que califican. Aunque sientan dentro de ustedes una fuerza emocional intensa que no quiere escuchar esta enseñanza porque su amante o su marido los ha abandonado, porque acaban de perder su empleo, porque esa pequeña cosa dura en su seno es un cáncer, … no abandonen el camino. Regresen a lo que les es accesible. Y progresarán. Tomen los acontecimientos de la vida a lo largo del día. Y traten de ver. *Es*.

Es, y yo califico. Traten de verlo a través de las grandes opciones de su existencia, de sus opiniones religiosas, a favor o en contra, su mental de cristianos, su mental de musulmanes, su mental de budistas. Traten de verlo a través de sus opciones políticas, artísticas, sociales. Y descubrirán que su vida interior no está hecha más que de opiniones. Aparte de ciertas certezas concretas en las técnicas profesionales que no dan lugar a opiniones, todo lo demás está hecho de opiniones. Y son estas opiniones las que juzgan, decretan y les impiden ver la neutralidad. Tengan el valor de reconocer las opiniones como opiniones.

¿Qué significa "cesen de atesorar opiniones"? Es dejar de valorar *mis* verdades, que presento como verdades, pero con las cuales los demás hombres no están de acuerdo. Los demás hombres están tan convencidos de la verdad de sus opiniones como yo estoy convencido de la verdad de las mías, y el diálogo de sordos –la torre de Babel– continuará hasta el infinito. Sobre puntos estrictamente técnicos los hombres están de acuerdo. Pero llega el momento en que las afirmaciones técnicas se convierten en opiniones. Todos los hombres están de acuerdo en que un coche no puede circular con los neumáticos totalmente lisos, pero las opiniones intervienen cuando se trata del diseño exacto de los neumáticos. Algunos sostendrán que los neumáticos Michelin son superiores a los Dunlop o lo contrario. Si no hubiera certeza en ciertos terrenos, no se habrían enviado hombres a la luna y no se les habría regresado a la Tierra. Pero vean donde comienzan las opiniones y sorpréndanse en flagrante delito de opiniones. Swamiji decía: "No podrán reconstruir más que después de haber destruido".

Los primeros años de la sadhana consisten en destruir el conjunto de opiniones que han acumulado como resultado de su sumisión o de su reacción a las influencias que los han marcado basadas en sus predisposiciones, es decir, los *samskaras* que traían al nacer. Cada uno, tiene su propia configuración, constituida por sus *samskaras*, que lo hacen funcionar de manera diferente a su vecino. Por hablar con el lenguaje de la astrología, un Piscis con ascendente en Cáncer no funcionará como un Aries con ascendente en Capricornio. Cada uno, de acuerdo con los *samskaras* de su nacimiento más los que la vida ha ido depositando en él, atesora su propia visión del mundo y sus propias opiniones. A partir de esto, ya nada es neutro, o casi nada. Por lo tanto, es un cuestionamiento del que, primero, debemos de tener ganas y, luego, tener el valor de efectuar, y que sólo se puede llevar a cabo paulatinamente. Es normal estar, de buena fe, aferrados a sus opiniones. Me tomó tiempo reconocer con todo mí ser las afirmaciones de Swamiji contra las que todo en mí se crispaba cuando me las dijo por primera vez. Ahora las reconozco como evidencias que me saltan a la vista. Los casos de conversión total e inmediata sí existen, pero son raros y el camino también está abierto para quienes van más lentamente. Pero por supuesto, no hay que rechazarlo todo. Es necesario, como dice un texto hindú antiguo, escuchar, reflexionar y asimilar. Escuchen con todo su corazón lo que dicen los Upanishads o lo que les dice el gurú. Exploren a fondo el asunto. Objeten. ¿Puede su gurú responderles? ¿Los ha convencido? Solamente las palabras que hayan hecho suyas tomarán vida en ustedes. Enseguida asimilen, *make it your own*, hagan de ellas su propia substancia.

¿Qué pienso de este aspecto tan desconcertante de la enseñanza: "El 90% de mis certezas son opiniones"? ¿Estoy de acuerdo con ello o me sublevo? Y, directamente ligado a esta cuestión de certeza y opinión: "Todo es neutro y ustedes califican de malo o bueno". Si por una sola vez consiguen apartar el velo del mental y ver la neutralidad de un aconte-cimiento que les parecía bueno o malo, no podrán olvidarlo. Tendrán realmente la impresión de que se han quitado un par de lentes deformadores y que ahí hay una posibilidad nueva, a su disposición, para cambiar totalmente su forma de enfocar la realidad. Tendrán la impresión de que ya no hay límites a los milagros que se abren delante de ustedes.

Por primera vez acabo de conseguir esta extraordina-ria victoria: estaba en plena calificación, con todo mi cora-zón, con toda mi sinceridad, con toda mi emoción y veía un acontecimiento como malo y doloroso. Puse la enseñanza en práctica y, bruscamente, vi que ese acontecimiento se revelaba como *neutro*. Sí. Si se dejan impregnar por esta enseñanza, va a operar profundamente en ustedes. Será necesario ponerla en práctica constantemente, con perseverancia, no dejar esca-par las ocasiones de sorprender a su mental en acción y de regresar a la verdad. Ya no puedo permanecer en mi mundo subjetivo. Quiero estar en el mundo real, al menos en el mundo que me parece real, aunque las teorías metafísicas me digan que es una apariencia efímera de la verdadera Realidad. Si quieren estar en contacto con la profundidad, pónganse primero en contacto directo con la superficie. Mientras no vean ni siquiera *la* superficie, sino *su* superficie, ni siquiera *la* apariencia, sino *su* apariencia, el camino de la profundidad o de la esencia les estará vedado. Ejercítense. Abran sus ventanas. Llueve. Sientan que para ustedes es difícil ver que eso es neutro, porque su picnic se empapó. Reconozcan que se ha establecido ahí una opinión, una calificación y traten de regresar a la realidad. Llueve, eso es todo. Llueve. Y, sobre un tema insignificante, habrán superado la visión limitada del mental y del ego y habrán tenido un destello de la visión real. Así es como todo comienza.

Después verán la importancia del pasado a este respecto; un pasado de calificaciones con el que nacieron y que les impide vivir el instante presente.

Ustedes siempre han calificado y, cuando digo que nacieron trayendo con ustedes la calificación, la astrología lo comprueba. Según la doctrina hindú y budista de los *samskaras*, es decir la doctrina del karma, nuestro destino actual no es arbitrario. Es el resultado de lo que hubo antes. Un bebé nace. Media hora para calcular la carta, dos horas de reflexión sobre esta carta astral y podrán decir con qué mundo particular de opiniones este bebé va a abordar la existencia y de qué manera va a calificar. Lo que un ser humano calificará como fantasía y arte de vivir, otro ser humano lo calificará como desorden y confusión. Tomen las grandes dominantes de una carta astral y sabrán ya, algunas horas después del nacimiento de un bebé, cuál va a ser su subjetividad y cómo su mundo se va a superponer sobre el mundo. Cuanto más profundicen en la comprensión de la carta astral, más podrán decir cómo ese bebé no podrá dejar de calificar y cómo se le va a escapar de las manos la neutralidad. Y eso es lo que debe ser superado. Ya no pensar en Géminis, en Virgo, en Escorpio, en Cáncer, en Aries. (Por supuesto que no reduzco la astrología solamente a la posición del sol; eso sería irrisorio). No se ve la realidad tal cual es sino como fruto de un largo trabajo. Solamente respecto a ciertas verdades técnicas un Géminis, un Piscis, un Aries y un Escorpio van a estar de acuerdo. Las leyes de la electricidad son las mismas para todos. Pero cuando se trata de discutir dónde se instalan las tomas de corriente y dónde se colocan los focos, la subjetividad vuelve a intervenir.

∗∗∗

No podrán ver la neutralidad aquí y ahora, de instante en instante, si previamente no han hecho un trabajo profundo para neutralizar retroactivamente los *samskaras* más importantes, ya se trate de aquellos relacionados con acontecimientos precisos o con situaciones que se prolongan. Este aspecto de la enseñanza es consistente con ciertos temas actuales de la psicología de las profundidades y ciertas técnicas psicoterapéuticas. El niño nace ya determinado para calificar de una manera u otra. A partir de ahí, ciertos acontecimientos le resultan inaceptables. No le pidan a un niño que considere como neutra la cólera terrible de su padre que se dirige con odio hacia él. Por supuesto que él califica. Lo califica como terrible, como aterrador. Luego, están las situaciones que duran: siempre se me prohibió todo, siempre se me dijo que yo estropeaba todo y que era un bueno para nada. Ninguno de estos acontecimientos fue horrible en sí; lo que fue destructor es la acumulación.

El trabajo de purificación del inconsciente, *chitta shuddhi* —neutralización de los *samskaras* con el fin de que ya no sean buenos ni malos sino neutros— es posible a condición de bien comprender los principios, por qué se hace y cómo se puede hacer. Comprometerse en un trabajo sobre los *samskaras* con la convicción de que lo que ha sido y sigue siendo doloroso, seguirá siéndolo para siempre, es comprometerse con el camino teniendo la convicción de que no lleva a ninguna parte. Uno se compromete con el trabajo de *chitta shuddhi* con la convicción de que va a ser posible volver neutro lo que no pudo serlo en su momento. Dicho de otro modo, se trata de llevar totalmente a la consciencia una situación que permanece viva y dinámica dentro de ustedes en el inconsciente como una realidad inmediata. Regresan veinte años atrás, cuarenta años atrás, se encuentran de nuevo con las contracciones del cuerpo, los temblores, vuelven a encontrar los miedos, las angustias, así como la visión y la definición: éste es mi padre, ésta es mi madre, ésta es una cólera, éste es un reproche. La totalidad de su ser está implicada.

Pero no pueden comprometerse de manera justa en este camino si no admiten la posibilidad de volver neutro lo que lo es tan poco. Una imagen aterrorizante remonta a la superficie; la imagen de su madre loca de ira gritando: "Cretino, pequeño estúpido, toma, toma —y las bofetadas llueven— ¡mira lo que has hecho! Vas a ver cuándo le diga a tu padre esta noche. Vas a ver", junto con todas las perturbaciones endocrinas, nerviosas, sanguíneas, circulatorias y demás que le afectaron en aquel momento. Muchos niños han vivido esta escena, al menos una vez. ¿Qué madre no ha perdido "los estribos" al menos una vez? Y, por supuesto, para el niño esto es exactamente lo opuesto neutro.

Si aceptan que es posible encontrar y revivir esta escena con la *firme intención de descubrir su neutralidad*, es decir de superar el hecho de calificar, entonces el camino de *chitta shuddhi* se vuelve real. Se vuelve a encontrar la emoción. Pero esta vez, la emoción no es rechazada como lo fue el sufrimiento en su momento. No solamente el acontecimiento fue rechazado y calificado como doloroso, sino que el sufrimiento mismo fue calificado inconscientemente de intolerable y también fue rechazado y reprimido.

De pronto un elemento radicalmente nuevo aparece. El acontecimiento no es aceptable todavía, pero el sufrimiento es aceptable. El sufrimiento es aceptable porque el acontecimiento es antiguo, porque soy yo quien decide regresar a él, y porque, de hecho, en el mundo actual, ya no me amenaza. Incluso tal vez la madre ya esté muerta. ¿Por qué una madre muerta todavía me amenaza hoy? Lo que les amenaza todavía hoy es esa huella que es todo menos neutra, y que les impide incluso escuchar esta enseñanza de la neutralidad. Regresen a esos *samskaras* con la firme decisión: "Los volveré neutros. Al menos en lo que respecta al pasado, veré como neutras esas escenas que eran tan poco neutras para mí". Y pueden conseguirlo.

Voy a tomar una comparación simple. Imaginen que son un poco emotivos, que están viendo una película de vampiros, de Drácula, y que esta película les aterroriza. Pasarán la mitad de la película cerrando los ojos diciéndole a su compañero: "Avísame cuando termine esta escena". Al día siguiente ven otra vez esa película y ven un poco más. Si ven esa película diez veces, llegará un momento en que todos los efectos de terror estarán tan vistos que esta película ya no les producirá nada. La verán como el editor que la editó y para quien esa película era totalmente neutra. Esta comparación tan simple es perfectamente utilizable. El acontecimiento que para ustedes fue diez veces peor que lo que un director de escena muy creativo hubiera podido imaginar como película de terror, el acontecimiento que no era de ficción sino que ustedes vivieron, el acontecimiento que, para el niño, fue tan insoportable, lo revivirán un día sin emoción. Una vez, dos veces, tres veces, lo aceptan, y poco a poco se vuelve neutro.

Sean vigilantes. En alguna parte el mental dice: "No, yo califiqué de una vez por todas este acontecimiento como insoportable, acepto sufrir al revivirlo, pero no aceptaré que un día se vuelva neutro". Uno, más bien una de ustedes ya llevó a cabo este trabajo durante muchas sesiones y revivió horribles sufrimientos, pero con esta convicción: "El sufrimiento será siempre sufrimiento y los acontecimientos dolorosos serán siempre dolorosos. Sólo que como me oprimen y me atormentan, dejar expresarse este sufrimiento me alivia un poco". Es verdad, pero ese trabajo podría durar hasta la muerte, como vaciar un tonel que no deja de llenarse. Un día, una de ustedes, escuchó, aceptó y un cambio sutil de actitud transformó completamente el sufrimiento. Por fin acepto que pueda dejar de sufrir y no me aferro más a mi calificación. Y el evento se vuelve neutro. Lo reviven. Esa cara de la madre fuera de sí, insoportable para el niño y cuyo horror permaneció insoportable en el fondo de su *chitta*, ya la ven como neutra.

Entonces la comprensión puede aparecer: "Unas cadenas de causas y efectos tan numerosas y antiguas han hecho que ese ser, mi propia madre, aquel día, se haya expresado de esa manera". Y, en lugar de revivir el acontecimiento como una pobre víctima, lo viven con la mirada de un sabio, neutro. Es neutro y eso me deja neutro. En el momento en que esta neutralidad es alcanzada, aparece el sentimiento. Las emociones han desaparecido y aparece lo que llamo –para distinguirlo de las emociones– el sentimiento, es decir, el amor, la comprensión, la compasión. La situación se invierte. Se han vuelto al fin adultos, plenamente adultos. Ven a su madre o a su padre con ojos de adulto, como un ser humano que no tuvo la posibilidad de volverse adulto y que permaneció en su mundo de calificaciones, juicios, miedos y compensaciones a los miedos.

Miren a este ser humano como un gurú ve a los que llegan a él —con una compasión inmutable. Si hay calificación, no puede haber compasión. Si se reservan el derecho de juzgar, ya no hay amor, sino emociones: aman mejor, aman menos, aman más, aman a veces.

Esto de lo que les hablo es posible. Es más o menos difícil, pide más o menos perseverancia, dependiendo de si el *samskara* es más o menos intenso, pero es posible partiendo de una comprensión real y de una determinación real.

La experiencia muestra también que algunos de esos recuerdos tan trágicos que regresan a la consciencia total, intelectual, emocional y física, no pueden corresponder a acontecimientos de la infancia. No pueden pertenecer más que a otra existencia. ¿Cómo llegaron ahí esos *samskaras*? Esa es otra cuestión, pero lo importante es ver que están ahí, que no son neutros, que forman parte de ese pasado que les impide vivir hoy el "aquí y ahora" y que les mantiene en el mundo del mental y del ego. Ven que el camino de Swamiji comporta dos procesos, uno que vuelve el pasado neutro y otro que se esfuerza en ver de manera neutra, de instante en instante, el presente. Estos dos procesos reposan sobre las mismas verdades y la misma comprensión. Uno ayuda al otro y lo vuelve posible.

No pueden osar lanzarse en la visión de la neutralidad mientras estén demasiado marcados por los recuerdos del pasado. Tienen en ustedes tales huellas, tales trazas, que el sufrimiento les parece demasiado insoportable para tomar el riesgo de poner esta enseñanza en práctica en lo que concierne a las situaciones concretas de hoy. En cuanto aparece un acontecimiento amenazador, del cual todo en ustedes dice "es terrible", su convicción no es lo bastante grande y ponen en práctica tan sólo la mitad de la enseñanza. Claro que sí.

Everything is neutral? ¡Qué va! Todo grita ¡no! La idea misma de que el sufrimiento podría no estar ahí y de que el acontecimiento es neutro les resulta insoportable y la rechazan.

Pero si han tenido la experiencia sobre el pasado, saben que lo que digo es verdad. Lo que ha sido verdad retroactivamente es verdad también a partir de ahora. Ya que pudieron volver neutros los sufrimientos más inaceptables del niño, no hay razón para que no vuelvan neutros también los sufrimientos inaceptables del adulto. Si tienen el valor de regresar a los *samskaras* antiguos, lo conseguirán y pueden tener ese valor porque pueden convencerse y comprender: "Es parte del pasado. Es verdad que proyecto todos mis miedos en el futuro pero, por el momento, Arnaud no me pide nada que involucre mi futuro. Si Arnaud me pidiera que rompiera con mi amante o que abandonara mi situación financiera, podría rebelarme. Pero aquí lo que Arnaud me pide concierne únicamente al pasado. ¿Por qué no hacerlo?". Comprenden que la hora que consagran a este esfuerzo —como consagrarían una hora a la meditación inmóvil— no interfiere directamente sobre lo que va a suceder en los días o semanas siguientes. Por el momento, mantienen la libertad de vivir su vida a través de su ego, su mental y sus opiniones. Sólo se les pide aceptar la persistencia actual de un sufrimiento antiguo. Es necesario tener valor, pero es posible. Siento esta emoción, la barrera tan bien organizada que separa la superficie de la profundidad, se reduce. La libre circulación entre la superficie y la profundidad o entre el consciente y el inconsciente, se establece. Consciente e inconsciente ya no son más que uno.

La emoción es vivida, la reacción física es vivida, el recuerdo horrible es visto de frente una vez, dos veces, tres veces, porque decidieron hacerlo, porque fueron convencidos de que podían y de que no había ningún riesgo. Y hacen este descubrimiento fantástico de que aquello que era evidentemente insoportable se podía volver neutro ya que ahora lo ven con una mirada absolutamente serena, sin emoción, con un sentimiento de compasión y de comprensión. Han tenido la experiencia y saben: *everything is neutral*. Retroactivamente, lo sé. Era neutro y no me había dado cuenta. Era neutro. Simplemente "era", pero yo lo encontraba atroz. Viví basándome en el recuerdo de que nada era neutro y de que lo que era atroz, era verdaderamente atroz. Y ahora sé que lo que era atroz lo era porque yo, que era entonces un niño, lo califiqué como tal, y hoy vuelvo a ver esta escena, rechazada durante tanto tiempo, como neutra. Perfectamente neutra.

En esta reunificación, el mental ha desaparecido. He sido uno con lo inaceptable. Y lo inaceptable se ha revelado como aceptable. Entonces ¿por qué lo que es verdad para el pasado no lo sería para el futuro? Bruscamente descubren como una iluminación: "Lo que dice Swamiji es cierto". Ya no es la cabeza que dice: yo lo sé. Es su ser entero que lo sabe. Y cuando se les presenta, a ustedes adultos, aquí y ahora, un acontecimiento que amenaza con ser atroz, saben que en verdad es neutro. Pueden poner la enseñanza en práctica, ser más fuertes que su calificación. Lo que han vivido retroactivamente con el pasado, son capaces, aquí y ahora, de ponerlo en práctica.

Si revivieron y aceptaron acontecimientos insoportables de su infancia o de lo que se suele llamar una vida anterior, saben ahora que lo atroz no era atroz, que, en el corazón de la tragedia, la consciencia serena estaba ahí. ¿Dónde está la calificación, dónde está el juicio? Existe el acontecimiento y la Consciencia. Para la Consciencia es verdad: todo es neutro. Este trabajo particular les da la prueba de esta suprema verdad. La convicción es tal que se vuelve inolvidable. Los acontecimientos que todo el mundo califica y que ustedes hubieran inevitablemente calificado, ahora ya pueden no calificarlos. Si revivieron y volvieron neutros recuerdos de tortura, la idea misma de la tortura no les producirá ya miedo. Si revivieron y volvieron neutro el hecho mismo de agonizar físicamente y morir, la idea misma de la muerte ya no les producirá miedo. A través de este camino completo de Swamiji, –que no podríamos reducir a una técnica de terapia basada en el grito, sin caricaturizarlo completamente–, la gran experiencia, la experiencia liberadora, se vuelve posible sin tener que recurrir a otras técnicas admirables pero que no son accesibles a ustedes.

Un día descubrirán que ya no pueden permanecer en la superficie, que escuchar conferencias, hacer posturas de yoga o tratar de concentrar su atención, no los lleva muy lejos. Los años pasan y, básicamente, ustedes no cambian y, básicamente, la vida no cambia. Fundamentalmente están siempre en el miedo, el deseo, las emociones, la calificación. No hay más que pequeñas modificaciones aquí y allá. Es necesario saber si quieren modificar ligeramente una oruga o si quieren transformar una oruga en mariposa. Entonces comprenderán que ya no vale la pena continuar hablando de espiritualidad y devorando libros. ¿Pueden ser verdaderamente un monje zen a tiempo completo, un discípulo a tiempo completo de un maestro tibetano en Darjeeling? Conozco a franceses que están desde hace años en Darjeeling y que hablan el tibetano correctamente. Estaba en su destino. Han obtenido el permiso de residencia permanente en Darjeeling y viven allí. Conozco a franceses que, bajo un nombre musulmán, viven junto a un pir o un jeque sufí. Y algunos europeos han vivido muchos años en un monasterio zen. ¿Pueden hacerlo ustedes?

¿Qué camino *según ustedes* puede transformar radicalmente su ser, su visión, su comprensión, su acción? ¿Qué camino puede llevarlos al descubrimiento de *que everything is neutral?*

Les presenté inicialmente esta frase de Swamiji como ustedes la sentían, inaceptable. Mi familia dispersa, uno en Buchenwald, el otro en Auschwitz y el tercero en Dachau ¿Y usted quiere hacerme decir que...? No se puede escuchar. Y, sin embargo, —al menos algunos de ustedes pueden sentirlo hoy— es posible vivir este descubrimiento supremo. El camino de Swamiji les ofrece la totalidad de un camino. No digo que el camino de Swamiji sea el único camino total. Digo que el camino de Swamiji es un camino total. No vean a Swamiji como un terapeuta. Swamiji me dijo un día: "*Swamiji is not a psychoanalyst for the patients*". Era un gurú para los candidatos a discípulo, cuya enseñanza estaba fundamentada sobre el Yoga Vashishtha y los Upanishads.

¿Qué lazo existe entre la más alta metafísica del vedanta y esos gritos que oyen emitidos por unos y otros? ¿Qué lazo existe entre el despertar y el hecho de sofocarse, convulsionarse, agonizar sobre una alfombra? (Con Swamiji, no estábamos sobre un "diván de psicoanalista" sino sobre el suelo mismo como se está siempre en la India). El camino de Swamiji no es un sincretismo sino una síntesis, un todo organizado. El vedanta es una metafísica. Un día verán que esta frase, en principio inadmisible, "todo es neutro" puede ser vivida, puede ser puesta en práctica. Es la desaparición del miedo. Desde el momento en que todo miedo desaparece, el amor reina, supremo. ¿Y qué es lo que permanece cuando todo conflicto ha desaparecido? La paz, *shanti, shanti, shanti*, la paz que rebasa completamente la comprensión ordinaria. Los Evangelios dicen: "La paz que rebasa todo entendimiento", que rebasa al mental. Mientras califiquen, no podrán estar en la paz. Hagan la paz con todo lo que llevan dentro y que han calificado como malo. Sean neutros; no beligerantes. Entonces estarán en paz, estarán en la paz.

IV

CHITTA SHUDDHI
La purificación del inconsciente

Para llevar a cabo *manonasha*, es decir para destruir el funcionamiento del pensamiento que substituye el mundo real con el mundo ilusorio fabricado por ustedes, hay que realizar un trabajo llamado *chitta shuddhi*, la purificación de *chitta*. La vigilancia en la superficie para adherir a la vida cotidiana aquí y ahora va de la mano con un trabajo particular sobre el inconsciente que se lleva a cabo fuera de la vida cotidiana. En ciertos momentos, igual que uno se retira de la vida para tomar una postura inmóvil y meditar, es necesario retirarse de la vida, al menos de una cierta forma de vida, para ir directamente a la fuente de ese mental que se encuentra en *chitta*, en el inconsciente. Sólo que ¿cómo ir a esa fuente? No pueden empezar más que de un punto de partida, es decir de las trazas que están ahí en la superficie, y seguir el hilo hacia el interior. Hay en los Yoga Sutras una pequeña frase que parece referirse solamente a un poder milagroso. El sutra III, 19 dice: "Al practicar *samyama* sobre los *samskaras* el yogui puede encontrar sus existencias anteriores". Este versículo merece reflexión. He empleado intencionalmente las dos palabras sánscritas *samyama* y *samskaras*. Cuando leen: "Al practicar la concentración sobre los residuos subconscientes", no entienden claramente qué es esta concentración ni qué pueden ser esos residuos subconscientes.

Ustedes saben con qué frecuencia he insistido para que, siendo tolerantes, sabiendo esclarecer o enriquecer nuestro camino con una frase de Marco Aurelio o de Buda, no mezclemos los caminos y sigamos una sola vía. Entonces ¿qué significa *samskara*, aparte de "residuo subconsciente"? Los *samskaras*, es el peso del pasado. Los samskaras son impresiones que dejaron huellas que siguen vivas hoy y que distinguen a los seres humanos entre sí y que hacen que a uno le guste la montaña y a otro el mar. Que les gusten las morenas es un samskara, que les gusten las rubias también es un samskara. Que les guste la danza española es un samskara, que les guste el ballet clásico es otro samskara. El conjunto de los samskaras, la manera en que se organizan, compone el perfil psicológico, caracterial y mental de un individuo con respecto a otro. Muy simplemente, preferir pasar las vacaciones en la montaña es un samskara y otro samskara es querer pasar las vacaciones en el playa. ¿Por qué? ¿Por qué a mí me gusta pasar las vacaciones en la montaña y a él le gusta pasar las vacaciones en el playa? ¿Por qué encuentro que es necesario siempre poner orden en todo y por qué para él la vida no es bella si no se vive en el desorden y la bohemia?

El objetivo es partir de los samskaras que están ahí y alcanzar su origen profundo o sus raíces. Mientras que esos samskaras estén ahí, ustedes continuarán prefiriendo la montaña al mar y el día en que, teniendo un alma de navegante, estén obligados a pasar sus vacaciones en la montaña, su mundo y el mundo no coincidirán más. En cuanto a los *vasanas*, están directamente ligados a los samskaras y, muy a menudo, en los comentarios dados por los maestros, uno acaba por preguntarse cuál es la distinción entre estos dos términos. Los *vasanas* son los deseos, las demandas que existen en ustedes, que a veces son muy fuertes. Los *vasanas* son el peso del futuro. Mientras que esos deseos permanezcan enraizados en el inconsciente —porque su origen no ha sido alcanzado ni tocado—, *manas*, el mental, subsistirá.

En cuanto a la palabra *samyama*, en el vocabulario de los Yoga Sutras, significa el conjunto de las tres prácticas que se traducen por concentración, meditación y supra-consciencia; tres palabras esenciales del vocabulario del yoga —*dharana*, concentración, *dhyana*, meditación y *samadhi*. Existen muchos matices de samadhi y formas de samadhi. Existen samadhis momentáneos y existen samadhis definitivos. La mejor traducción que se puede dar de esta palabra samadhi es "ser uno con" definitiva o provisionalmente. *Ser uno con*. Ya no existe yo; yo que me percibo como yo con todos mis límites y algo más, ya sea que ese sea algo esté fuera de mí o en mí, como un miedo, una tristeza o un deseo. Samadhi significa ser uno con. La distinción entre "yo" y "otro-distinto-de-mí" es momentánea o definitivamente inexistente. Esta palabra *samyama*, que agrupa a la vez la concentración, la meditación y ser uno con, designa una actitud de la que el ser humano ordinario no tiene prácticamente ninguna experiencia y, en todo caso, ninguna experiencia lo suficientemente consciente para que pueda constituir un camino. Llevar a cabo *samyama*, es intentar hacer la adhesión absolutamente perfecta con un elemento de la realidad, esté en nuestro interior o en el exterior. Un hombre y una mujer que tienen la capacidad de amar realmente, es decir que no son demasiado neuróticos, y que se unen, llevan a cabo samyama uno con relación al otro, en la fusión y en el amor —sexualidad rarísima sobre la cual se ha escrito mucho pero que se ha vivido muy poco.

Es necesario que samyama sea consciente; si no, se trata simplemente de "ser arrastrado", de "estar identificado" y, de manera sutil, la dualidad subsiste. Comprendan que este samyama, este deseo activo de ser uno con, de suprimir lo que nos separa, lo que nos hace sentir yo y el otro, es absolutamente lo opuesto a todos sus hábitos mentales y emocionales, particularmente a los hábitos emocionales propios de ustedes, hombres del siglo XX y de la sociedad de consumo, que ya no viven en un mundo impregnado de religión y de sentido de lo sagrado. Samyama es la eliminación de lo que se expresa por mí, mis, mío. Y lo primero que deben enfrentar, es que desde su infancia, su existencia no ha consistido más que en reforzar el poder de este sentido de la posesión o de la frustración. La dualidad, mi, lo mío, están ahí todo el tiempo. Se llega incluso a decir: "Mi avión sale de Orly a las 14:30hrs". Vean lo que esto representa: mi avión, mi vuelo de mañana. Cada uno dice mi peluquero, mi panadero, mi sastre. El ego es colocado, instalado, reforzado y el resto del mundo es percibido en función del ego. Samyama es una tentativa de aniquilar ese modo de percepción a través del ego para estar de manera absolutamente no egoísta, impersonal y objetiva en contacto con una realidad interior o exterior a nosotros, de ser uno con, sin que subsista, al menos momentáneamente, la mínima barrera mental o emocional. Samyama es el esfuerzo por alcanzar en nosotros la Consciencia, el sujeto último, el testigo. El yogui puede pues practicar samyama sobre un objeto externo a él y tratar ya no de ver —les digo lo que tengo frente a mis ojos— *mi* manija de la puerta —vista a través de mi mental, mi inconsciente, mis proyecciones—, sino *la* manija de la puerta —vista en sí misma—, y esta manija de la puerta vista en sí misma es el absoluto, es brahmán, es la gran Realidad. Tomo adrede un ejemplo tan ordinario y mediocre como la manija de la puerta porque el vedanta dice *sarvam khalvidam brahma*, todo lo que existe en este universo es brahmán, incluida la manija de la puerta, a condición de que yo tenga ojos para ver y oídos para escuchar. Claro está, si le dicen a alguien: "Si pagas el precio que representan varios años de esfuerzos perseverantes, y a veces hasta heroicos, lograrás ver la manija de la puerta y no tu manija de la puerta", se va a reír de ustedes. Sin embargo, con ese lenguaje tan simple, se expresa la última verdad del yoga y del vedanta.

También pueden practicar samyama respecto a una realidad en el interior de ustedes, es decir, a propósito de uno de esos samskaras o de esos vasanas. Pues, por lo mismo que ustedes no están en contacto inmediato con la realidad que les es exterior, tampoco están en contacto inmediato con su realidad interior. Todo el tiempo son dos: yo, que quiere o no quiere, y esa emoción que encuentro dolorosa, yo y ese deseo que me provoca vergüenza, yo y ese miedo que me arruina la vida. Dos. El ser humano, ordinariamente, nunca toma sus propios fenómenos de una manera neutral, impersonal y objetiva. Todo el tiempo está implicado; lleva todo a su ego: mi miedo, mi deseo, y yo que juzgo a mi miedo y mi deseo. No es la Consciencia sin forma, no es el testigo, es un aspecto u otro del ego. Voy a tomar un ejemplo bastante claro. Al ser la sexualidad uno de los grandes temas de la existencia —que ha conducido a lo mejor y a lo peor— todas las enseñanzas religiosas serias le han dado su lugar, ya sea para utilizarla directamente volviéndola algo sagrado, o para utilizarla indirectamente transformando la energía sexual. Imaginen un ser que, durante una parte de su vida, es monje en un monasterio. A la parte de él que ha decidido vivir en la castidad no le van a gustar los deseos sexuales que vienen a turbarlo. Por otro lado, el mismo hombre, una vez abandonada la vida monástica o la vida de un brahmachari, se siente en paz con su consciencia al tener una vida sexual. El ego, que ha tomado en él otro aspecto, verá los mismos deseos sexuales de una manera totalmente diferente. Este simple ejemplo les muestra cómo, en el interior de nosotros mismos, se encuentra una divergencia entre un aspecto del ego y tal o cual vasana, tal o cual samskara.

Es posible hacer *samyama*, es decir buscar ser realmente "uno con", borrando ese ego y no conservando más que el fenómeno interior a ustedes y la pura Consciencia que lo alumbra. El fenómeno está ahí: me siento muy atraído por la montaña. Ustedes concentran toda su consciencia sobre esa realidad que les es propia; me gusta la montaña. Y tienen por fin el conocimiento real de este aspecto de ustedes mismos que, hasta el presente, no habían conocido más que a través de una emoción: "Voy a pasar unas vacaciones maravillosas en Chamonix, soy el mejor alpinista de la sección de Lyon del Club Alpino, los austríacos son mejores alpinistas que nosotros, la montaña es una porquería; si hubieran conocido Chamonix hace cincuenta años, ya no se puede hacer alpinismo más que en los Himalayas, etc.". Nunca han tenido una mirada absolutamente pura sobre este samskara tan simple e inofensivo: me gusta la montaña. Hacer samyama sobre los samskaras es la posibilidad de un conocimiento nuevo y real de uno mismo. Y, haciendo samyama sobre el samskara que está ahí, en el consciente, ustedes pueden seguir el hilo conductor y encontrar la fuente de dicho samskara, que está en el inconsciente.

La tradición hindú y la tradición budista admiten que estas fuentes pueden tener un origen distinto al de nuestra existencia actual. Ustedes pueden dejar de lado todas las teorías concernientes a la transmigración, la metempsicosis y la reencarnación, sobre las cuales no todos los autores están de acuerdo. El eminente René Guénon escribió sobre la reencarnación páginas que parecen estar en contradicción flagrante con la unanimidad de las tradiciones hindús y budistas. Yo dediqué mucho tiempo y mucha energía, en colaboración con amigos hindús y europeos, tratando de reconciliar las afirmaciones de René Guénon con las respuestas que nos daban los shastris, los pandits y los yoguis hindús y tibetanos. A decir verdad, eso no tiene ningún interés práctico en el camino. Lo que es cierto y que nadie puede negar, es que la tradición hindú o budista son categóricas al afirmar que existen en el ser humano samskaras cuyo origen no proviene de esta existencia. Cómo se encuentran en ustedes, es otra cuestión, pero no hay duda de que se encuentran en ustedes. Y, a este respecto, citaré una respuesta célebre de Buda, que tiene un valor general pero que yo aplicaré en este caso particular. Cuando le hacían preguntas demasiado teóricas sobre la metafísica, Buda respondía más o menos así: "Cuando un hombre ha sido herido por una flecha, lo que es importante es extraer la flecha y cicatrizar la herida, no saber el nombre del artesano que fabricó el arco, ni de qué árbol se extrajo la madera que sirvió para hacer la flecha". Cuando no pueden superar al ego, llevar a cabo la destrucción del mental, porque *chitta* es demasiado poderosa y cuando, al hacer samyama sobre los samskaras, encuentran en ustedes fenómenos, acontecimientos, recuerdos que no pueden tener su origen en esta existencia, lo importante no es saber cómo esos recuerdos o esas experiencias se encuentran en el fondo de su psiquismo; lo importante es liberarse de ellos. Por consiguiente, no hay necesidad de atormentarse y ponerse a leer todo lo que Guénon o Coomaraswamy escribieron sobre metempsicosis, transmigración y reencarnación. Yo le consagré meses y años a esa tarea y no es eso lo que me ayudó a cambiar. Lo que es interesante, es tener la actitud concreta y práctica de la espiritualidad hindú y reconocer que esos samskaras están ahí. Aunque les demuestren que no existe ningún *jiva* que, como dice el Gita, abandone su cuerpo como uno abandona un vestido viejo para tomar uno nuevo, ¿qué importancia tiene eso? Hoy, ustedes están vivos, son capaces de tener consciencia de ustedes mismos, son capaces de alcanzar el despertar y la liberación y, en este camino, al tratar de comprender el origen de lo que les impide hacer coincidir su mundo con el mundo, descubren, en las profundidades de su inconsciente, recuerdos intensos, quizás hasta aterradores, de situaciones que no han vivido en esta existencia. He aquí lo importante. Muchos de ustedes han leído el libro de Denise *De naissance en naissance* [De nacimiento en nacimiento], que describe este aspecto del camino junto a Swamiji. Pero ustedes saben que, aunque esta experiencia vivida por Denise es bastante poco común en Occidente, resulta muy comprensible en Oriente y en el mismo Bost un gran número de ustedes vivieron anamnesis comparables a la sadhana de Denise.

El versículo de los Yoga Sutras que dice que "haciendo samyama sobre los samskaras, el yogui descubrirá sus vidas anteriores", sólo se vuelve comprensible a través de la experiencia. En ciertos casos, el samskara actual no se explica sino por una vida anterior. Podemos constatar que algunas vocaciones profesionales imperativas, algunos temores fuertes y persistentes que han orientado algunas existencias, se explican por acontecimientos de otras vidas cuyo recuerdo está latente en ustedes, sin importar la forma en que este recuerdo se haya venido a depositar en el fondo de su psiquismo. Hablando como lo hago en este momento, estoy en conformidad con todas las enseñanzas orientales de las cuales he conocido representantes, gurús hindús, gurús tibetanos o yoguis hindús en el sentido antiguo, tradicional, de la palabra yogui.

Vean bien cómo se ordena y se organiza esta visión de conjunto. El mundo nunca coincidirá con su mundo. Tal vez un día tomarán esta decisión fantástica, irrealizable y loca en apariencia, pero a favor de la cual testifica toda la tradición ascética y mística de la humanidad: "De ahora en adelante voy a hacer todo para que sea mi mundo el que coincida con el mundo", pues a través de esta perfecta coincidencia, ustedes se establecerán sobre un plano de consciencia incomprensible para el mental, llamado *ananda* o beatitud.

¿Por qué les es fácil en ciertas condiciones adherirse a lo que *es*, y en otras les resulta imposible? ¿Por qué tienen tales rechazos hacia lo que es? ¿Tales deseos por lo que no es? ¿Por qué tienen tales ambiciones que quieren realizar, mientras que esta realización encuentra tantos obstáculos? Obstáculos que ustedes rechazan porque les impiden satisfacer su deseo.

Su mundo coincidirá con el mundo cuando ya no tengan ambiciones, ni miedos, temores, deseos y cuando su acción no sea más la manifestación del ego sino la expresión de la libertad y de la espontaneidad. El ego ha desaparecido, el mental ha desaparecido, la acción es simplemente la respuesta justa, adecuada a la situación. Del mismo modo el maestro que ha llegado a un alto nivel en una de las artes marciales japonesas ya no piensa, ni tiene miedos ni deseos, ni teme al fracaso, ni anhela a la victoria. El ES y, espontáneamente, surge de él la respuesta a la acción de aquel que ni siquiera siente como adversario. Esta actitud es lo que los hindús llaman *spontaneity*.

En este esfuerzo, ustedes ven a su mental en acción, les arranca del aquí y del ahora, quiere otra cosa diferente a lo que es y no desaparece fácilmente. Dicho mental tiene raíces profundas en ustedes. No es solamente un fenómeno superficial, y ustedes descubrirán, como lo redescubrió Freud y lo descubrieron los rishis hindús, que por debajo del umbral de la consciencia, una buena parte de ustedes mismos es todopoderosa. Es subliminal, subconsciente y, no tengamos miedo a las palabras, inconsciente. Swamiji se expresaba con frases cortas, que volví a encontrar en mis notas: *The unconscious is.* El inconsciente existe: *One has to make the unconscious conscious.* Uno tiene que hacer al inconsciente, consciente. Por esto, algunas personas que han escuchado hablar de la enseñanza de Swamiji han tenido la impresión de que Swamiji era un extraordinario psicoanalista. Para algunos este era un motivo de admiración, para otros un motivo de sospecha. En verdad, Swamiji era un brahmán hindú, un *vedanta shastri*, un experto en sánscrito y en el conocimiento de los Upanishads y, en el sentido general de la palabra, un gran yogui. Debo precisar que Swamiji mismo no hacía referencia a los Yoga Sutras de Patañjali. Se definía como partidario de los Upanishads mayores y del Yoga Vashishta. Pero yo había estudiado esos Yoga Sutras de Patañjali en otro tiempo y me acuerdo de todo lo que había leído, comprendiéndolo más o menos, en Wood, Mircea Eliade y otros autores. Y me di cuenta: "Pero claro, es eso, ese samyama sobre los samskaras, es lo que hemos vivido con Swamiji, en un camino que no hacía referencia a los Yoga Sutras".

¿Cuál es la meta de la existencia? Ser felices. Uno piensa que no podrá ser feliz si no está unido a Dios mismo, y el otro piensa que no podrá ser feliz si no es el primer ministro. Algunos buscan su felicidad en la pasión amorosa, otros en la gloria y otros en el misticismo. Vean la realidad del sufrimiento, ya sea la insatisfacción —me falta algo, no estoy colmado— o la tragedia que destroza una existencia. Vean lo que es la felicidad, miren. Recuerden que no hay más felicidad que aquellos momentos en los que su mundo y el mundo coinciden de manera perfecta.

Si la no-coincidencia es total, hay angustia, desesperación, terror, que conducen a la locura, al suicidio, al crimen, a acciones que van a reforzar aún más esos vasanas, esos samskaras y esa carga inconsciente.

El mundo es a la vez exterior e interior a ustedes, bajo la forma de sensaciones, emociones y pensamientos. Y ustedes están en conflicto con sus propios pensamientos. Este pensamiento me obsesiona. Lo rechazo. No quisiera estas distracciones cuando intento meditar. Y están en conflicto con sus emociones, en conflicto evidente o en conflicto sutil. Existen siempre dos. Vean la necesidad de pasar de dos a uno, de suprimir esta dualidad. Recuerdo las palabras de Swamiji: *"Annihilate the distinction between you and your emotion"*, "aniquilen la distinción entre ustedes y su emoción". Vean los obstáculos que se interponen a esta supresión de la dualidad y vean cada vez mejor en ustedes lo que los mantiene en la dualidad frente al mundo exterior y frente a sus propios fenómenos interiores. Comprendan que esta dualidad tiene su origen en un nivel más profundo que el nivel inmediato. Y, poco a poco, descubrirán esa gran herencia de la humanidad que llamamos enseñanzas esotéricas o iniciáticas.

Pasé años viajando, informándome, teniendo encuentros con maestros hindús, tibetanos, sufís: todas las enseñanzas espirituales vivas dan al inconsciente un lugar esencial. A veces esto es expresado en un lenguaje moderno y comprensible para nosotros como el vedanta hindú o incluso el yoga, y otras veces en un lenguaje simbólico, figurado, alegórico o mítico que no comprendemos más y que nos parece incluso ingenuo y supersticioso, porque hace intervenir demonios, genios malhechores y divinidades espantosas. Lean los libros de la señora David Néel, verán cómo habla bien de este reconocimiento de las profundidades del espíritu o del inconsciente por parte del budista tibetano. Pero, porque se trata de un trabajo sobre el inconsciente, no vayan ustedes a reducir el vedanta o el yoga a la psicoterapia que es mucho más limitada y que nunca ha podido hacer desaparecer completamente al ego o a la dualidad. Ciertos terapeutas admiten que es necesario *ser*, sin dualidad, sin emoción, pero no llevan ese trabajo hasta el final.

Hay que llegar hasta el final de la destrucción del mental, sacar a la luz el inconsciente, llegar al origen de los vasanas y de los samskaras y —cuando la purificación de *chitta* se haya llevado a cabo—, *manonasha*, la destrucción del mental, no encontrará ya obstáculos. Lo que parece imposible se vuelve fácil, lo que antes exigía un esfuerzo no lo pide más. El movimiento natural, espontáneo, consiste en hacer coincidir su mundo con el mundo. Pero no entenderán la necesidad de este camino interior delicado si no está clara su visión de conjunto, si no comienzan a entrever lo que podría ser la desaparición del ego —y, para comenzar, la desaparición del egoísmo.

Vean bien: estoy ahí YO (es el sentido de la palabra ego, que quiere decir yo en latín), yo rico, yo pobre, yo viejo, yo lleno de complejos, yo lleno de diplomas, yo admirado, yo abandonado, YO. Cada uno percibe el mundo para sí mismo, en función de sí mismo, a través de sí mismo. Este yo físico y mental no es cosa pequeña. Ha sido estudiado y descrito de un modo destacado por las enseñanzas antiguas, siempre con la meta de conocerlo para liberarse de él. Las ciencias humanas redescubren los condicionamientos y los determinismos, pero no descubren para nada el medio para escapar de ellos. Ese medio existe; es la desaparición de la conciencia del ego lo que libera la Consciencia tal cual, la Consciencia que no es ni hombre ni mujer, ni vieja ni joven, sino simplemente la Consciencia. Recuerden bien este punto de partida metafísico y comprenderán también cómo, más allá de la vida cotidiana, el trabajo de *chitta shuddhi* es necesario.

A este trabajo, le dimos un nombre en inglés con Swamiji, los "*lyings*". De hecho, *lying,* en inglés, quiere decir "estar acostado", porque este trabajo lo llevábamos a cabo en la posición de yoga llamada posición del cadáver, en la cual uno se recuesta y acepta morir a su ego. Se abandonan las tensiones, las pretensiones, se practica "samyama sobre los samskaras" y se rencuentra el origen de estos, ya sean traumatismos de la pequeña infancia o acontecimientos provenientes de una existencia distinta a la suya y cuyo recuerdo está en su inconsciente con su carga emocional. La destrucción del mental no será llevada a cabo sino a través de la purificación de *chitta* y esta pasa a través de ese esfuerzo muy particular de concentración, de ser "uno con" sus propios samskaras y vasanas. Si están a la escucha de ustedes mismos como lo está un yogui, comprenderán que estos vasanas son una multiplicidad, una inmensidad, un concierto, un coro tan grande como ningún director de orquesta ha reunido jamás, miles y miles de voces que reclaman: "Quiero existir, quiero realizarme, quiero manifestarme, quiero expresarme, quiero abrirme paso". Fantástica orquesta, y cada uno de estos vasanas quiere concretizarse, quiere salir a la luz. Lo que nos produce el miedo a la muerte, son miles de demandas que gritan: no quiero morir sin haberme realizado, sin haberme expresado, sin haberme manifestado. Todo esto se agita en el inconsciente y quiere pasar a la conciencia, quiere pasar a la existencia. Y todo vasana que ha podido expresarse, muere. Cuando el deseo ha sido verdaderamente cumplido, se acaba. Al mismo tiempo que existe en la profundidad esa necesidad de expresarse, está también esa necesidad de volver al reposo, de regresar a la calma, a lo no manifestado.

¿Cómo llegar a ser libres de esta orquesta, de este coro que parece no tener límites? Comprendan que estos vasanas se reducen a unos samskaras esenciales. Hay miles de hojas en un árbol, hay miles de vasanas, pero sólo hay algunos árboles que desenraizar en ustedes y es al hacer samyama sobre los samskaras que verdaderamente sujetarán el tronco del árbol para lograr desenraizarlo. Entonces, un día, cuando quieran meditar, cuando quieran estar en silencio, por más que se abran completamente a la profundidad de ustedes mismos, esta orquesta cacofónica de los vasanas se habrá callado. Ya no hay asociación de ideas ni distracciones, ya no hay pensamientos, vibraciones emocionales, ya no hay necesidad de moverse. Hay una completa relajación de todas las tensiones físicas, emocionales y mentales y la impresión de un silencio inmenso, totalmente simple, que hasta ahora había estado enmascarado por la cacofonía de los vasanas. Tratar de meditar, es decir de encontrar el silencio, mientras que los samskaras y los vasanas son todopoderosos en el inconsciente, es intentar lo imposible. Es necesario hacer un trabajo preparatorio. Hoy, la verdadera meditación es hacer samyama sobre los samskaras. Yo soy uno con lo que yo soy, en lugar de estar en dualidad conmigo mismo. Esta es la verdadera meditación, el verdadero *dharana*, el verdadero *dhyana*, el verdadero *savikalpa samadhi*. Tomen como tema de su meditación sus propios samskaras y, estando con el samskara, la dualidad desaparece momentáneamente. Cuando el origen del samskara es encontrado, este pierde su fuerza volviéndose consciente. Los vasanas mueren unos tras otros y, un día, el trabajo de *chitta shuddhi* se acaba. Los *vrittis* del yoga, es decir las agitaciones de *chitta*, desaparecen, y la definición de yoga se cumple, *chitta vritti nirodha*, el yoga es la desaparición de todas las vibraciones de *chitta*. La buddhi, la inteligencia, puede aún funcionar, pero el pensamiento que funciona cuando uno quiere que no funcione, es decir cuando se quiere entrar en meditación, ese desaparece definitivamente.

***

La erosión del mental y la purificación de *chitta* no son procesos destinados a durar eternamente. Es la sadhana, el camino, y un día este doble trabajo se termina. Una vez purificado *chitta* y destruido el mental, la tarea se ha cumplido. Se puede decir que hay un antes y un después. Hay pues un funcionamiento del ser humano antes de que esta doble tarea se haya llevado a cabo, y este funcionamiento puede continuar indefinidamente si no nos comprometemos con un camino de transformación interior. Y también está lo que sucede durante la sadhana, el proceso mismo de la destrucción progresiva del mental y de la purificación progresiva de *chitta*. Es importante reconocer dos niveles del ser humano, aquel que no se ha liberado aún del mental y aquel que es libre de él. Para un observador poco atento, la diferencia no salta tal vez a la vista pero, de hecho, esta diferencia es radical.

Hablemos desde el punto de vista del camino. Hay muchas maneras de expresar esta verdad esencial que nosotros llamamos *el mundo y nuestro mundo*. Por ejemplo, si leen el libro *Fragmentos de una enseñanza desconocida*, verán destacables descripciones del estado de confusión en el cual vive el hombre y encontrarán las dos palabras "objetivo" y "subjetivo". En muchos aspectos, subjetivo corresponde al hecho de vivir en su mundo y objetivo al hecho de vivir en el mundo. Este lenguaje habla de la subjetividad de aquellos que no tienen acceso a una visión objetiva y real del mundo. Swamiji decía también en inglés: *neutral* por oposición a *involved*, que podríamos traducir por "implicado". Implicado como ego, no como alguien que actúa libre y conscientemente. Y *neutral* significa no implicado, no comprometido.

Hay dos esfuerzos que se llevan a cabo paralelamente. Uno es el esfuerzo dirigido a ser lo más objetivo y neutral posible. Hacer el mejor intento, con perseverancia, de vivir en el mundo, de superar la visión individual y, por consiguiente, de sobrepasar en la realidad cotidiana las preferencias y todas las coloraciones del mental. Es un esfuerzo de objetividad, un esfuerzo para estar en el mundo real. El otro, lo que llamábamos con Swamiji el *lying*, es un proceso exactamente a la inversa. Hay que ir hasta el final de nuestro mundo y de nuestra subjetividad. Ya no se trata para nada del mundo real; se trata únicamente del mundo de uno mismo. Es necesario distinguir bien a los dos, porque generalmente, en la vida, se hace una mezcla. Ni se atreven a ir hasta el final de su subjetividad, ni luchan por llegar a ser objetivos. Ni se atreven a ir hasta el fondo de su mundo, ni se esfuerzan con valor y paciencia por vivir en el mundo. Para tener la experiencia de estos vasanas y de estos samskaras, hay que olvidar momentáneamente todo lo que creen saber del mundo objetivo para ya no interesarse más que en su mundo de ustedes. La tarea se voltea al revés. Si su *lying* pone en tela de juicio a Suzanne, no se trata para nada de Suzanne sino de su Suzanne y de ir hasta el fondo de lo que es para usted *su* Suzanne.

Hay que ser muy claros, decididos, en este respeto, para poder ir hasta el fondo de sus emociones. En el mundo objetivo algunas necesidades están en acción y hay que tratar de ponerse en el lugar de los demás para comprenderlos y tener ante ellos la actitud justa. Es evidente que, en el mundo objetivo, la actitud justa de un hombre no puede ser la de odiar a su mujer, la actitud justa de una madre no puede ser la de querer matar a sus hijos. Inversamente en los *lyings*, no debe gobernar ninguna regla moral. No se trata más de intentar comprender al otro. Se trata únicamente de tener la experiencia completa, total, de su emoción con respeto al otro. Comprender al otro, tratar de ponerse en su lugar vendrá después, pero en el *lying*, el otro no tiene importancia más que con relación a ustedes. Y todo está permitido. Pueden, con todo su corazón, decir que el otro es un mentiroso mientras que la visión objetiva les demostraría, tal vez, que es totalmente sincero. Pueden, con todo su corazón, gritar que el otro los odia y los tortura mientras que, en realidad, él se conduce muy cortésmente con respecto a ustedes.

Lo que es falso, es la confusión intermedia que hay entre el mundo y nuestro mundo. Están a medias en su mundo, y a medias en el mundo, es decir que no son auténticos ni con relación a la verdad objetiva, ni con relación a ustedes mismos, a sus vasanas, sus samskaras y su propia profundidad. En el *lying*, ustedes se voltean hacia otro aspecto del "espectáculo", el conjunto de sus fenómenos interiores. *Van a ser neutrales frente a todo lo que muestra que no pueden ser neutrales en la vida.* Van a tratar de ser el espectador de su espectáculo interior, de sus recuerdos, deseos, terrores, yendo hasta el fin y hasta el fondo de todo ese mundo que llevan dentro de ustedes. El mundo exterior, actual y anterior, tiene su doble en ustedes. Existe Susana y existe, dentro de ustedes, su Susana. Todo, toda la realidad con la cual han estado en contacto tiene una réplica dentro de ustedes que es esta realidad tal como se grabó en *chitta*, tal como la han percibido a través de su mental y, por lo tanto, de manera deformada. Por consiguiente, temporalmente, en este trabajo de *chitta shuddhi*, el mundo de los fenómenos exteriores a ustedes deja de existir. Solamente esta réplica interior se vuelve importante.

Para ser completamente claros, deben ver que la palabra verdad puede ser empleada en dos sentidos: la verdad objetiva a la cual tal vez accederán un día, y la verdad subjetiva, es decir lo que está ahí en el fondo de su corazón. No accederán a la verdad objetiva exterior a ustedes si no pasan primero por la verdad en su interior, es indispensable. Creer que pueden estar en la mentira en el interior y en la verdad con relación al exterior es un espejismo. Estarán únicamente en el mundo de las proyecciones del inconsciente, que siempre colorean o deforman los fenómenos. Permanecerán aislados de ustedes mismos, incapaces de comprenderse a sí mismos, ignorando todo respecto a sus propias profundidades inconscientes que negarán en la medida en que les generan miedo. La verdadera tragedia de un ser humano es no vivir más que en la superficie de sí mismo y, llevado por el mental, hacer todo para no ver la realidad de este inconsciente. La "Consciencia" se revela cuando el "consciente" y el "inconsciente" están reunificados. Para protegerse contra su propio consciente, existen dos métodos. Uno consiste en negar violentamente la realidad, o hacer de la mentira una virtud afirmando que "es preciso dar la espalda a los bajos fondos del alma humana". El otro consiste en leer todo lo que aparezca sobre el psicoanálisis y hacer malabares con las palabras Edipo, castración, instancias, impulsos, eros, pulsión de muerte y libido.

Es preciso, cueste lo que cueste, que el consciente comprenda por fin al inconsciente. Pero ésta no es una tarea fácil —está lejos de serlo. Vamos a olvidar completamente, por el momento, la verdad objetiva, la del mundo real a la cual el sabio puede tener acceso cuando su mental ha sido destruido. Olviden la manera en que Buda ve a los demás a su alrededor y cómo ustedes los verían si hoy fuesen un Buda. No nos ocupemos ahora más que del mundo interior. Vamos a hablar de otro plano de verdad y de mentira. La superficie es la mentira, la profundidad es la verdad. O también, la cabeza es la mentira y el corazón es la verdad; la verdad subjetiva. Es la verdad interior de un ser humano, en el espectáculo interior del cual la Consciencia es el espectador. Olviden la verdad objetiva exterior a ustedes y, en este trabajo de *chitta shuddhi*, busquen esta verdad interior eminentemente subjetiva. Esta verdad es más o menos rechazada —a veces lo es totalmente—, está escondida, censurada. Es una apreciación absolutamente emocional de la realidad, lo contrario de *neutral*; ustedes están aislados de ella, y desde la profundidad, esta verdad los maneja sin que estén unificados. La profundidad es la que siempre acaba ganando ¡pero a través de cuántas vueltas y de cuántos sufrimientos! Y qué falta de conocimiento real de las verdaderas motivaciones de sus acciones, de las verdaderas causas que producen efectos y de las verdaderas líneas de fuerza de sus destinos. La verdad profunda los arrastra, y ustedes no comprenden por qué han amado tanto a esa mujer que luego les resulta completamente indiferente, o por qué se han dado tanto trabajo en conquistar a esa mujer que algunos años más tarde se dedican con tanta vehemencia a ver condenada por el juez ante el tribunal de divorcios. Y tomo este ejemplo de la vida conyugal, pero podría haber tomado uno de la vida profesional, artística o deportiva, de todos los aspectos de la existencia, e incluso de lo que creemos poder llamar la "vida espiritual".

No hay visión justa, ausencia de miedo, capacidad de amar y acción justa, más que en la reunificación del inconsciente y del consciente. Por consiguiente, es necesario ser muy claros. Ahora ya no busco más ver al mundo tal como es, como se me pidió y como hice de ello mi meta. Busco únicamente ver mi mundo en lo que tiene de más egoísta, más individual, más subjetivo.

No se queden a mitad de camino entre ambos. Cuando buscan estar en el mundo, busquen verdaderamente estar en el mundo y sean de una lucidez, vigilancia y exigencia rigurosas frente a las coloraciones emocionales y las deformaciones del mental. A través de la práctica, es posible progresar. Por lo menos en ciertos casos, les será posible darse cuenta de que estaban en el proceso de superponer su propia visión deformada sobre el mundo de los fenómenos. Esta es una línea de esfuerzo. En *chitta shuddhi*, abandonamos totalmente esta línea de esfuerzo. Pero a veces no nos atrevemos a abandonarla totalmente y nos quedamos sentados entre dos sillas, cosa que no lleva a ninguna parte. No nos atrevemos a ir hasta el final de nuestra propia subjetividad, la cabeza guarda aún cierto control, trata aún de ser razonable, *mientras que el lying es totalmente irrazonable*. El corazón tiene sus razones que la razón no conoce, esto es totalmente cierto. Y son las razones del corazón las que buscamos. Prácticamente podemos considerar como sinónimos estos términos, la profundidad, el corazón, la verdad subjetiva. La cabeza miente. El corazón conoce la verdad. Y esta verdad del corazón, es necesario dejarla expresarse y entenderla; es decir que no debe haber ningún freno en absoluto, ninguna reticencia y, si es posible, ningún recuerdo de los principios que la educación les dio. Cuando uno se embarca en búsqueda de los samskaras escondidos, todo está justificado, todo está autorizado, todo es legítimo. No se debe retroceder nunca, nunca detenerse en el camino, hay que atreverse a llegar hasta el fondo. No hay blasfemia, no hay injusticia, no hay pecado, no hay crueldad. Esas palabras, esos pensamientos, esos conceptos ya no tienen lugar en el trabajo de *chitta shuddhi*. No hay más que una sola cosa que cuenta, ¿qué hay ahí en la profundidad de mí?

Ninguna acción está implicada. El *lying* no los compromete a nada en la vida concreta. Sólo es un trabajo de reunificación interior y de toma de conciencia. En el *lying* pueden matar a alguien cuantas veces quieran. De ninguna manera tienen que referirse a la situación existencial y preguntarse si tienen el riesgo de realmente matarlo. El mundo no existe ya. No hay más que su mundo y nada más. En estas condiciones, este esfuerzo de conocimiento de uno mismo puede ser eficaz. Swamiji hacía el esfuerzo de convencernos de manera magistral de lo que digo en este momento. Utilizaba el peso de su prestancia y de su dignidad, la autoridad que emanaba de él para reequilibrar en nosotros todas las costumbres adquiridas a través de la educación, las buenas maneras, los principios y convencernos de que no había nada de malo y de condenable en eso que está en el fondo de nosotros mismos. Son simplemente los efectos de las causas, las huellas de las heridas, de los sufrimientos, fracasos, sueños no realizados que se han acumulado en nosotros, ya sea en esta existencia o en la existencia de aquellos o aquellas de quienes nosotros somos la continuación. No solamente no hay nada de malo o de inmoral en "ver" lo peor expresarse en ustedes, sino que lo que es realmente "malo", si se quiere emplear esta palabra, es no tener el valor de conocer la verdad.

Lo que aparece es una nueva moral, la de la verdad y la de la honestidad. ¿Qué existe en lo más profundo de mí? Eso es todo. En la intimidad de mí mismo, el mundo real o relativamente real debe ser totalmente olvidado. Me sumerjo en mi mundo interior con una nueva ética, una ética científica, el respeto absolutamente sagrado de la verdad, el deseo no menos sagrado de ya no estar en la mentira. Desde el punto de vista del *lying*, no hay más que un bien, la verdad. No hay más que un mal, la mentira. Y la cabeza miente, porque tiene miedo, porque se le ha enseñado que eso estaba mal y que eso no se hacía. La cabeza no puede olvidarlo y condena esos samskaras y vasanas que componen *chitta*. Esa condena los hace vivir en el conflicto y el miedo. Vivir en el miedo les prohíbe el amor y los mantiene en el egoísmo. Y esta ausencia de amor es la causa del "mal". Al no querer ver lo que ustedes creen que está mal en su interior, se condenan a hacer el mal en su vida corriente por ignorancia y ceguera. He aquí lo que podría ser una verdadera moral en lo que concierne a *chitta shuddhi*. No se puede insistir demasiado en esto. La tradición budista o hindú, la tradición oriental antigua, ha reconocido la verdad de dichos vasanas, de dichos samskaras, de ese mundo activo, dinámico, latente, complejo y desconocido de nuestro inconsciente. Y lo esencial de la sadhana es llegar a conocerlo para liberarse de él, liberarse de él a través del conocimiento.

¿Cómo puede uno ser el dueño de una realidad que ni siquiera conoce? Sean muy rigurosos al respecto y hagan una distinción absolutamente clara entre su tentativa de ser justos en el mundo objetivo y la tentativa de conocer hasta el fondo su mundo de las profundidades. El punto común es que, en ambos casos, existe discriminación del espectador y el espectáculo y una consciencia neutra *ve* lo que *es*. Cuando estén unificados interiormente, esta consciencia neutra estará ahí, de la mañana a la noche, para abordar los acontecimientos de la vida, las buenas noticias y las malas, los acontecimientos felices y los infelices. No habrá más ni buenas ni malas noticias, no habrá más que noticias. Ya no habrá acontecimientos felices o infelices, sólo acontecimientos. Cuando uno está unificado interiormente, el espectador neutral está ahí y ve sin la pantalla del ego, sin la pantalla del mental. Ve al mundo fenoménico en su verdad y, por lo mismo, ve la Realidad infinita de la cual el mundo fenoménico es expresión. Cuando por fin estén "inmediatamente", en el sentido propio de la palabra, en contacto con la superficie, se abrirá grande frente a ustedes el camino de la profundidad. Pero será necesario hacer previamente ese trabajo de reunificación interior.

Ningún juicio –siempre fruto de la comparación– debe subsistir, si no permanecerán siempre en el error con respecto a su mundo interior. No hace sentido que una parte de nosotros –basándose en nuestros gustos, preferencias, rechazos, opiniones y concepciones– trate de tomar conciencia de otra parte de nosotros. Eso no puede constituir un *lying* real. El testigo neutral en nosotros es como un espejo y no tiene ninguna opinión. Si no, permanecen subjetivos con respecto a su propia subjetividad. Lo que les impide tener una visión objetiva del mundo es su subjetividad y, al tratar de conocer esta subjetividad, se acercan a ella con subjetividad. Son subjetivos frente a su propia subjetividad. Si nos llamamos Arnaud, no conoceremos nunca a "Arnaud", sólo conoceremos a "nuestro Arnaud" –una vez más. Es preciso que esta actitud falsa sea superada.

En el mundo exterior, ustedes toman muchos riesgos ya que pueden hacer daño a los demás y pueden recibir golpes provenientes de los demás. En el trabajo de *chitta shuddhi*, no corren ningún riesgo. Están solos en ustedes mismos, consigo mismos, durante un momento fuera del curso habitual de la existencia, como si se tomaran un momento para meditar durante una hora u hora y media. No arriesgan absolutamente nada. No lo olviden nunca, pues es ahí donde se gana la victoria de la luz sobre las tinieblas, del amor sobre el odio, de la libertad sobre la prisión, del no egoísmo sobre el egoísmo. La consciencia neutra toma conocimiento de todo lo que está en las profundidades. Es necesario, cueste lo que cueste y entre más pronto mejor, que dejen de conducir con el ego esta tentativa de conocimiento de las profundidades del ego. Y para esto es necesario que tengan en ustedes un punto de apoyo no sólo en la cabeza si no en el sentimiento; un punto de apoyo más fuerte que todas las influencias que los han compuesto y que han producido su configuración mental y emocional. Ese punto de apoyo que los conmueve en el sentimiento es el amor a la verdad, el horror a la mentira y el sentido de la inmensa gravedad de lo que está en juego. Si la verdad no triunfa, permaneceré esclavo de la mentira y mi vida no será más que una ridícula caricatura. Y un día, el discípulo comprometido con el camino lo ve claramente. No puedo continuar más en esta ignorancia de mí mismo, en esta represión, este rechazo, esta negación, este repudio de todos esos samskaras y vasanas que están en mí. Incluso si son miedos terroríficos, impulsos de matar o deseos insensatos, quiero verlos. Y para verlos, es preciso vivirlos. Hay que tener el valor, en ese momento particular del *lying*, de vivirlos plenamente.

Fíjense bien que los samskaras tienen ante todo un valor emocional, es decir, un valor de atracción o de repulsión, de me gusta o no me gusta. Las emociones dirigen el mundo; son las que reinan en el inconsciente y son las que los mandan a ustedes. ¿Cómo van a poder llevar a cabo un trabajo directo sobre sus emociones? Por lo pronto, tienen cierto poder sobre su cabeza. Ustedes pueden decidir: "Voy a dirigir mis pensamientos en la dirección que yo escoja". Pueden ocuparse de sus pensamientos, dirigirlos: "Voy a forzar mis pensamientos a pensar en mi hermano. Mi hermano tiene tal oficio, tal profesión, aquí está la última vez que lo vi, he aquí su apartamento, se ha cortado el cabello, siempre está vestido con ropa deportiva". Y pueden también obligar a sus pensamientos a recordar: "Ahora voy a pensar en el rey Luis XIV. El rey Luis XIV tuvo a Colbert como ministro, hizo construir el Castillo de

Versalles". Tienen también poder inmediato sobre su cuerpo. Pueden decidir agacharse, levantarse, cruzar los brazos, inclinarse hacia la derecha o hacia la izquierda. Si hay un pequeño comienzo, podemos esperar llegar más lejos. Tienen un poco de poder sobre sus pensamientos, pueden esperar orientarlos en una cierta dirección y hacer todo un trabajo intelectual que les permitirá transformarse intelectualmente. Tienen un poco de poder sobre el cuerpo y, utilizando ciertas técnicas con habilidad y perseverancia, pueden llevar a cabo una gran transformación de su cuerpo y de su funcionamiento motor.

¿Pero qué poder directo tienen sobre sus emociones? Cuando están tristes, ¿cómo pueden tener a su disposición emociones alegres? Cuando están alegres, ¿cómo pueden tener a su disposición emociones tristes? Las emociones nacen suscitadas por un choque exterior que viene a reavivar un samskara en el fondo del inconsciente, y luego, sin que se sepa muy bien ni por qué ni cómo, desaparecen. Después otra emoción viene y la vida está dividida entre emociones felices y emociones infelices sobre las cuales el hombre normalmente no tiene casi ningún poder. Los únicos seres humanos que tienen un poco de poder, un poder muy relativo sobre sus emociones, son los actores. Ellos pueden conseguir sentirse alegres o tristes e inclusive este poder es muy limitado y está hecho sobre todo de artificios. Cuando estos artificios son perfectamente controlados, proceden del gran arte y conforman a los grandes actores. Entonces, ¿pueden ustedes imaginar que van a progresar y transformarse sin tener la posibilidad de actuar sobre una parte esencial de ustedes mismos, porque estas emociones se les escapan de control y no tienen ningún dominio de ellas? ¿Cómo puede haber un camino que no suponga llevar a cabo un trabajo sobre las emociones? En las vías religiosas y para aquellos que están realmente cualificados para estas vías religiosas, el trabajo sobre las emociones parte del punto de apoyo de la emoción religiosa misma. Pero esa emoción o está ahí o no está. Del mismo modo que un ser humano está enamorado o no lo está y que uno no se enamora por petición, todos los seres humanos no pueden, por petición, experimentar un amor ardiente e intenso por Dios. En las vías realmente religiosas, la del monje, la del místico, hay un trabajo sobre las emociones a través del fervor religioso, el deseo de merecer el amor de Dios, el deseo de conocer a ese Dios que nos ama, el deseo de ser digno de Cristo que se ha sacrificado por nosotros. Pero no todo el mundo está calificado para hacer de este camino religioso un camino real y no una serie de emociones no controladas que mantienen en el infantilismo.

Por lo tanto, hay que lograr entrar en contacto con sus propias emociones. Esta es la clave de *chitta shuddi*. Es necesario pues que el discípulo en ustedes haya tomado una decisión real. Si esta decisión no ha sido tomada verdaderamente, el trabajo nunca se llevará a cabo más que a la mitad. Una decisión real de tener acceso directo, a cualquier precio, a esta verdad profunda de los samskaras. Digo bien, *a cualquier precio*. Ya no existe nada más que nos pueda desviar de este camino durante el tiempo que le consagremos cotidianamente. Todo lo que podría desviarnos de este camino es una mentira, causada por el miedo a la verdad y la sumisión a las viejas costumbres de las cuales está hecha la vida.

El testigo va a ser purificado sin cesar. Pueden reconocerlo: el testigo todavía no es completamente puro. El testigo es todavía un ego; un ego al que le gustaría la verdad, un ego al que le gustaría tener el conocimiento del yo, pero que todavía interviene un poco, que todavía tiene un poco sus ideas, que todavía tiene algunas preferencias, que aún tiene algunos temores. Deben conducirse consigo mismos cómo si fueran encargados de estudiar a otra persona. Si ustedes fueran un psiquiatra experto en los tribunales y se les pidiera estudiar a un criminal para comprender los fenómenos que lo han empujado al crimen, lo estudiarían desde un punto de vista científico. Quizás un punto de vista científico impuro, porque a pesar de ustedes, su propio inconsciente va a intervenir. Pero al menos con cierta libertad, puesto que ya no se trata de ustedes mismos. Es indispensable conducirse de la misma manera con eso que consideran como ustedes mismos, es decir ese conjunto de vasanas y samskaras que son las raíces del ego con el cual están identificados.

En este sentido, el *lying* es un trabajo espiritual, un trabajo metafísico y un trabajo liberador, porque sólo es posible a través de la superación del ego. El deseo de volver consciente nuestra verdad inconsciente hace crecer lo que será un día el testigo. El ego, provisionalmente al menos, es puesto a un lado. El ego está hecho de no-verdades, de rechazos y preferencias. Este amor a la verdad es una actitud religiosa y puede ser más fuerte que todos los hábitos mentales, todos los miedos, todas las represiones, censuras y voces de los educadores que ustedes han interiorizado y que ahora hablan en su lugar.

El *lying* es un acto sagrado porque conduce al total sacrificio del ego, sacrificio a la verdad. Reconozco que existen en este ego miedos, deseos, odios de los cuales estoy en gran parte aislado porque todo lo que no convenía a este ego ha sido rechazado. Y ahora se va a llevar a cabo este sacrificio que es la esencia de todos los caminos espirituales, de todas las religiones. Entonces *chitta shuddi* se vuelve realmente posible, porque ya no es el ego quien lo emprende. Esto es lo que yo llamo "el discípulo", la parte de ustedes que quiere realmente la verdad, que quiere verdaderamente la libertad y que ha sentido que más allá de las emociones existía una manera diferente de funcionar del corazón. Ustedes, tal como se conocen, no pueden alcanzar la perfección del *lying*. Ustedes, tal como se arrastran por todos lados desde siempre, no pueden hacer *lying*, porque "ustedes" representan en efecto un conjunto de miedos, represiones, concepciones, opiniones, o sea, todo lo que debe ser superado. Sólo otro "usted" puede llevar a bien esta tarea, un usted que no se identifica con los fenómenos con los cuales, hasta el momento presente, ustedes se han identificado y que se conduce con lo que ustedes llaman ustedes mismos como si se tratara de otra persona. Se vuelven simplemente expertos, investigadores científicos que estudian. Si esto está claro desde el comienzo, si no se lanzan a ciegas a hacer un trabajo para el cual están mal preparados, será posible. Un sentimiento de uno mismo completamente nuevo, un Yo desconocido va a aparecer más allá de los miedos, de los deseos, más allá de la prisión. Un Yo que es simplemente testigo de la verdad. Y así podrán dejar todo lo superficial.

Sólo pueden conocer y experimentar las emociones al vivirlas. Sin embargo, en la realidad cotidiana, la definición de emoción es que sólo puede producirse si nos dejamos llevar por ella. Por lo tanto, nadie puede decir que tiene una experiencia consciente de sus emociones puesto que la emoción aparece sólo cuando estamos rebasados por ella y ya no hay nadie para experimentarla conscientemente. No han estado realmente conscientes de ninguna emoción. Si no, no habría emoción en la vida; sólo hay emoción porque somos llevados. Pues bien, ahora van a sacar a la superficie el recuerdo de todas estas emociones que han estado almacenadas en ustedes. Van a vivir estas emociones, *y las van a vivir de una manera absolutamente nueva; cómo nunca se ha producido antes. Van a vivirlas conscientemente.* Van a estar emocionados y conscientes a la vez, lo cual nunca se produce en la vida. O se está consciente y no se puede estar emocionado, o se está emocionado y llevado, no se es consciente en el verdadero sentido de la palabra consciente; consciente de sí mismo. Van a estar situados en una consciencia estable, inmutable, igual a sí misma y van vivir el fenómeno. Van a tener experiencias absolutamente nuevas, que nunca han conocido antes y que otros morirán sin haberlas conocido, vivir sus emociones estando conscientes. Es la única posibilidad de tener una experiencia real de la emoción, de conocerla, de ser el amo y no el esclavo de ella, y eso no es posible más que a través de la aceptación, la aceptación total. Soy neutral frente al fenómeno más contrario a la neutralidad, es decir la emoción. Ahora ven la importancia de todo este trabajo que se tiene que llevar a cabo interiormente. Dicho esto, no se exijan lo imposible y no se desalienten. Se reunificarán poco a poco. Hay un ámbito en el cual existen grados y otro en el cual ya no hay grados. El ego sigue allí. Es todavía yo, con una forma particular, pero ese yo está más o menos fijo, hipertrofiado. Yo diría que ese ego es más o menos egoísta, más o menos ciego, cargando más o menos opiniones, rechazos y preferencias. Desde cierto punto de vista no todos los egos se pueden poner en el mismo saco. Se es más o menos egoísta, más o menos mentiroso, se está más o menos en el error; todo eso es relativo, y en ciertos momentos ustedes ven más o menos bien lo que sucede fuera de ustedes mismos, lo que pasa dentro de ustedes, la verdad de la situación, lo que debería de hacerse, el mecanismo. Pero ese "ustedes" del cual les hablo ahora, es todavía ego. No hay que olvidar que existen dos "usted", o dos "yo" si hablamos en primera persona, un usted o un yo que es una modalidad u otra del ego y por otro lado, está el usted o el yo impersonal que ya no es ego, que está más allá del ego, que es simplemente consciencia, simplemente visión. Pero cuando se está en el ego existen toda clase de grados, uno está más o menos en la dualidad, más o menos reunificado. La visión que ustedes tienen de sí mismos, de su profundidad, de sus verdaderas motivaciones está deformada en un grado u otro. Esto de lo que hablo aquí es una realidad que va más lejos que todas las experiencias del ego, que va más allá del ego. Hay en nosotros una visión que va a observar y ver todo lo que puede componer a Arnaud, eso que llamamos Arnaud, este conjunto momentáneo de fuerzas llamadas Arnaud. Pero esta visión ya no puede llamarse Arnaud. Eso es lo que pueden poco a poco descubrir en ustedes mismos con la práctica de *chitta shuddi*, al sacrificar cada vez más el ego ante la verdad. Ya no discuto: no importa lo que haya en mí, quiero conocerlo y quiero conocerlo viviéndolo, dejándolo expresarse.

***

Lying quiere simplemente decir estar acostado, por oposición a estar sentado. Se trata de una postura completa de ustedes mismos, mental, emocional y no solamente física, diferente. Acostado, es decir, en completo relajamiento. No me molesto ni siquiera en contenerme, me abandono. No solamente el *lying* debe llevarlos a dejar desaparecer las represiones sino incluso todo el control. No hay ni represión, ni control. El *lying* no es algo que se nos pida; es algo que se nos permite. Este es un punto importante. Siempre se les ha pedido algo que les exige un esfuerzo. Y, si comprendemos bien, el *lying* es el no-esfuerzo absoluto. Traten de seguir lo que digo sin volverse prisioneros de las palabras.

Para todo se me pide un esfuerzo –incluso si lo hago de buena voluntad–, un esfuerzo de atención o un esfuerzo físico. Quiero aprender a pilotear aviones, escribir a máquina, nadar de crol, todo me requiere un esfuerzo. Idealmente el *lying* es el emprendimiento del no-esfuerzo absoluto. Pero somos incapaces de ello. Se nos pide pues un esfuerzo muy particular que es el esfuerzo del no-esfuerzo.

Recuéstense, déjense llevar, todo está permitido. Déjense llevar. Según la frase de Cristo, vuélvanse parecidos a un niño. Un niño no controla, ríe, llora, como venga, como salga. Pero ustedes ya no pueden hacerlo. Tales mecanismos de no-espontaneidad se establecieron poco a poco de tal modo que, normalmente, ya no pueden hacerlo.

Se trata de reemplazar un funcionamiento por otro, como cuando, en un hospital, se pasa de la corriente de la red de electricidad de la ciudad a la corriente particular del establecimiento, que tiene sus propios generadores. Un funcionamiento se detiene, la corriente de la ciudad, y es reemplazado por otro que es la corriente del hospital. En el *lying* el funcionamiento habitual, mental, se detiene —al menos es lo que se busca— y otro funcionamiento, completamente diferente, el del corazón, lo reemplaza. Es este primer punto el que hay que ver ante todo, al menos intelectualmente, antes de llegar a ponerlo en práctica. Pero no olviden este punto tan importante. Casi todo el mundo trata primero de hacer el *lying* permaneciendo centrado en la cabeza. ¡No! Dejen la cabeza y sitúense directamente en el corazón. Algunos lo consiguen muy rápido, otros lo consiguen laboriosamente pero tal vez es simplemente porque la regla del juego no ha quedado lo bastante clara al comienzo.

Descubrirán que el funcionamiento que se detiene, el de la cabeza, es mentiroso. Pero al inicio, no tienen idea hasta qué punto es mentiroso. Mental = mentira. *Manas* en sánscrito dio *mens* en latín, *mens* dio mentira. El corazón es espontáneo, igual que un niño pequeño y también es verídico. Es el reemplazo de la mentira por la verdad. Si tratan de quedarse en el mental y pensar que este mental va a hacer un *lying*, no lo conseguirán jamás. Hay que saberlo, renunciar enseguida a ello y descubrir todos los falsos *lyings* en que la cabeza trata de buscar una tristeza, trata de encontrar una alegría y que les hacen perder inútilmente el tiempo.

Lo que debe expresarse en el *lying tiene como ley expresarse* y se encuentra reprimido. Se trata de hacerle el juego a la expresión logrando debilitar la represión. Basta con abrirse y entregarse. Entregarse es liberarse. Si buscan que el inconsciente se exprese a la fuerza, es el mental que quiere a cualquier precio conservar la dirección de las operaciones y ese mental debe callarse. Si la cabeza deja de funcionar, lo que desde hace tiempo quiere manifestarse va a manifestar por sí solo. Es exactamente como un resorte comprimido. Si retiramos la mano del resorte, se distenderá por sí mismo. No necesitamos tomar el resorte y jalarlo. Sólo tenemos que dejar de comprimirlo. Lo que llevan dentro de ustedes, cuando ya no lo repriman, se descomprimirá o se expresará por sí mismo.

Un error muy común consiste en pensar que tendrán un *lying* exitoso, logrado excitándose en la superficie. ¡No! Conseguirán llorar o gritar durante una hora, pero eso nunca ha liberado a nadie. Muchas personas infelices han llorado, gritado, lloriqueado, mordido su almohada y no por ello han sido liberadas. No todos los llantos liberan. Cristo dijo: "Bienaventurados los que lloran porque serán consolados". A primera vista, es una de las frases más mentirosas y ningún demagogo se ha atrevido a hacer una promesa tan escandalosa, ya que estamos rodeados de personas que han llorado mucho en su vida y que nunca han sido consoladas. Un poco de consuelo, durante ocho días o un mes y después los sufrimientos aparecen de nuevo. Por lo tanto, no se trata de cualquier llanto, sino de llantos asumidos, aceptados, vividos, verdaderos llantos, no llantos en los que uno se debate; no llantos en los que uno sufre de sufrir. Si piensan que excitándose artificialmente van a conseguir llorar, esos son llantos que no liberan. Eso no va a resultar. Esto que digo aquí no se opone a esta otra verdad que dice que toda emoción superficial es buena como punto de apoyo para un *lying*. Estas dos verdades no se contradicen. Pero algunos, al comienzo de los *lying*, piensan que la meta es solamente conseguir llorar. Tratan de excitarse de antemano en su cuarto para gritar mejor al llegar sobre el colchón. "Si hubiera tenido mi *lying* ayer en la tarde, ¡hubieran visto lo que habría salido!". O también: "Si yo hubiera tenido mi estancia aquí hace tres semanas, cuando todo iba tan mal, ¡hubieran visto todo lo que habría salido!". Eso es completamente falso. ¿Qué hubiera pasado "si hubieran tenido su *lying* ayer en la tarde en lugar de esta mañana" o "si hubieran tenido su estancia aquí hace tres semanas cuando todo iba tan mal"? Vamos a plantearlo mejor: se hubieran recostado, hubieran expresado mal que bien la emoción que les desbordaba y luego todo se habría detenido ahí sin ir más lejos, porque una vez más hubiera sido la cabeza la que hubiera llevado la iniciativa de las operaciones. Además, generalmente, cuando se está en ese tipo de estado, basta con recostarse para que no se exprese nada.

También ha ocurrido que algunos vienen a hacer su *lying* convencidos de que "van a ver lo que van a ver". Se habían enojado durante el desayuno porque alguien les hizo una reflexión. De ahí hasta las diez de la mañana, estaban sobrecalentados. Pero, una vez llegados al cuarto, eso se convertía en muy poco. Nada. Nerviosos, tensos, descontentos consigo mismos, hostiles contra mí porque no hago "salir todo" con un golpe de varita mágica. El *lying* no tiene nada que ver con esta excitación ni con este nerviosismo superficial que se expresará, en efecto, porque desborda pero que no llegará más lejos. Se trata de otra cosa. Se trata de una expresión nueva, espontánea, proveniente de la profundidad, que se produce por sí misma cuando ya no se lo impedimos .

Aquel que sea capaz de relajarse completamente y dejar que salga: "La gata de Muriel es horrible", habrá comenzado muy bien. ¿Por qué la gata de Muriel es horrible? ¡Muy interesante! A otro le parecerá muy bonita la gata de Muriel. De repente, algo muy pequeño surge y se expresa. Esto tiene diez veces más valor que entrar y gritar: "Estoy harto de todos estos estúpidos del Bost", frase que ha salido un cierto número de veces en *lyings* que no han llevado a ninguna parte. Dejen de pensar: "¡Ah, si solamente hubiera hecho los *lyings* hace tres semanas, cuando todo iba tan mal, o si solamente hubiera hecho mi *lying* ayer en la tarde cuando era presa de tal emoción!". Un *lying* no consiste simplemente en gritar un buen rato. Las personas irritadas cuyos controles se desbordan no hacen un *lying*, aunque hayan gritado y pataleado. Si cada vez que uno grita o se irrita o chilla constituyera un *lying*, todo el mundo estaría liberado.

Es exactamente lo contrario. Voy a abandonar completamente el funcionamiento de la cabeza y voy a calmarme. Comenzando por relajarme. Hay que abordar el *lying* completamente relajado, relajado, relajado... Llego relajado, confiado, como un niño, y me dejo ir, abro las puertas de la jaula que yo mismo he mantenido siempre cerrada. El mejor guardián de su prisión son ustedes mismos. Se pasean con el llavero de su propia prisión y, cada vez que una puerta parece estar mal cerrada, verifican que no exista el riesgo de que se abra y se aseguran de que todo lo que les envenena interiormente se quede bien dentro de ustedes. Deben soltar, a la vez en el sentido de relajar y de liberar. Abren la puerta de una jaula y el pájaro no sale volando. Se acerca a la puerta que está abierta y no sale. Y luego, al cabo de diez minutos, media hora, de golpe, sale volando. Lo mismo sucede con sus emociones, sus sensaciones, sus recuerdos. Se han acostumbrado tanto a no manifestarse que no se expresan inmediatamente cuando abren la puerta de la jaula. Estoy relajado, bien relajado, pero nada se expresa. Ya vendrá. Lo esencial es comprender que se trata de un funcionamiento diferente.

Reeducar la espontaneidad no es un asunto pequeño. Es como un enfermo que ha estado en cama durante muchos meses y que, un buen día, tiene el derecho de caminar. Ha perdido totalmente la costumbre. Para los *lyings* no se trata solamente de una pequeña reeducación, se trata de una gran reeducación de la espontaneidad. Tomará ocho días, seis meses o dos años, eso no tiene importancia. Pero renuncien completamente a tratar de hacer *lyings* con el mental ordinario. Eso al menos debe quedar bien claro.

También es verdad que un aspecto muy importante de los *lyings* es despejar la memoria inconsciente. A través de esta memoria, *chitta*, permanecen prisioneros del pasado. *Chitta* es el receptáculo de todos los deseos y miedos que toman forma de acuerdo a sus experiencias antiguas, y tal vez incluso según sus experiencias de una vida anterior. Para la cabeza los recuerdos envejecen, pero en esta memoria particular, los recuerdos no envejecen. Es exactamente como sacar una película de una cineteca. Cuando la televisión proyecta "El eterno retorno", una de las primeras películas de Jean Marais, él tiene 29 años. Y dentro de setenta años, cuando se proyecte "El eterno retorno", Jean Marais todavía tendrá 29 años. Nosotros tenemos una cineteca de recuerdos que no envejecen.

Para la experiencia ordinaria, la memoria es la memoria de la cabeza: "¿Te acuerdas quién estaba en esa cena? –Espera, me parece que estaba Caterina, Joan Pablo, Marco ¿o quizás Marco no estaba…no me acuerdo". Buscan con la cabeza. Pero existe también una memoria del cuerpo y el cuerpo puede recordar. No es la cabeza la que se acuerda de que el cuerpo tuvo dolor, es el cuerpo quien se acuerda de que tuvo dolor, pues bien, si el cuerpo se recuerda que tuvo dolor, entonces tiene dolor. Hay una memoria de la emoción, del corazón, y si el corazón se acuerda de haber estado triste, el recuerdo es la tristeza en cuestión, si no, no hay recuerdo. Esta memoria puede ser reactivada y pueden volver a encontrar el recuerdo de manera perfecta. Partan de este punto de vista: "Ya que lo viví, es imposible no acordarme". Hay pues una posibilidad de llevar el recuerdo de la "memoria-cineteca" a la "memoria-proyección". Pero, contrariamente a la cineteca de la televisión, donde sólo tengo que buscar en el fichero para sacar una película, no pueden sacar a la fuerza esos recuerdos a la superficie. Ellos regresan por sí solos a la superficie si ustedes no se lo impiden y si se encadenan o se arrastran unos tras otros. Por otro lado, ustedes tienen la posibilidad de facilitar el regreso de los recuerdos a la memoria consciente que tiene que ser bien comprendida y poco a poco dominada.

El cuerpo se acuerda; tiene memoria. Ya que viví el acontecimiento, el nacimiento, por ejemplo, no puedo evitar recordarlo. Tratan de acordarse con su cuerpo y tratan de asociar su cabeza al recuerdo. Tienen cierta posibilidad, que va a desarrollarse con la experiencia, de orientar un poco su búsqueda. No pueden hacer nada a la fuerza, pero pueden tratar de pedirle a su cuerpo: "Acuérdate. ¿Te acuerdas? Trata de acordarte". O también, pueden no utilizar esta posibilidad y preguntar simplemente a su cuerpo: "¿De qué te acuerdas?".

Ustedes están ahí muy atentos y dirigen su atención silenciosa hacia el cuerpo. Algunas sensaciones van a regresar y sentirán que no son sensaciones actuales sino recuerdos. Lo mismo pasa con su emoción. Y cuando el corazón se acuerda, se revive exactamente la emoción que se vivió en otro tiempo. Es esta memoria que han reprimido, olvidado, olvidado... "Tienes que ahuyentar los malos recuerdos, no pienses más en ellos, piensa en otra cosa".

Desde hace tiempo, descubrieron por instinto que tienen una posibilidad de olvido o de represión que les permite desaparecer, desaparecer... Mientras piensen en un fracaso, éste les duele, y si consiguen negarlo, se encontrarán a gusto, *sin haber aceptado*. Lo que hemos reprimido y ocultado sin haberlo aceptado, busca volver a subir a la superficie. Y una parte cada vez más importante de su energía sólo se utiliza para reprimir.

Ahora, comprendan bien lo que es primordial. No se trata ante todo de volver a contactar los recuerdos más antiguos. La primera verdad del *lying, es la de dejar de mentir*. Abandono este mental que es mentira y voy a dejar hablar al corazón que dice la verdad. Esto es difícil. Ustedes le tienen un miedo terrible a la verdad y están magníficamente organizados para proteger su vida en la mentira. En el lying existe un inmenso deseo de verdad. A menudo comparo el *lying* con los interrogatorios de policía que se ven en las películas: "¿Vas a decir la verdad? ¿Dónde estabas el jueves en la noche?" –"Estaba en mi casa" –"¡Mentiroso! ¿Dónde estabas el jueves en la noche?" - "¡Les digo que estaba en mi casa!". Después, por fin, el policía un poco más hábil dice: "El jueves en la noche, a las diez cuando regresaste..." - "Yo no regresé a las diez, yo...". ¡Ahí está, se ha traicionado! Imaginen a un policía lleno de amor que les haga decir la verdad por su bien.

No puedo vivir más en la mentira, mi sed de verdad se ha vuelto demasiado grande. Incluso si mi vida en la mentira va a continuar porque no puedo actuar de otro modo, al menos, durante una hora, confidencialmente, entre Arnaud y yo, voy a decir la verdad. El *lying* es secreto, confidencial y es por fin el momento de la verdad.

Están notablemente organizados en la mentira y piensan que continuar protegiendo sus mentiras les va a ayudar a vivir. La mentira no lleva a ninguna parte, pero están tan acostumbrados que tienen miedo a la verdad. ¿Quiero realmente la verdad? Y si la verdad parece contradecir toda mi organización superficial, ¿estoy dispuesto a dejar salir esta verdad al menos durante el *lying*? Pueden, si quieren, seguir viviendo como viven y no corren ningún riesgo al dejar subir la verdad a la superficie.

Ejercen un oficio, quisieron hacerlo y, al cabo de un mes, se dan cuenta de que eso no les gusta para nada. Lo niegan completamente y continúan diciendo que eso les interesa enormemente: "Es apasionante, tenemos contactos magníficos con el extranjero, montamos un nuevo departamento". ¡Cómo se puede uno mentir! Si se deja surgir el grito del corazón, es: "¡Auxilio, socorro!, ya no quiero trabajar en esta compañía, no aguanto más." Pero, cuando hayan expresado en un *lying* que esta compañía es una pesadilla, que la detestan, que se sofocan, que los va a matar, que no quieren quedarse más tiempo, cuando hayan llegado hasta el final de esta emoción, les aseguro que estarán más tranquilos para continuar trabajando en esa empresa. No existe ningún riesgo. Es el mental el que se aloca y que piensa que, si dejamos salir a la superficie la verdad, estamos perdidos. Nunca. Pero sepan que el mental no quiere creerlo. Se aferra a la mentira y su vida está hecha de mentiras.

Están completamente cortados de ustedes mismos; se han vuelto "alienados", extranjeros y es absolutamente necesario volver a descubrir la verdad, dar a la verdad que está dentro de ustedes la oportunidad de poder al fin expresarse. ¡Qué alivio! ¡Qué bien! Así pues, he aquí un aspecto del *lying*: de la mentira a la verdad, de la mentira de la superficie a la verdad de la profundidad, de la mentira de la cabeza a la verdad del corazón. Algunos *lyings* pueden ser extremadamente fructíferos en los cuales ningún recuerdo antiguo remonta a la superficie. No son forzosamente recuerdos de la edad de dos años o de una existencia precedente los que dan valor a un *lying*. Pueden haber reprimido una emoción muy fuerte hace seis meses y vivirla, expresarla hoy en el *lying*. Muy bien.

Ahora un punto más. Deben saber y no olvidar, pues esto forma parte de las reglas del juego, que existen en ustedes represiones. Están ahí, deben aceptarlo completamente en lugar de desesperarse cada vez o indignarse: "¡Ah, si no hubiera represiones!". Si no hubiera represiones, no habría *lying,* porque no habría ninguna necesidad. El *lying* es necesario porque estas represiones se implantaron desde hace tanto tiempo. Es un enorme desgaste de energía, pero esas represiones están ahí, hay que saberlo y aceptarlo. Esto es lo que va a volver el proceso tan importante, por momentos tan difícil y, por lo mismo, tan interesante.

Ustedes tienen una cierta posibilidad de intervenir, y eso no es contradictorio con lo que yo decía en su momento: "El mental no puede hacer nada. Se trata de dejar que el resorte se distienda. No se trata de tomar el resorte y estirarlo, se trata de dejar de comprimirlo". Tienen una cierta posibilidad real y eficaz de intervenir para dejar de comprimir el resorte, es decir para jugar el juego de la expresión contra la represión. Pueden reconocer que existe dentro de ustedes la expresión que busca su camino y la represión que se lo impide. Ustedes nutren a la vez a la expresión y a la represión con su sustancia, su vida, su energía. Esa es su tragedia. Cuarenta por ciento de ustedes busca expresarse, otro cuarenta por ciento reprime y con el veinte por ciento restante "viven".

Me esfuerzo en quitar mi energía, mi participación a la represión y me esfuerzo en dársela a la expresión. Ya no soy cómplice de la represión, ya no solidarizo con la represión, ya no le hago el juego a la represión. Me vuelvo cómplice de la expresión. Y esto, lo pueden sentir muy bien: hay todavía una represión, algo que se aferra, que se agarra. Me desengancho de todo aquello a lo que me aferro, de forma que ya no me aferro a nada y me dejo caer en el vacío. Esto es una meditación, una concentración en eso que comienza a expresarse. Tomo toda mi energía, todo mi ser y lo pongo en eso que comienza a manifestarse, una sensación, un dolor de cabeza, una contracción muscular, unos temblores, una emoción, un miedo, una angustia, lo que sea.

El *lying* es una reconciliación total con todo y no solamente con ciertas emociones privilegiadas que les parecen importantes. Hay que llegar al *lying* relajados. Aunque estén asolados por las emociones, deben llegar con confianza. Es el cuarto en el que van a llorar y gritar, pero, al mismo tiempo, es el cuarto de la liberación, la recámara de la esperanza. Es el cuarto del amor. Más bonito que una recámara nupcial. Es el reencuentro con su verdad, con su verdadera vida y con el fin de la pesadilla. Vienen con una mentalidad nueva, con un estado de ánimo religioso, con la gran esperanza y el poder de fascinación que un muchacho de veinte años pone en una cita de amor con su novia.

Sobre la base de la tensión, de la hostilidad y más rechazos, "estoy en contra, carajo, eso me jode ", no harán un *lying*. Expresar este tipo de emoción negativa permanecerá una expresión superficial. Hay que venir religiosamente. Voy hacia la verdad, con confianza y esperanza. Quiero abandonar el mundo de la mentira para ir al mundo de la verdad, abandonar el mundo de la superficie para ir al mundo de la profundidad. Esto forma parte del camino hacia el Reino de los Cielos, hacia el Cristo dentro de ustedes, hacia el atman. Vengo a reconciliarme con todo y, para empezar, con mis emociones. Voy a perdonarlo todo. Si no puedo reconciliarme con mi hermano, mi madre, mi mujer, mi marido, mi suegro, mi colega, mi amigo, me reconcilio con el hecho de mi sufrimiento, de mi rebeldía. Voy con una actitud de reconciliación. Esto es lo esencial. Siempre pueden reconciliarse. Nunca hay una condición que no permita esta reconciliación consigo mismo. El pecado contra el Espíritu Santo, "el único pecado que no puede ser perdonado", es el de rechazar esta mano que se les tiende todo el tiempo, porque la gracia de Dios está todo el tiempo ahí, cualesquiera que sean sus condiciones del momento. En las peores condiciones exteriores e interiores, siempre se me tiende esta mano y yo rechazo tomarla. Si un uno por ciento dentro de cada uno de ustedes está de acuerdo con reconciliarse, habrán ganado. Ese uno por ciento decide: "Me reconcilio con el noventa y nueve por ciento de negatividad que está ahí dentro de mí". Nunca pueden existir condiciones adversas en *lying*. Nunca puede haber un *lying* fracasado. Vengan con esta actitud de amor. Es un poco sutil porque no pueden amar a alguien que los sofoque de sufrimiento; si no, esto querría decir que ya no tienen necesidad de *lying*. Me reconcilio con la situación tal como es. ¿Me ahoga el sufrimiento? Bien, me reconcilio con el hecho de ahogarme en el sufrimiento. Estoy ahí, relajado y es desde el fondo de este relajamiento desde donde van a subir las tensiones. Pero yo estaré relajado en el interior de estas tensiones, las aceptaré, no me pondré contra ellas.

No se puede llegar al *lying* con actitud negativa, hay que llegar con actitud positiva. Si aparece un "no", digan sí al no. La negatividad que hay en ustedes tomará un sentido diferente. Se expresará, pero sobre la base de la aceptación. He verdaderamente decidido aceptar porque estoy convencido de que eso es lo que tengo que hacer. Ya no estar más dividido, ya no estar en conflicto con lo que es. Acepto, para empezar, la primero que está ahí, es decir, que estoy tenso. Estoy de acuerdo con estar tenso. No me tenso contra mi tensión.

Si sensaciones o emociones suben a la superficie, deben permanecer activamente pasivos. Pasivo, eso quiere decir paciente, eso quiere decir sufrir. Es la misma palabra que la Pasión de Cristo. Pasivo. Deben ser completamente pasivos, pero deben ser activamente pasivos. Si no, volverán a ser activos de una manera equivocada, —es decir, "pensar"–, contrayéndose, escapando, seguirán dándole la espalda a la profundidad como siempre lo han hecho. Se trata de ir hasta el fondo del corazón, al encuentro de lo que está ahí y soplar sobre el fuego para atizarlo. No se trata de fabricar nada que sea artificial. Si soplan sobre una hoguera apagada, ¡nunca producirán fuego! Si siento una emoción o una sensación, puedo soplar sobre la brasa y la brasa se va a poner roja, cada vez más roja. Soplo un poco más y, de repente, la llama surge. Ustedes pueden soplar sobre el fuego de esta emoción para atizarlo. Me agarro, me concentro en el verdadero sentido de la palabra concentración. Toda mi fuerza, toda mi energía, todo mi ser está reunido. Me concentro en esta sensación, veo que una parte de mí tiene la tendencia a escaparse todo el tiempo y la regreso a esta sensación. Este es mi punto de apoyo. Este es el objeto de mi meditación. En lugar de concentrarse en una imagen de Krishna hasta que sean ustedes mismos Krishna, se concentran en esa verdad que está ahí en ustedes en el instante mismo. Se reunifican con ustedes mismos.

Relájense, detengan el funcionamiento de la cabeza, busquen ser verdaderos, dejen hablar al corazón, que representa la verdad, dejen surgir lo que surja. E inmediatamente verán que la censura comienza a operar. Iba a surgir algo francamente crítico con respecto a Arnaud. Lo censuran. En primer lugar, porque les supone un problema ser críticos con respecto a Arnaud, ya que necesitan que no haya ninguna crítica que se pueda hacer, para que puedan decir que es su gurú. Lo primero que va a surgir si no hacen más trampas es: "Arnaud me decepciona, ya no tengo confianza en él". Inmediatamente la censura aparece; el interruptor se pone en marcha. Cuando hay un peligro para su instalación eléctrica, el interruptor corta. Cuando existe un riesgo para su instalación de mentira, también hay un corte. No pueden estar relajados; todavía están muy ocupados organizando circuitos de tensión para impedir que ciertas verdades suban a la superficie.

Es necesario tener la religión de la verdad. El miedo a la mentira es el único miedo inteligente. Y estén seguros de que eso que censuran no son las grandes cosas escandalosas, de hecho son muy inofensivas. Dejen salir una vez las grandes cosas que en su infancia se les dijo que eran condenables. No hay ningún pecado en ser *verdaderos*. Unos mecanismos en ustedes hacen que ciertas imágenes quieran manifestarse, pero las reprimen y viven en el terror pensando que esas imágenes pudieran subir a la superficie: "Yo me pregunto cómo era el sexo de la Virgen María". ¡Ah! Voy a morir de repente y las puertas del infierno se van a abrir. Pero no. Las censuras más perniciosas no son esas. Lo que me rehúso absolutamente a decir son cosas mucho más inofensivas, pero que me van a llevar más lejos en la reorganización de mi existencia mentirosa. Algunos fantasmas buscan expresarse. Hacemos una montaña de ello, pero no es nada en absoluto. "Me gustaría besar el sexo de mi padre". Estas imágenes inquietantes no tienen nada de grave. Déjenlas subir y salir una vez y sean libres de ellas. Generalmente es muy secundario, aunque hayamos violado los tabús, aunque nos hayamos atrevido a ir hasta el fondo de los "negros abismos de la bajeza humana", de los "monstruos revoltosos que se arrastran en nuestro inconsciente" y todo aquello por lo que se ha gritado en contra de Freud.

Lo que censuran verdaderamente son pequeñas cosas "inofensivas". Lo que sobre todo no quiero decir, es que prefiero el gato de Muriel al de Josette o el de Josette al de Muriel. Porque esto puede llevarme a algo verdaderamente importante o interesante. De ese gato voy a pasar repentinamente al gato de mi tío abuelo. Basta con que piense en este tío abuelo, en quien no he pensado en los últimos treinta años, para que un sentimiento de angustia infinito surja en mí. El recuerdo de cierto día en el que estábamos en un barco y en que creí verdaderamente que me iba a empujar al agua para ahogarme al no haber entendido la broma. Las pequeñas cosas "inofensivas" son las que ustedes censuran. Se creen muy inteligentes... "No, eso no es interesante. No he venido al Bost para eso. No tengo más que quince días, no voy a empezar a perder mi tiempo en hablar del gato o de las mermeladas de la mañana". Tan es cierto que, para no perder su tiempo, regresan al cabo de quince días no habiendo hecho nada. La regla es absoluta: ningún control, ninguno. Libero la cabeza. ¿Qué tengo en el corazón y qué tengo en el cuerpo? *Y tomo como tema de mi meditación la verdad de lo que soy justamente ahora.*

¿Cuál es el interés de hacer arqueología de emociones y sensaciones olvidadas, yendo a buscarlas bajo espesas capas de arena, si hoy en día no les molestan? Buscamos estas emociones, estas sensaciones antiguas y los recuerdos que les han dado vida porque son las causas de efectos que se hacen sentir aún hoy. Sin eso, no valdría la pena. Buscamos las viejas emociones porque también son las emociones de hoy. Por consiguiente, lo que me importa es lo que se presenta en mí, en mi corazón, ahí, de pronto, ahora. Y digo sí. Me dejo ir, digo sí, estoy de acuerdo. El trabajo se hará por sí mismo. Pero si eso que está justamente ahí no les conviene porque ustedes quieren otra cosa bajo el pretexto de no perder el tiempo, les garantizo que se irán al cabo de un mes no habiendo logrado nada. Tomen exactamente eso que existe hoy y sean auténticos con eso que son justo en el instante. Si sube ese "mamá, mamá" con el que sueñan, tanto mejor. Si lo que sube es completamente distinto: "me gustan mucho los croissants con mantequilla", de acuerdo. No se apeguen a este pensamiento, no se trata de que me hablen durante un cuarto de hora de sus desayunos. Maravillosos croissants ofrecidos por su abuela y otra imagen, que tiene también un contenido emocional, va a surgir espontáneamente. Sólo quieren salir y se atropellan en la puerta de salida, pero ustedes encuentran el medio de quejarse de que nada ha surgido durante tres semanas, porque han querido todo el tiempo buscar algo diferente de lo que había ahí, ¡ahí en su corazón!

Olvídense de la superficie, vayan enseguida a la profundidad. Cuando están en *lying*, el Bost y el cuarto de Arnaud ya no existen. Lo que importa, es lo que hay dentro de ustedes. Se nos dice siempre "aquí y ahora", pero me atrevería a ser paradójico y diría que en un sentido la divisa del *lying* es ¡"no aquí y no ahora, sino en otro lugar y en otra época"! En el *lying*, entro dentro de mí mismo. Olvido completamente todo con mi cabeza. Mi cabeza abandona. Ya sea el primer día de una estancia de tres meses o el último día de una estancia de dos semanas, no tiene ninguna importancia. No me toca a mí saberlo. Me olvido de que estoy en el cuarto. Estoy en el interior de mi corazón, ahí donde mi corazón y mis recuerdos me quieren llevar y me olvido de todo lo demás. Como en la meditación, ya no hay más que una cosa que cuenta. Y es lo que tengo en el corazón y lo que tengo en el cuerpo. Estamos más allá del tiempo. El mental va a toda velocidad. Una imagen de ayer los lleva a una imagen de hace diez años, una imagen de hace diez años los lleva a una imagen de hace treinta años, una imagen de hace treinta años los lleva a una imagen de antier. No hay que aferrarse a ninguna de esas imágenes. Déjenlas pasar. Olvido todas mis preocupaciones superficiales y entro en mí mismo. Si en mí mismo veo una emoción que se presenta, de acuerdo. Estoy de acuerdo completamente. Esta emoción tal vez va a transformarse y otra va a surgir o, al contrario, esta emoción va a crecer. Estoy de acuerdo. Sigue creciendo y en ese momento podrán ver que hay resistencias y represiones que se ponen en acción. Quítenle su energía a la represión y dénsela a la emoción que comienza a vibrar en ustedes. Será necesario que se ejerciten en ello. A medida que se hacen *lyings*, uno es cada vez más experimentado.

Ni siquiera se trata de aceptar el sufrimiento, se trata de *elegir* el sufrimiento; el sufrimiento que está ahí. A pesar de que no tengo opción, adopto la actitud de alguien que hubiera verdaderamente elegido este sufrimiento. Es aún más que decir sí, aún más que estar de acuerdo. El sufrimiento que está ahí, yo lo elijo. Es cuando ustedes no tienen opción, cuando deben tener interiormente la actitud de quien tiene la opción, y que verdaderamente ha escogido. Supongamos que durante el *lying* me llegue un terrible dolor de cabeza. Bien. Tengo en el *lying* la misma actitud que tendría si se me hubiera preguntado ¿qué escoge? ¡Escojo el dolor de cabeza! Esta adhesión debe ser perfecta. No basta con "decir sí" al sufrimiento; es necesario "ser sí", ser un inmenso sí incondicional.

Los *lyings* son una gran tarea. La vida monástica para llegar a la unión perfecta con Dios es una gran tarea. El yoga es una gran tarea. Volverse un pianista virtuoso o una bailarina estrella es una gran tarea. Volver consciente el inconsciente es el gran asunto de una vida. Uno de ustedes había calculado que quería estar "libre" para las vacaciones de verano y me preguntó: "¿Serán suficientes quince días de junio o tendré que quedarme tres semanas?". ¡Sí! ¿Acaso quince días bastarán para expresar mis emociones o se van a precisar tres semanas? Hubiera podido responder: "Son necesarias tres mil existencias". ¡Cómo se podrían desarraigar sus emociones en quince días! Tomo mi existencia en mano y voy a conseguir esta maravilla que consiste en ir de la mentira a la verdad, del no-conocimiento de mí al conocimiento de mí, del conflicto a la reunificación.

¿Hay algún fenómeno emoción? Dejo que el fenómeno emoción se produzca. Lo dejo expresarse. Swamiji me dijo: "Si usted no logra expresar, jamás será libre". Y yo no conseguía expresar. De vez en cuando Swamiji me repetía: "Si usted no consigue expresar, jamás será libre". Eso me estimulaba. Puse ahí todo mi orgullo. ¡Tuve, sin embargo, cantidad de *lyings* difíciles! Una idea, una imagen, un recuerdo, un pequeño asomo de emoción, treinta minutos de aridez, cinco minutos de llanto y de nuevo veinticinco minutos de aridez. Swamiji me desafiaba: "¿Puede usted seguir viviendo así? Entonces ahórrese el lujo de los *lyings*. ¿Puede usted seguir viviendo así?, ¿por qué se empeña en hacer *lyings*?, ¿puede?". Y yo sentía muy bien: "No, no puedo, no puedo más". No consigo expresar, y si no consigo expresar, entonces mi vida ya no tiene sentido.

No puedo abandonar, sería el fracaso más grande de mi existencia. Ya ningún éxito tendría valor. Ya no podía mentirme, ya no podía engañarme, ¡es preciso que lo consiga! Y, cuando uno está en esa situación, se consigue todo. *"Express what has been repressed"*, "Exprese lo que ha sido reprimido". Lo que está reprimido me oprime o me angustia. Lo expreso. Lo que es importante es la expresión. *"Let it come out"*, "déjelo salir".

Necesito lograr expresar. Si no consiguen expresar, "abandonen toda esperanza", como dice Dante en *La Divina Comedia*. Es cadena perpetua. Conozco la dificultad de hacer *lyings*. No lo logro, es necesario que lo logre, soy infeliz, me tenso, me contraigo cada vez más, surge un poco, no surge nada. Si hoy en día estoy tan convencido de los *lyings*, es porque no me arrepiento de esa época infeliz. Ahora digo que vale la pena sufrir diez veces más para lograr esos *lyings*

Recuerdo que fue duro, difícil todo el día, solo, perdido, en un pequeño ashram de Bengala. Viví con creces el conflicto de la expresión y de la represión. Tanto mejor. Si yo hubiera tenido *lyings* fáciles, tal vez hoy no tendría la capacidad de comprender a quienes tienen *lyings* difíciles o que no consiguen nada. Nunca piensen "Arnaud va a impacientarse". Nunca me voy a impacientar. Lo que es importante es que ustedes luchen, que los vea todo el tiempo intentándolo. Hay que esforzarse. Hay que ser activamente pasivo. Hay que verdaderamente soplar sobre el fuego para atizarlo. Hay que querer conseguirlo, hay que buscar, hay que concentrarse. Busquen y encontrarán, llamen a la puerta del inconsciente y se les abrirá, pregunten al inconsciente y él les responderá.

Entre más su "neurosis", su mental, sus emociones, los empujen a confiar en mí –pues eso no se fuerza– tanto más intensa será la ayuda que conseguirán. Si, en el fondo de ustedes tienen miedo, miedo a los hombres en general, miedo al padre, si existe un miedo que proyectan sobre mí, que transfieran sobre mí, eso no va a facilitar las cosas. Si por azar tienen una confianza, aunque sea neurótica –porque la verdadera confianza consciente no llega tan fácilmente– mucho mejor. Algunos de ustedes tenían una gran confianza en mí. Habían hecho de Arnaud el padre perfecto, la madre perfecta, el amigo perfecto. Hacían exactamente lo que yo les pedía y los guiaba fácilmente. Esta confianza, o la tienen o no la tienen, no es necesario que se inquieten. Yo no tenía verdadera confianza en Swamiji. Yo tenía miedo, yo consideraba que mis *lyings* fallaban por su culpa. Nada más ver la manera en la que Swamiji me sonreía cuando entraba en su cuarto, me dejaba ya helado. Me tocaba y yo me retraía. Él decía una palabra, y yo rechazaba el hecho de que hablara. Yo sentía a Swamiji como un obstáculo.

El miedo a ser traicionado por Swamiji estaba en mí, inmenso; el miedo a que si confiaba en alguien y me entregaba, él podría hacerme todavía más daño. No podía sentir el amor de Swamiji; me daba miedo y me defendía. No podía ser uno ni con Swamiji ni con la emoción que él atizaba en mí.

Hoy sé bien que nunca hubiera hecho *lyings* solo; que fue en el cuarto de Swamiji donde me expresé y que fue él quien me guió poco a poco. No se inquieten si tienen esta falta de confianza, dará lugar a la verdadera confianza. Algunos se sentirán incómodos, como yo frente a Swamiji, porque, en el fondo de su inconsciente, fundamentalmente tienen miedo de que los traicione: "Si yo tengo confianza en Arnaud estoy perdido". Basta con que yo estornude una vez durante el *lying* para que piensen: "A Arnaud no le importo".

El miedo particular que yo transfería en Swamiji no me impidió, al final, llegar a expresar, pero fue largo y laborioso antes de que se produjera la desbandada de las resistencias.

El *lying* se presenta en primer lugar como difícil. Están acostumbrados a sufrir, y comprenden que se les va a pedir sufrir aún más. Llevan el peso de sus angustias, de sus malestares, de sus emociones dolorosas, de sus emociones negativas, de los momentos en los que están tensos, hostiles, tercos, cerrados, infelices, inquietos por el futuro y es en estos sufrimientos que se les pide sumergirse prometiéndoles que eso los va a liberar. Pero es una liberación de la que no tienen ninguna experiencia, de la que nada en las profundidades de ustedes mismos les garantiza, y una liberación de la que la esperanza al principio no es suficiente para ser una convicción. En las profundidades del inconsciente, tienen quizá el recuerdo de momentos muy felices, cuando eran un feto o cuando eran un bebé en los brazos de su madre, pero en ningún lugar tienen la menor idea de lo que es el *lying*. Este es un descubrimiento total que van a hacer; algo radicalmente nuevo. No hay muchas actividades en las que uno se comprometa teniendo tan poca idea de aquello en lo que uno se mete. Es el contrario, el perfecto contrario, el contrario absoluto de todo aquello de lo que han tenido la experiencia y de todo aquello a lo que están acostumbrados.

Este *lying*, que les parece de entrada como algo tan difícil—va a ser necesario sufrir, gritar y gemir— es de hecho algo grandioso, tan bello como la meditación, tan bello como el amor, tan bello como la comunión con un hermoso paisaje. Es una de las actividades más maravillosas que he conocido en mi vida. Solamente que no lo descubrí inmediatamente. Lo supe cuando comprendí verdaderamente de qué se trataba y cuando me dejaron las viejas costumbres perjudiciales, nefastas, falsas. Hay mucho más que decir sobre el *lying* de lo que podríamos pensar. No se trata solamente de tumbarse sobre el colchón y pensar: "Voy a lanzar gritos o a gemir o a revivir acontecimientos pasados" ... Al principio, no se entiende en absoluto de qué puede tratarse. Cuantos más meses pasan en el Bost, más me maravillo con este método de Swamiji, que forma parte de la totalidad de su enseñanza y de todo lo que he comprendido sobre el budismo zen de Houei-Neng y Huang-po, sobre el vedanta hindú y sobre las demás enseñanzas espirituales.

Insisto, el *lying* es una actividad maravillosa. El *lying* no consiste únicamente en revivir situaciones dolorosas de la infancia o de una vida anterior que fueron completamente reprimidas y que al reprimirlas, volvieron su vida mentirosa. El *lying* consiste en recostarse, en abandonar durante un momento todos los cuidados, todas las preocupaciones de la existencia, en unificar todos los aspectos de uno mismo y ser completamente verdadero. En lugar de aislarnos, la emoción dolorosa de un lado y nosotros del otro, nos reunificamos. Ya no hay dos: yo y mi emoción, yo y mi inconsciente, yo y mi verdad profunda. Ya no hay más que uno. Estoy reunificado, soy lo que soy.

***

Volvamos a tomar el asunto desde el principio. Voy a repetir una verdad que Swamiji nos enseñó de manera extremadamente precisa. Es el origen de la dualidad con el nacimiento. Lo repito como preparación a una reflexión sobre el *lying*. El niño aún no nacido no siente nada como "otro diferente a él", salvo en el caso de que la madre viviera una emoción particularmente intensa. El niño podría ser perturbado por ello, eso es cierto. Pero, si la madre no vive su embarazo en circunstancias trágicas, el niño no siente que existe algo más que él. No hay comunicación con el exterior y está ahí, absolutamente apacible y tranquilo.

El "traumatismo" primordial –el que todo el mundo ha vivido una primera vez y que algunos han revivido veinte, treinta, cuarenta años más tarde–, es el nacimiento. De repente, en esa paz, el malestar de las contracciones aparece y sorprende al niño. Este acontecimiento del nacimiento es un acontecimiento doloroso, a veces incluso espantoso, y con todo su ser el niño sorprendido rechaza; rechaza estas contracciones, ese ahogo, esa necesidad que le empuja a salir y esos obstáculos que aparecen a su alrededor. Muchos de los nacimientos que han sido revividos aquí, lo fueron en presencia de dos médicos gineco-obstetras: uno que podríamos definir creador de ideas "originales", Frédérik Leboyer, y otro, que no levanta sospechas ya que es el tipo de doctor titulado, miembro de diversas sociedades y participante de varios congresos, el doctor Séguy de Niza. Ambos confirmaron que se trataba realmente de nacimientos. En cierto momento, no sé con quién de ustedes, Bernard Séguy me dijo: "Dele una nalgadita". Yo golpeé sus nalgas, no muy fuerte, y el que estaba viviendo su nacimiento se retorció por el sufrimiento como una langosta viva sobre la plancha del asador. El doctor Séguy me dijo a continuación: "Sí, he reconocido la fase del parto y, generalmente, en casos similares damos una nalgada al bebé". El hecho de a penas golpear las nalgas, un golpecito de nada, resultó insoportable. Después Bernard Séguy tuvo la idea de hacer una especie de túnel con el colchón de *lying* y enrollar a los que estaban empujando para salir, no ya gritando después de su venida al mundo. La reacción fue impresionante. Era la locura, el pánico y eso ocurrió con todos. No podemos dudar que el nacimiento es, la mayoría de las veces, un acontecimiento traumatizante y un fuerte choque.

A mi hija Muriel la he visto nacer dos veces, hace veinte años y hace dos años. Ella revivió este nacimiento como una pesadilla. Su nacimiento fue largo y difícil, se había estrangulado con el cordón, se puso cianótica y el doctor Velay, el célebre especialista del parto sin dolor, manifestó un poco de preocupación al ver que el bebé no empezaba a respirar. Muriel revivió su nacimiento como un infierno.

Hace algunos meses, le pregunté: "¿Crees que podrías revivir tu nacimiento para el doctor Séguy?". Ella me respondió: "Claro que sí, basta con que me ponga en posición fetal y que vuelva a recordar y todo volverá a suceder". Ella revivió voluntariamente este nacimiento delante del doctor y me dijo: "Yo estaba en la beatitud", al mismo tiempo que se torcía y sufría. Sí, la *beatitud porque la plenitud y la perfección de la aceptación estaban ahí.* Y, sin embargo, en su libro *"Naissance"* el doctor Seguy escribe: "Tal escena era difícil de soportar".[3]

Regresemos pues a ese punto de partida. El bebé, con todo su ser, rechaza. Algunos que han revivido su nacimiento, después de haber manifestado innumerables sensaciones, ya sea durante el periodo que precede la salida del útero y de la vagina, ya sea justo después de la salida, han llorado, llorado, llorado, expresando la desesperación. La desesperación del bebé se expresaba a través de un cuerpo de adulto. Una desesperación que contenía todas las desesperaciones futuras. Todos ustedes la han vivido, esa desesperación, desesperación de haber nacido, de tanto sufrir, de tener que respirar y de rechazar respirar. Esta desesperación muestra que ya hay una emoción y no solamente sensaciones. El niño rechaza, rechaza, rechaza. No es más que un inmenso no, no a todo, no incluso al mismo hecho de nacer. A partir de ahí el mental comienza. El mental es el hecho de decir no. El mental es el rechazo a lo que es. El mental es no aceptar que lo que es sea. Y esta

---

3. Dr B. Seguy, *Naissance,* 3ª edición. Ediciones Maloine, París.

división nunca más desaparecerá. Va a subsistir a menos que nos comprometamos con un camino particular que convierte el conflicto en aceptación y el rechazo en sumisión, idea que encontrarán expresada en todas las enseñanzas religiosas. *Eso es* y una parte de mí grita: "Eso no debería ser". Y heme ahí, dividido en dos. La parte que está obligada a reconocer que "eso es" y la otra mitad de mí que rechaza que eso sea. De ahora en adelante, cada vez que una situación se sienta como dolorosa, la cabeza, el corazón, el cuerpo y eventualmente el sexo rechazarán que lo que es, sea.

Pueden ver la división que esto representa en ustedes. El nacimiento es el origen del ego, del mental, de la dualidad, de la oposición entre lo que nos gusta y lo que no nos gusta, entre lo agradable-desagradable, lo feliz-doloroso, lo frustrante-gratificante, lo benéfico-maléfico, pueden tomar todas las palabras opuestas indicando la dualidad en la que vive el ego. La vida consiste en "oponer lo que les gusta y lo que no les gusta". Les gusta la salud, no les gusta la enfermedad, les gusta la prosperidad financiera, no les gusta la miseria, etc. El zen nos pide "cesar de oponer lo que nos gusta a lo que no nos gusta". ¿Acaso esta frase escandalosa tiene sentido? ¡Sí! Esta frase tiene sentido y el *lying* puede ayudarlos a comprenderlo.

Una vez que adoptamos el hábito de rechazar, este no hace más que crecer porque se agrava al hundirse en la memoria inconsciente. La memoria de experiencias dolorosas hace que yo rechace todavía más las nuevas experiencias que llegan y que reavivan los antiguos recuerdos latentes. Una buena parte de esta memoria es inconsciente, pero no por ello menos activa y dinámica. Y esto es así a lo largo del día. Ustedes viven todo el día en base a esos recuerdos. En alguna parte de ustedes, saben que eso que aman no durará y que conlleva un contrario. El inconsciente tiene miedo de que los malos recuerdos, que comenzaron con el nacimiento, regresen, y entonces rechazan y se debaten. *Eso es*, y una parte de ustedes grita "¡no!" y todo su cuerpo lo expresa. Sus glándulas endócrinas dicen no, sus contracciones musculares dicen no, su sistema nervioso, simpático, vago-simpático dice no. Toda su fisiología, incluso su misma biología, dice no a lo que no les gusta. Y ese no a lo que no les gusta, esas reacciones fisiológicas componen la emoción, cualquiera que sea esa emoción, la ira, el miedo, la desesperación, el odio.

Al ser dolorosa la emoción y también sus consecuencias físicas, ustedes rechazan una vez más y crean un segundo desacuerdo o un segundo conflicto al interior de ustedes. Están molestos de estar molestos, nerviosos de estar nerviosos, asustados de tener miedo y así sucesivamente. De nuevo, *dentro de ustedes*, oponen lo que les gusta a lo que no les gusta. Me gusta sentirme bien conmigo mismo, no me gusta sentirme mal conmigo mismo. Me gusta sentirme en plena forma, no me gusta sentirme tenso, inhibido, infeliz. Cada uno podría aportar su testimonio de emociones y podríamos tomar todos los términos que designan emociones como angustiado, asustado, molesto, nervioso, aburrido, enojado, contrariado, indispuesto. Su vida se desenvuelve en esta calamidad sin esperanza, vana, insensata, generalizada, todopoderosa, que consiste en rechazar que lo que es sea, en el exterior de ustedes y dentro de ustedes, y en estar cada vez más tensos contra lo que es. Es una partida desesperada, loca, que no pasa un examen objetivo de la *buddhi*, de la inteligencia.

Si yo soy cualquier cosa, no será rechazándolo que voy a arreglar la situación. Si yo soy infeliz y no acepto ser infeliz o soy infeliz por ser infeliz, ¿a dónde me lleva eso? Y, sin embargo, es el estado en el que casi todo el mundo vive y del cual todo el mundo es prisionero, desde siempre. Si esto toma proporciones demasiado grandes, demasiado generalizadas, se convierte en neurosis. Pero este es el estado ordinario del ser humano. Incluso un ser humano no neurótico tendría el máximo interés en hacer *lyings*, si realmente quisiera alcanzar la armonía, la plenitud y estados de consciencia nuevos. Esta represión hace que los *samskaras* y los *vasanas* estén escondidos en las profundidades, en el estado no manifestado, y que no puedan manifestarse directamente.

El *lying* concierne en efecto a las emociones antiguas. A este respecto, se podría hacer un acercamiento entre el *lying* y la abreacción de Freud. Abreacción es la traducción de una palabra forjada por Freud en alemán que significa reacción *a posteriori*, ab-reacción. Ab significa alejamiento, reacción alejada, lloro a los cuarenta años por una bofetada que recibí a los dos años. La abreacción ha sido poco a poco hecha a un lado por los analistas, pues los fatiga, molesta o perturba. Es en efecto difícil decir a un sujeto: "Vamos, levántese y vuelva a su casa" si está realmente sofocado por su abreacción. Es más fácil hablar. Pero esta abreacción es solamente un aspecto del *lying*, dado que incluso las emociones actuales, sobre todo en el mundo moderno, son reprimidas. En otros tiempos había más facilidad para atreverse a llorar. Uno se arriesgaba a dejarse ir y a expresarse. Eso no era una vergüenza. Se admitía que alguien pudiera llorar cuando tenía una gran tristeza.

En otros contextos y otras civilizaciones, las personas tienen miles de posibilidades para expresar verdaderamente, completamente, sus emociones, incluyendo las emociones del momento, que nosotros ya no tenemos. Un miembro de la Sociedad de los exploradores, Merry Ottin, me contó una historia que me sorprendió mucho. Él filmaba películas en Java, Bali, Yakarta, en toda Indonesia. El chofer que lo acompañaba hablaba algo de inglés (los orientales aprenden rápido a farfullar el inglés) y le servía más o menos de intérprete para las conversaciones simples. Habían dejado la ciudad para rodar la película en la selva durante dos o tres meses sin regresar a la capital. El chofer pensaba todo el tiempo en su mujer y sus dos hijitas y contaba que eso le ponía triste... Y de repente, detiene el coche al borde de la carretera, sale, se recuesta en el pasto durante media hora y llora, llora sin parar gritando el nombre de su mujer y de sus dos hijas que Merry Ottin conocía ya que él hablaba mucho de ellas. Durante media hora se recostó y lloró, hizo un *lying*. Él fue uno con su emoción en lugar de reprimirla. Y luego, regresó al coche y, sin haber visto todavía a su mujer y sus hijas, de repente se le hizo más llevadero. Esta reunificación es la gran realización. Si nos reunificamos con nosotros mismos, alcanzamos el corazón del ser en nosotros. Alcanzamos el corazón de nosotros mismos y como ya no estamos en conflicto, como estamos centrados en nosotros mismos, aparece lo que es nuestra verdadera naturaleza, es decir ser felices. Su verdadera naturaleza es la de ser felices y están exiliados de esta *ananda* por los deseos, los miedos y los conflictos. Hablo de una felicidad que no es el fruto del tener, una felicidad que es la expresión del ser o que emana del ser y que, por consiguiente, no tiene contrario.

"Un estado que no tiene contrario" es muy importante. Se puede descubrir en la meditación y se puede descubrir en el *lying*. Todos los estados que conocen, todas las experiencias que han vivido desde su nacimiento siempre comportan un contrario. Bien consigo mismo-mal consigo mismo, feliz-infeliz, apaciguado-ansioso, relajado-tenso. Pregúntense ¿he conocido aquello que no tiene contrario? He aquí una pregunta sorprendente. A través de la meditación podrán descubrir lo que no tiene contrario, a través del *lying* también. El estado de paz y de alegría que puede surgir durante el *lying*, sumergiéndose en el corazón mismo del sufrimiento más grande, *es un estado que no tiene contrario porque ya no opone lo que nos gusta a lo que no nos gusta.* Acepta tanto lo que no nos gusta como lo que nos gusta, por lo cual se escapa a los contrarios. Es un estado feliz y de una alegría que no depende del tener. Es únicamente la expresión del ser.

El Brihadaranyaka Upanishad, uno de los grandes Upanishads, dice que cada vez que hay unión, hay beatitud y expresa esta unión con la palabra AUM, comentada en este pasaje de los Upanishads como el consentimiento o la aprobación.

De hecho, es tan simple. Si toman el proceso desde el nacimiento y ven como están en conflicto con el exterior y consigo mismos, es muy simple. Pero no es fácil de poner en práctica, porque existen veinte o treinta años de hábitos opuestos que se han convertido en una segunda naturaleza. Es tan simple y al mismo tiempo tan difícil y esos mecanismos mentales-emocionales están tan bien organizados que el rechazo a esa actitud de adhesión está en ustedes. En un principio puede haber un inicio de aceptación, un deseo sincero de aceptación: "Voy a tratar de verdad de ponerme sobre el colchón y voy a vivir mis sufrimientos". Pero el *lying* es una actividad que emprenden sin tener la menor experiencia, ni siquiera antigua, de lo que se trata. Ni siquiera es como encontrar una felicidad que conocieron hasta la edad de seis meses y que perdieron después pero que, en el fondo de ustedes, saben que existe. Es algo de lo que nunca han tenido la menor experiencia, nunca. El feto no hace un esfuerzo consciente por aceptar su estado feliz y "ser uno con". Lo es naturalmente. Después, el bebé no hace ningún esfuerzo por aceptar ya que no hace otra cosa más que rechazar. Y ustedes siguieron rechazando. Ahora se les pide una actitud consciente, nueva, que va a consistir en mirar de la misma manera, en acoger con un mismo corazón, tanto al sufrimiento como a la felicidad. Esa es la gran enseñanza.

Esta es la enseñanza de Swamiji sobre *half life* y *full life*: si no quieren más que la parte agradable de la vida, no tienen más que una mitad de vida. Nunca descubrirán el gran secreto, el atman o el Reino de los Cielos, si no tienen más que la mitad del enunciado del problema. Swamiji decía: "Ustedes no aceptan el aspecto de la existencia que califican de sufrimiento". *"Oh Arnaud, you will have only half life"*, no tendrá más que la mitad de la vida o una mitad de vida. *"You will miss full life. Can you accept to miss the fullness of life?"*, no tendrá la plenitud de la vida, la vida completa, ¿podrá aceptar no tener más que una mitad de vida? ¿Cómo pueden armar el motor de un coche si sólo les doy la mitad de las piezas o resolver un problema si no les doy más que la mitad del enunciado? Sólo descubrirán lo que tienen que descubrir en la existencia con la totalidad de los datos, es decir si acogen, si viven, si conocen tanto lo que llamamos sufrimiento como lo que llamamos felicidad. Esta no es en absoluto la actitud normal del ser humano y he aquí por qué el ser humano se pierde la realidad de la existencia y pasa siempre al lado de la gran maravilla prometida por las enseñanzas espirituales bajo el nombre de Reino de los Cielos, Vida Eterna, atman o naturaleza de Buda.

¿Cómo vivir esta enseñanza? ¿Cómo poder decir ahora: "De acuerdo, ya no hago diferencias"? Y he aquí que comienzan las malas noticias: estoy poniendo en marcha un negocio, el dólar baja, el marco sube, todos mis planes están patas arriba. ¿Cómo voy a aceptar esta situación que se ha convertido en una pesadilla? Y, de pronto, comienzo a estar cansado, caigo enfermo. ¿No hago entonces ninguna diferencia entre el hecho de estar en buena salud y el hecho de estar enfermo porque quiero *the fullness of life*? ¡Esto parece impracticable! Sin embargo, es lo que todas las enseñanzas espirituales les piden, todas. Lean las escrituras originales y los comentarios.

Para ya no hacer la diferencia entre el "bien" y el "mal", es decir lo bueno y lo malo en la existencia cotidiana, es necesario pasar a un nivel interior mucho más profundo, un desapego en el que el cuerpo lleva a cabo las acciones, pero donde uno ya no se siente implicado. Pero, en el *lying*, algo se vuelve posible, algo que enseguida impregnará toda su existencia porque habrán hecho grandes e inolvidables descubrimientos. En el *lying* es posible decidir: "Ahora, durante una hora, voy a cesar de oponer lo que me gusta a lo que no me gusta". Solamente deberán tener en cuenta veinte años, tal vez treinta años de actitudes opuestas, de estar siempre en el rechazo a lo que no les gusta. Aquí, de golpe, hacen este descubrimiento de que todo el mal viene del mental, es decir del rechazo a lo que es, de la división en el interior de ustedes y de la represión. Swamiji decía *denial*, rechazo, negación, reniego, refutación. Él también empleaba la comparación célebre del avestruz que esconde su cabeza en la arena para no ver el peligro. Esta actitud mentirosa los corta de su verdad, los mantiene en la división, los exilia de la paz de las profundidades, los hace desperdiciar una energía inmensa. Entonces estamos todo el tiempo cansados, no podemos levantarnos en la mañana, dormimos mal en la noche. Es como si frenaran con un pie mientras al mismo tiempo apoyan el otro sobre el acelerador de su coche. ¿Creen que eso sería bueno para el coche? Nosotros hacemos lo mismo. Una parte de nosotros quiere expresar la verdad y otra parte no quiere esta verdad. Y es ahí donde estamos locos. Lo estuve, me debatí, me fue difícil lanzarme a los *lyings*. Cuarenta años de malas costumbres que enderezar. Pero enseguida, cuando se da el vuelco, cuando las malas costumbres emocionales, físicas, mentales, pierden pie, ¡qué liberación! Y esto tienen un valor que supera el hecho de volver a encontrar traumatismos infantiles.

La gran tragedia es estar desconectados de su verdad. Para mí, el infierno es esta dualidad, esta división interior, este conflicto entre la superficie y la profundidad. Y *el paraíso es la reunificación, aunque sea la reunificación con el propio sufrimiento.* Hay una cierta manera de ir con todo el corazón al encuentro de su sufrimiento, que cambia todo. Hay una actitud nueva a descubrir porqué las resistencias que llevan dentro de ustedes, las represiones, la mentira, la desconexión, el miedo, el conflicto, la división interior, están magníficamente organizados. Existe un lugar donde hay una falla que el enemigo no puede cubrir. Si pasan por esta falla, estará siempre abierta. Consiste en ser uno con la situación tal como es y nada más, uno con la primera emoción que está en la superficie. Algunos no se sienten listos para hacer un *lying* porque ese día tienen una emoción negativa hacia el *lying*. Sean uno con esa emoción negativa que surge con respecto al *lying*. ¡Digan enseguida sí! Sí a mi emoción, sí a mi malestar, sí a mi negatividad, sí a mi no. La negatividad va probablemente a disiparse enseguida, o bien se va a manifestar, pero en la felicidad, a partir del momento en que esté de acuerdo. Pueden estar de acuerdo con todo, no hay que elegir: "¡Ay no!, ésta no es una bella emoción de *lying*". Las bellas emociones del *lying* no son solamente las desesperaciones que nos hacen sollozar ¡mamá, mamá! Para llegar a la desesperación grandiosa hay que comenzar por ser uno completamente con la emoción que está ahí. Y deben en primer lugar ser uno con la emoción que está en la superficie, no importa lo ingrata, dolorosa, molesta que sea. ¿Cómo pueden quitarse la camiseta sin haberse quitado primero el suéter? Comienzo en primer lugar por ser uno, completamente uno con lo que está ahí. El hecho de ser uno transforma la situación y sucede el milagro. Tratan de abrir la puerta empujándola, empujando de una manera, empujando de otra, sin embargo es una puerta que se abre jalando. El único secreto está ahí. Buscan abrir la puerta de la prisión empujando. E intentan cincuenta maneras distintas de empujarla. ¡No, no! Se abre jalando. Buscan liberarse permaneciendo en contra. Eso es imposible. Si yo estoy en contra de lo que sea que esté sucediendo en mí, no puedo liberarme.

La emoción está ahí, se trata de ser uno con ella. "No lo logro". De acuerdo. ¿Está feliz o infeliz de no conseguirlo?, ¿infeliz? Pues bien, si está infeliz, sea uno con esa emoción de infelicidad por no conseguirlo y eso es todo. ¿Qué forma toma el sufrimiento para ustedes? "Estoy molesto, irritado, no logro nada, ni siquiera soporto que esté usted ahí, sentado a mi espalda hablándome".

Ahora para ustedes, el sufrimiento se presenta bajo la forma de no lograr nada y cuanto más pretende Arnaud ayudarlos, más los molesta. ¿El sufrimiento toma esa forma? Sean uno con. Entréguense, libérense, hagan el amor con el sufrimiento. El que está ahí. "Yo estaba preparado para llorar por el hecho de que mi madre no me quiere". ¡No, no hay que llorar por el hecho de que su madre no los quiera! Hay que ser uno, aquí, ahora, en el instante mismo, uno con el sufrimiento sea cual sea. El mental propone siempre otra cosa y hace que todo fracase. Hay un orificio en la cerradura, muy preciso, en el cual hay que meter la llave. El mental mete la llave justo a un lado de la emoción que está ahí. Entonces, ¡aunque se enojen, no logran nada! No pueden reencontrar a su madre que los abandonó, cuando la emoción que está ahí, enorme, es "no logro hacer nada", o "estoy enojado". "Me vieron feo durante el desayuno" o "perdí mis anteojos", o "no soporto más a Arnaud" no es una emoción grandiosa para hacer un *lying*. ¿Qué dice? Es una emoción grandiosa para hacer un *lying* el que yo haya perdido mi reloj y mis anteojos. Lo tiene todo, el fracaso, el sufrimiento, la humillación, la traición, nada funciona, todo sale mal. Para el inconsciente, es perturbador perder el reloj o los anteojos cuando uno está todavía en las emociones. Hay que aprovecharlas para comenzar el *lying* con eso. ¡Pues sí! Pueden tomar lo que sea, siempre y cuando esté ahí. Aquí y ahora, en el instante, enseguida, ser uno con lo que es. Pero el mental los aparta todo el tiempo de esta verdad. Es tan simple. Les aseguro que el *lying* es la puerta de salida de la prisión. Sólo hay que meter la llave en la cerradura. Pero los veo a unos y otros sobre el colchón tratando de meter la llave por todos lados salvo en el ojo de la cerradura del cual están tan cerca. Quiero ser liberado, ya he sufrido bastante, pero no meteré la llave en el ojo de la cerradura.

Está a disposición de todos, de inmediato. Pero existen todos esos mecanismos grabados en ustedes, hábitos, mentiras, que no pueden ser vencidos únicamente a través de la comprensión intelectual. Esta no resuelve todo cuando los pánicos emocionales están ahí. Utilicen pues la emoción misma. Vayan al encuentro de aquello a lo que tanto quisieran escapar. Enfrenten su miedo. En realidad, no hay otro sufrimiento más que la división.

La liberación consiste en estar reunificado. Entonces, alcanzo la profundidad. Entonces alcanzo esta beatitud del ser que está siempre en mí, cualesquiera que sean las condiciones exteriores e interiores. La reserva de emociones antiguas se disipa y me acostumbro a ser enseguida uno con las emociones de la existencia, si no he logrado ser uno con el acontecimiento mismo. Los maravillosos descubrimientos hechos en el transcurso del *lying* impregnan toda nuestra actitud frente a la existencia y nos convertimos permanentemente en "el hombre que dice sí más rápido que sus emociones". El problema está resuelto. Es tan simple. Muy simple: *amén, aum, que así sea.* Toda la enseñanza está contenida en estas tres palabras y, para descubrirlo, tienen el *lying*. Pero no hay que entregarse a medias.

Hay que considerar el *lying* como algo inmenso y no solamente como una técnica terapéutica en la cual es necesario gritar para liberarse del propio sufrimiento. ¡No! Una actitud religiosa, la forma más alta de meditación que pueda existir para ustedes hoy, el reemplazo de la mentira por la verdad y del conflicto por el no-conflicto, el sí total a lo que es, sea lo que sea. Entonces el foso trágico que separa la superficie y la profundidad o el consciente y el inconsciente, desaparece. Pero olvidemos por un momento las palabras consciente e inconsciente que están cargadas de todo un contexto psicoanalítico. Digamos mejor la superficie y la profundidad o la periferia y el centro. No se trata forzosamente de ir a buscar en un misterioso y extraordinario inconsciente basado en el deseo de acostarse con su madre y de matar a su padre. Se trata simplemente de ser uno con la emoción actual, enseguida, completamente. Si estoy aún sometido a las emociones, pues bien, ahí voy completamente. ¿La emoción, el sufrimiento, están ahí? Ya no tengo ningún miedo. Si son uno con, "uno con" lo que haya ahí, les aseguro que encontrarán la beatitud. Un *lying* no puede estar compuesto más que del aquí y del ahora.

La experiencia me muestra cuántas veces les falta esta verdad del "aquí y ahora". Tomemos un ejemplo bien simple pero que se aplicará en todas las circunstancias. Ustedes están exiliados de la beatitud del Sí- mismo, de la *ananda* por una ansiedad que regresa periódicamente o que casi nunca los abandona. De acuerdo. E inmediatamente el mental dice:

"Cuando esté libre de esta ansiedad y finalmente sea feliz...". Y el mental oye: "Existe un proceso que puede liberar de esta ansiedad; es lo que llamamos el *lying*". Y el mental comienza el *lying* con la idea del futuro: "Cuando me libere de la ansiedad...". Hago hoy el *lying* para estar libre de la ansiedad de mañana. ¡Y se pierde el *lying*! Aquí y ahora estoy ansioso, esta es la verdad. El *lying* les permite vivir la perfección del aquí y el ahora, es decir la perfección de esa ansiedad. Eliminen toda consideración del futuro. Eliminen toda consideración del resultado. Eliminen toda consideración de una no-ansiedad que desean pero que no está ahí. Comprendan que es ahora, en la ansiedad, cuando la realidad eterna está presente y no en el futuro, ni en ninguna otra parte, y permanezcan aquí y ahora, ansiosos, maravillosamente ansiosos, perfectamente ansiosos, admirablemente ansiosos. Entonces se acercan al *lying*, se acercan al aquí y al ahora. Y cuando alcancen la perfección de la ansiedad, alcanzarán la perfección del aquí y del ahora.

Olviden que les gustaría estar libres de su angustia y permanezcan perfectamente angustiados, porque así están. Y en el momento en que hayan conseguido la perfección de la angustia, aquí y ahora, en el instante mismo, la angustia se volatilizará. Cuantas veces he visto a uno u otro, una u otra de ustedes hacer este descubrimiento. Por falta de una comprensión total Después de haber tratado de vivir sus sufrimientos sin lograr el aquí y el ahora, de repente, un conjunto de circunstancias hace que la comprensión llegue y uno de ustedes no es más que el instante. Si es una eternidad de sufrimientos, le digo "sí", milésima de segundo tras milésima de segundo. Y en esta plenitud de aceptación que renunciaba a todo futuro, a todo porvenir, que buscaba solamente la perfección del aquí y ahora, se produjo para muchos de ustedes el milagro:

en el momento en que soy perfecto en mi desesperación, en mi ausencia de esperanza, en mi derrota, en mi desastre, en mi fracaso, en el instante mismo toda limitación desaparece y *ananda* se revela. *Ananda* es el fruto de la perfección del aquí y el ahora, siempre, y nada más. Experimenten, verifiquen y descubran que es verdad. La perfección del aquí y el ahora es siempre *ananda*, la beatitud. Pero si subsiste algo de su pensamiento, de su energía, de su emoción para rechazar todavía esta ansiedad, ya no hay *lying* porque ya no hay aquí y ahora. Y aquí y ahora quiere decir aquí y ahora; no en un año, no en diez minutos, no en un minuto, no en un segundo. Justo aquí y justo ahora, me escapo del mental que crea un segundo y que sobrepone a la ansiedad la idea de un estado sin ansiedad. Mientras que el mental permanezca en un segundo plano del *lying*, no habrá *lying*; ustedes viven su ansiedad mientras toda una parte de ustedes está aún ahí, aquí y ahora, rechazándola.

Tal vez en cinco minutos sean libres, tal vez mañana serán libres para siempre, pero ahora mismo no lo son. Entonces justo ahora sean perfectamente todavía no liberados. Busquen únicamente la perfección del instante. Lo que buscan está ahí, en ninguna otra parte. Ustedes hacen un *lying* y veo bien que demasiado a menudo, el mental todavía interviene: "Cuando la emoción se exprese, cuando el recuerdo reprimido salga a la superficie". ¡No! En el segundo, ¡ya no hay mental! ¿Hay una emoción? Soy uno con la emoción. Toda tentativa de meditación es siempre una tentativa del aquí del ahora, si no, es falsa y no conduce a ninguna parte. Y el *lying* es una forma de meditación. El secreto del *lying* es: "Al cien por ciento". Noventa y nuevo por ciento no basta. Al cien por ciento. El *lying* al cien por ciento es la gran experiencia metafísica; ya no hay ego, ya no hay mental. La definición del ego o del mental es oponer lo que nos gusta a lo que no nos gusta. Si están al cien por ciento en el *lying*, la distinción entre lo que les gusta y lo que no les gusta desaparece. Por consiguiente, de un modo provisional, están liberados. Ya no hay ego, ya no hay mental, no existen más que los fenómenos que se producen al nivel de los diferentes *koshas*, los diferentes niveles de ustedes mismos, las sensaciones, los movimientos, las desesperaciones, los entusiasmos, las ideas negras, las ideas rosas, etc. Dejen que se produzcan los fenómenos, dejen las cadenas de acciones y reacciones desarrollarse; que las causas produzcan sus efectos. En esta adhesión al cien por ciento , el ego desaparece y la beatitud del ser se revela. Esto incluye el hecho de revivir las emociones antiguas y aceptar hoy lo que no se pudo aceptar hace treinta años; pero esto va más lejos. Es una actitud completamente nueva con referencia a la existencia. Me entrego a lo que es.

El *lying* es difícil y deja un mal recuerdo si uno lo termina en el momento en el que todavía no se acepta más que al ochenta por ciento o incluso al noventa por ciento. Lo que es necesario es aceptar al cien por ciento las cosas horribles que suben a la superficie, tales traiciones, conflictos, desgarramientos, torturas, que se sufrieron en esta vida o en una existencia precedente. Un niño judío que hubiera visto frente a sus ojos la muerte de su madre a manos de los nazis y que hubiera conseguido reprimirlo y olvidarlo completamente, debe revivirlo y debe revivir que ha visto como luego torturaban a su padre y debe revivir que fue llevado por desconocidos, gritando de terror. Una tragedia de la pequeña infancia que se hubiera conseguido reprimir debe volver a subir a la superficie, hasta que se haya comprendido que basta con aceptar al cien por ciento para estar en la beatitud. En tanto que se acepte sólo al noventa y nueve por ciento nos desollamos vivos. Al cien por ciento. No merece la pena regatear, aceptar todo sin aceptar realmente, aceptar de dientes para afuera. Hay que estar convencido de que, durante una hora, sobre el colchón, esto es posible, y hay que jugar el juego. Solamente a ese precio resulta interesante. Den una hora de su vida. Y, durante una hora, háganlo con una adhesión al cien por ciento. A lo que es, me adhiero completamente, aunque sea el infierno, aunque sea la muerte. Toda cuestión de tiempo o de futuro desaparece. Estoy en el instante, en el instante en que no hay otra cosa en el mundo que cuente, en el instante puro del cual hablan todos los yoguis, todos los metafísicos. Yo soy uno con lo que está ahí. ¿Un dolor físico? No tengo que preocuparme del futuro o del pasado; ese dolor físico está ahí ahora y estoy cien por ciento de acuerdo con que esté ahí. ¿Una emoción? No me preocupo ni del pasado ni del porvenir. No, justo en el instante esa emoción está ahí. ¡Adelante! Es un camino vuelto a encontrar. Lo han perdido durante veinte o cuarenta años y pueden encontrarlo de nuevo. Esto merece que se hagan todos los esfuerzos necesarios. He visto a yoguis ejercitarse cada día durante diez años a la meditación. Ustedes pueden también pagar el precio de su liberación. Si van al cien por ciento en su adhesión con lo que no les gusta, debido a dicha adhesión, pasarán más allá del me gusta o no me gusta y esto se vuelve la gran revelación interior. Vayan siempre más lejos, siempre más profundo, aún más lejos en la adhesión, aún más profundo dentro de ustedes. ¿Hay algo nuevo que se presente? ¡Aún más adhesión! En un principio tendrán un trabajo que hacer, como si hubiera que despegar adherencias sin parar. Las represiones, todo lo que se resiste a dejarse fluir, lo despego de la superficie. Lo tomo y me concentro. Es como una meditación. En primer lugar, la concentración, después ser uno con el objeto de la meditación. El objeto de su meditación es lo que está ahí dentro de ustedes: su emoción, su sensación, su miedo, su sufrimiento, hasta que consigan ser enteramente, con todo su ser, "uno con". En ese momento, están reunificados, ya no están en conflicto.

El milagro se produce cuando la bella princesa le da al sapo inmundo un beso de amor en la boca. El sapo se convierte en un príncipe encantador. Cuando el yogui tibetano rinde un culto, adora a la Divinidad tántrica aterradora, esta se transforma en la misma divinidad, pero bajo el aspecto de su rostro sereno y benévolo. Lo que se nos aparecía como el Sufrimiento con "S" mayúscula, cualquiera que sea su forma, se trans-forma y se supera. No hay nada que discutir con la cabeza. Hay sufrimiento. Dan su adhesión al sufrimiento y el sufrimiento se transforma en beatitud. Acepten el Horror con "H" mayúscula. Sean uno con lo inaceptable. "Acepten lo inaceptable" he ahí el secreto del *lying*. Acepten lo inaceptable al cien por ciento. Lo que los mata, la desesperación de la traición, de la soledad, del abandono, de la cólera contra ustedes mismos, del mal físico, acéptenlo durante una hora al cien por ciento como si eso fuera maravilloso. Vengan al colchón de los *lyings* sabiendo: "Voy a tener la gran experiencia metafísica de la irrealidad del sufrimiento. En el corazón del sufrimiento descubro la beatitud". Les aseguro que eso es posible. No hay ninguna excepción al *lying*. Puede haber una excepción a la curación del cáncer, hay cánceres que no se curan. Puede haber una excepción para ser un campeón deportivo, no todos pueden saltar más de dos metros de altura. Pero, para el *lying*, no puede haber excepciones. Por el hecho mismo de que están vivos, no puede haber excepciones, si quieren lograrlo, si sienten la necesidad imperativa.

Recuerden: "¿Cómo escapar de los fuegos del infierno? —Salten en las llamas ahí donde estén más altas".

V

VASANAKSHAYA
La erosión del deseo

Vedanta vijñana, manonasha, chitta shuddi y *vasanakshaya*, estos cuatro enfoques reaccionan unos sobre otros. Pero, si hay cuatro expresiones diferentes, esto demuestra que, para la práctica, tenemos el derecho de diferenciarlas también.

La palabra sánscrita *vasanakshaya* era un pilar en la enseñanza de Swamiji. En lo que concierne a *akshaya*, este término significa erosión. Es la palabra que se emplearía para la erosión de un acantilado por las olas del mar. "Erosión" implica un trabajo lento, progresivo, que se hace poco a poco. Solamente cuando este trabajo se ha cumplido, se puede producir una iluminación "súbita". Cuando un acantilado ha sido lo suficientemente erosionado, se desploma bruscamente. Del mismo modo, en el caso de la erosión de los vasanas, el fin de este proceso puede producirse en un instante, como un edificio que se derrumba después de haber sido minado por todos lados.

Si la palabra *akshaya* no plantea problemas, el término *vasana*, por el contrario, es un poco más delicado de utilizar y se ha traducido y definido de maneras diversas. Viene de la raíz VAS que quiere decir permanecer, subsistir. Una vasana es lo que resta en el psiquismo en estado inconsciente después de una acción llevada a cabo o de una experiencia vivida. Esta impresión es dinámica. Se compara con una semilla que tiene la tendencia a germinar en acción. Para la tradición hindú, el querer revivir, re-experimentar, rehacer lo que ya fue vivido, experimentado, hecho, forma parte del dinamismo del inconsciente. Una vasana es una propensión a actuar.

Se puede comprender el sentido de esta palabra si se entiende que, en el mundo relativo, nada existe que no sea causado y, por consiguiente, que no tenga su origen o sus orígenes en el pasado. No existe un deseo o una demanda interna que nazca *ex nihilo*, a partir de nada. A veces encontrarán la palabra vasana traducida de una manera casi parecida a las traducciones que se hacen de la palabra samskara: impregnación subconsciente, tendencia latente. Técnica y prácticamente se puede traducir vasana como deseo o, como yo lo hago de preferencia, como demanda. Sólo que estas demandas son ellas mismas fruto de impregnaciones, es decir, de recuerdos que están grabados en ustedes, ya sea de esta o de otra existencia. Estos vasanas son impregnaciones dinámicas que tienden a la acción. Son las causas y los motivos de las acciones para casi la totalidad de los seres, o sea, aquellos que no han alcanzado la libertad interior. Cuando la erosión de los vasanas fue efectuada, la acción se vuelve impersonal, no egoísta. Ya no nos expresa a nosotros mismos, es solamente una respuesta libre a la demanda de las situaciones. Siempre es desapegada de los "frutos de la acción". Lo que debe ser hecho es hecho, cualquiera que pueda ser el resultado. Mientras los vasanas estén activos, esta libertad interior no es posible.

A veces también, la expresión vasanakshaya se traduce no como erosión de los deseos sino como desaparición del deseo, en singular, es decir, del hecho mismo del deseo.

Si admiten que el estado natural del ser humano es un estado de silencio, de paz, un estado no condicionado, reconocerán inmediatamente que si, en el interior de ese estado, se eleva una demanda, no se puede hablar ya de plenitud. Se encuentran insertos en la dualidad y en todas las tensiones físicas, emocionales y mentales que acompañan al deseo de lograr lo que sea y al temor a fracasar en lo que sea. Es pues bastante fácil convencerse de que dicha desaparición de las demandas, presentada como una lenta erosión, es una condición que se debe cumplir para que el estado más allá de toda condición se revele. Pero concreta y prácticamente, ¿cómo acceder a esto?

La primera observación que pueden hacer es la importancia y el poder absoluto de dichos deseos. La vida no parece estar hecha más que de demandas y parece inconcebible que pueda existir un estado sin demanda, un estado absolutamente no dependiente y colmado en sí mismo. Qué contradicción entre lo que pueden presentir de la realización del Sí-mismo y su condición a este respecto. Si el sabio que ha realizado la no-dualidad está libre de las vicisitudes del mundo fenoménico, ya no ve nada como algo diferente a él que pueda desear o que pueda temer y vive, por ende, en la paz. Qué abismo entre esta plenitud y la condición humana ordinaria. La condición de ustedes no está hecha más que de ambiciones, demandas, insatisfacciones. Traten de permanecer inmóviles, en silencio, completos dentro de sí mismos y por sí mismos y constatarán que física, emocional y mentalmente no están quietos. Todo se mueve, todo reclama, todo se agita dentro de ustedes. Parece que ese deseo o esos deseos no tienen fin. No son centenares sino miles, millones de deseos que aparecen, desaparecen, que son realizados, que no lo son. Ciertos vasanas, "demandas", que llevan dentro de ustedes vienen incluso de existencias anteriores, y es necesario —hoy, en esta vida—, llevar a cabo lo que borrará los sufrimientos o las frustraciones de otra existencia. Vean hasta donde va la psicología hindú o budista concreta.

Si hay demanda, hay inevitablemente lo contrario, es decir miedo o rechazo. Ustedes piden algo que pueda liberarles de un temor que llevan dentro. Rechazan lo que pueda impedir la realización de un deseo o destruir el resultado feliz una vez que dicho deseo se haya cumplido, ya sea la notoriedad, el poder, la riqueza o demandas mucho más confusas y complejas. Estas demandas consisten en querer obtener lo que no se tiene, en querer evitar lo que se teme o en querer conservar lo que se tiene y a lo que se está apegado.

Es necesario entender bien la palabra "apego". Si la entienden de una manera justa, positiva, se vuelve aceptable: "Ya no voy a estar apegado". Si entienden que de repente se les va a quitar todo lo que les importa y todo lo que tiene valor para ustedes, es evidente que se va a levantar en ustedes un movimiento de rechazo. Si no perciben más que el aspecto "renuncia", no entienden verdaderamente esta enseñanza. Si sienten que esos deseos, esos temores son una esclavitud y que ustedes —en el sentido más profundo de la palabra "ustedes"— podrían estar desapegados, libres, tienen una oportunidad de reconocer en ustedes, por un lado, todos los deseos y, por otro, la necesidad de ser libres. El camino se vive en la intersección de esos dos mundos: el de los deseos, tan poderoso, y el de la "necesidad imperativa" de llegar a ser libres.

Vasanakshaya es difícil en muchos aspectos. En primer lugar, porque sólo tienen la experiencia de la frustración o de la alegría que procura el cumplimiento de un deseo, pero no tienen, o a penas, la experiencia del estado sin deseos. Mientras estemos movidos, animados por esos vasanas, no podremos creer que el estado más feliz sea el estado sin deseos.

Metafísicamente pueden comprender que la Consciencia pura se basta a sí misma en sí misma, pero no corresponde a su propia experiencia. Pueden hasta ilusionarse considerablemente adhiriéndose a doctrinas metafísicas y negando su realidad de hoy.

Por otra parte, un gran número de esos deseos no suben claramente hasta la consciencia. Hay deseos y, por consiguiente, miedos que pueden ser muy poderosos, sin haber sido reconocidos y asumidos. Su consciente no los comprende, en el verdadero sentido de la palabra comprender, que significa "incluir". En fin, la educación y las influencias que recibieron, crearon inevitablemente en ustedes una moral u otra —cualquiera que sea esta moral— que contradice el libre juego de esos deseos. Y casi siempre es muy difícil para aquel que tiene una ambición o vocación espiritual ser absolutamente auténtico a este respecto. Esto crea un número incalculable de errores y de sufrimientos entre los monjes, los religiosos, los discípulos de un maestro o de otro.

En fin, estos vasanas son contradictorios; se dan la espalda unos a otros. Ciertos vasanas son perfectamente compatibles con su búsqueda espiritual y su progresión. Otros sólo podrán crear obstáculos. Y, en el momento mismo en que tratan de volverse más despiertos, más libres, surgen unos fuertes vasanas que no tienen ningún interés por su meta y que los van a regresar a mecanismos infantiles que contradicen completamente el proceso adulto, entre todos, de la búsqueda del Sí-mismo. Los mecanismos infantiles están organizados alrededor de un cierto número de temas, siempre los mismos: ser tranquilizados con respecto a un temor, ser tomados en consideración, sentirse amados. Y, para el inconsciente, todo es bueno. Vamos a un ashram, no somos acogidos de la forma exacta que queremos y el inconsciente nos hace caer enfermos como una especie de grito de socorro desgarrador, pero completamente inútil para progresar. Una vez que hemos ido a la India para practicar yoga o para hacerle preguntas a algún sabio o para abrirnos a su influencia, lo primero que hacemos, porque no nos hemos sentido lo suficientemente reconocidos, es caer enfermos. Esto va directamente en contra de nuestros intereses, pero es un grito, ¡cuídenme, ocúpense de mí, vean qué mal estoy! Les doy este ejemplo para que comprendan el principio o el mecanismo, pero esto concretamente puede volverse cada vez más complejo. No van a poder desmontar estos mecanismos más que alumbrándolos con la luz de la buddhi y volviéndolos plenamente conscientes.

Vasanakshaya comprende dos aspectos, reconocer e integrar todas las demandas que están en ustedes y tratar conscientemente de satisfacer aquellas que puedan serlo.

Swamiji tenía un lenguaje simple, casi decepcionante porque era tan simple y verdadero —y al mental no le gusta para nada la verdad. Swamiji decía: "Si están en cuarto grado, hagan bien el cuarto grado, y así pasarán al quinto; cuando estén en quinto, hagan bien el quinto y pasarán al sexto... así hasta el final de sus estudios. Pero si en el quinto grado no admiten que sólo están en quinto, porque les parece más glorioso estar ya en el último grado, entonces no llegarán a nada más que a repetir curso indefinidamente". Esto se aplica perfectamente al camino de la sabiduría. Y Swamiji decía también: *"Be faithful to yourself as you are situated here and now"*, "sea fiel a usted mismo (podría traducirse también por: "sea verdadero con relación a usted mismo"), tal como está situado aquí y ahora". Estas dos frases de Swamiji contienen la esencia de ese aspecto de su enseñanza llamado vasanakshaya.

Es difícil para un alumno de quinto grado creer que está en el último curso. Es ya un poco más fácil para un artista sin talento creer que tiene un inmenso talento, y es mucho más fácil para el ego creerse mucho más avanzado espiritualmente de lo que está. Y de ahí viene todo el mal. El divorcio entre la realidad de un buscador espiritual y su ambición puede ser a veces total. El camino hacia la verdad está hecho de verdades; solamente las verdades pueden conducir a la verdad, las mentiras nunca, y el buscador espiritual debe tener el valor de verse exactamente tal como es con sus miedos y sus deseos, incluso si se trata de reconocer que, por el momento, el no es *nada* de lo que puede considerar como un sabio. Pero esto que digo, que es tan simple, debe ser bien difícil pues raramente es el caso. Nos encontramos no ya, como lo dije en su momento, en la intersección de dos mundos, sino divididos entre dos mundos que no se encuentran: por un lado, el mundo de todos los deseos ordinarios, que está ahí sin duda; por otro lado, el mundo del deseo de sabiduría; y estos dos mundos no se comunican. A veces uno es el que aparece en la superficie, a veces es el otro. Y sucede que el deseo de la sabiduría, mezclado indebidamente con restos no asimilados de la educación, se convierte casi únicamente en un factor de represión que, por supuesto, no puede conducir ni a la expansión ni a la libertad interior, ni a la reunificación, ni a la erosión de los vasanas. Es difícil —lo digo por experiencia— aceptar que el camino de la sabiduría consiste en primer lugar en reconocer plenamente que uno todavía no es sabio y ser fiel a uno mismo como no-sabio. Si finjo ser sabio a mis propios ojos, o a los ojos de los demás, mi camino se detiene.

Por un lado, ustedes son en primer lugar absolutamente iguales a todo el mundo, es decir, hechos de deseos y miedos. Por otro lado, son lo que yo llamo un discípulo, es decir, alguien que lleva en sí la necesidad real y duradera de la liberación. Es esta actitud de discípulo en lo más profundo de ustedes, lo que constituirá toda la diferencia cuando cumplan sus deseos para ser libres de ellos. La desaparición de las demandas nunca llegará a través de la negación y del rechazo. Es fruto de la comprensión, una comprensión vital que los compromete totalmente.

***

Es necesario primero satisfacer un cierto número de deseos y esto se puede lograr si están unificados para actuar. Se trata de un proceso delicado, pero indispensable. Si les digo que como discípulos tienen que meditar, eso les parecerá perfectamente normal. Si les digo que como discípulos sería muy favorable que frecuenten a sabios cuyo resplandor los va a estimular en su búsqueda, lo van a entender con facilidad. Si les digo que como discípulos les conviene escuchar música sacra, visitar iglesias, abadías, mezquitas, cuya arquitectura les hará presentir el silencio interior, estarán también de acuerdo. Si les digo que como discípulos pueden tener provecho leyendo escrituras sagradas como los Upanishads, también estarán de acuerdo. Si les digo que como discípulos pueden pasar una noche de rodillas sobre las baldosas de una iglesia, encontrarán esto bastante heroico y adulador para el ego.

Pero si les digo que, como discípulos, deberán reconocer sus demandas mezquinas, insulsas, egoístas, posesivas, esto se vuelve mucho más difícil de escuchar. Si les digo que, como discípulos, deben saber gastar dinero en un restaurante, gastar dinero en el peluquero, gastar dinero en ropa, pensarán que tengo un lenguaje extraño y algo dentro de ustedes se va a rebelar: eso no es lo que dijo Ramana Maharshi, eso no es lo que dijo Cristo; el camino está hecho de santidad, de desapego, de renuncia. Comenzarán a mentir y a simular que ya están en el último grado, estando en quinto grado. Reprimirán, rechazarán sus deseos, ya no los vivirán conscientemente y nunca serán libres y jamás vivirán en el desapego.

Cómo hacer para que escuchen con mucha seriedad una enseñanza que les habla de satisfacer un cierto número de sus demandas o de actuar para evitar un cierto número de situaciones que ya no quieren, y que sientan que ahí no hay una concesión que los decepciona. "¿Cómo? ¡Yo valgo más que eso! ¡No quiero que me hablen como si fuera un niño! Quiero que me hablen como a un discípulo adulto". No hay más que un lenguaje y es el de la verdad. Si cuando están en quinto grado quieren hablar el lenguaje que se usa en el último grado, ese no es el lenguaje de la verdad. Y si quieren, cuando aún están hechos de miedos y deseos, hablar con el lenguaje del desapego, no están en la verdad. Es preciso que puedan entender el sentido real de esta palabra *vasanakshaya*. Tal vez, porque está en sánscrito y que tiene el prestigio de la antigüedad y la sabiduría hindú, logre resonar dentro de ustedes más fuerte que las mentiras y las ilusiones que constituyen las vocaciones "espirituales".

"Be faithful to yourself as you are situated here and now", "sea fiel a usted mismo tal como está situado (interior y exteriormente), aquí y ahora". Si tienen realmente alma de discípulos, eso les hará progresar. Eso que hace tropezar y dar vueltas en círculo a quien no tiene una búsqueda interior, para ustedes se transformará en una etapa que puede ser superada. Quisiera que volvieran a escuchar unas palabras que ya conocen bien: "El infierno está pavimentado de buenas intenciones"; qué cierto es esto. "Aquél que quiere hacerla de ángel, la hace de bestia", qué verdad es. *Do you want to be wise or to appear to be wise?"*, "¿quiere ser sabio o aparentar ser sabio?". ¿A quién quieren engañar? Tal vez consigan engañar a personas a su

alrededor, pero nunca conseguirán engañarse a sí mismos y el malestar interior los perseguirá siempre.

Aquí abordamos un tema grave y difícil, porque la parte de ustedes que no quiere escucharlo, y que se equivoca, puede apoyarse en verdades mal interpretadas. En efecto, el egoísmo, la avidez, la lujuria, la codicia, si no son puestos en tela de juicio, impiden la liberación, la cual es, en efecto, fruto de la renunciación, de la muerte a uno mismo, del desapego y de la renuncia. ¿Pero cómo llegar ahí? Tocamos aquí un punto delicado. Cierta moral es manifiestamente una prisión, una causa de sufrimiento. Esto está bien, esto está mal. Esta moral les fue impuesta desde fuera. Tiene para ustedes el prestigio de la religión, del bien, del ideal, de la dignidad del hombre, pero es casi siempre un obstáculo para la liberación. Pero, echar la moral por la borda es un paso peligroso. Conducida por el ego y la ceguera, es causa de sufrimiento para los demás y para uno mismo y crea un "karma" cada vez más pesado a través del cual uno se vuelve prisionero en lugar de liberado. Por esta razón deben tener el valor de escapar doblemente a la facilidad, ya sea la facilidad de dormir en una moral que no han asimilado realmente, o la facilidad que consiste en abandonar toda moral y en dejarse llevar por esto, por aquello, según sus impulsos del momento. Ante todo, tengan el valor de escuchar, con la parte mejor de ustedes, una enseñanza que parece poner en tela de juicio la moral. Escúchenla en el nombre mismo de la santidad ante la cual tal vez unos u otros se hayan prosternado delante de Ramdas, Ma Anandamayi, Kangyur Rinpoché u otros sabios.

Lo que los marcó en su infancia es infinitamente poderoso; una pequeña influencia deja en un niño una impresión tan fuerte como la que genera un gran acontecimiento en la edad adulta. Lo que les llegó de fuera, lo tomaron dentro de ustedes poco a poco —Swamiji decía *internalized*, internalizado— sin haberlo realmente digerido, asimilado y comprendido. Aprendieron a mentir instintivamente y a mentirse a ustedes mismos. Cualquiera que sea la educación que hayan recibido, laica o religiosa, escucharon decir que "esto está mal" y han entrado en conflicto con muchos aspectos de ustedes mismos que fueron condenados como malos. Tal vez, en otra familia o en otro medio social, esta misma moral habría sido diferente, pero ésta es la que recibieron, venga de donde venga, de derecha o de izquierda, del cristianismo o del ateísmo.

También han aprendido a mostrar una fachada para ser amados, apreciados, admirados, para no ser castigados, criticados, rechazados. Todas las obras de psicología desarrollan este tema y los remito a esas obras. También aprendieron a compararse; llevan en el fondo de ustedes mismos la enfermedad de la comparación. Se compararon con el primero en gimnasia si eran una nulidad en el deporte; se compararon con el mejor alumno si eran uno de los últimos de la clase; se compararon con su prima que tenía unos preciosos bucles rubios o con su primo que tenía unos bonitos ojos negros; se compararon a aquellos cuyos padres tenían más dinero que los de ustedes. Se compararon en la familia y fuera de la familia. Se compararon con los demás y con las imágenes ideales que les fueron propuestas por los educadores y se perdieron de vista completamente. Se volvieron, según una palabra que está muy a la moda hoy, "alienados", es decir, otro diferente a ustedes mismos y un extraño para ustedes mismos.

Esta es una situación trágica que deberá ser enderezada si quieren alcanzar un día la verdadera sabiduría. En lo que concierne a la santidad, es fácil ponernos de acuerdo; en lo que concierne a la sabiduría, es fácil ponernos de acuerdo; en lo que concierne al camino hacia la santidad o la sabiduría, puede haber ahí muchos malentendidos. Estoy de acuerdo con ustedes en que el desapego total de los "bienes de este mundo" es la meta suprema; estoy de acuerdo con ustedes en que el no-egoísmo absoluto es la meta suprema; pero ¿cómo llegar ahí, *verdaderamente*?, ¿cómo no estar en la mentira?, ¿cómo no vivir en una completa ilusión? La experiencia me ha mostrado esta verdad sorprendente de que algunos se han quedado prisioneros por haber sido demasiado virtuosos y otros se han escapado de la prisión del ego por haber sido verdaderos, fieles a sí mismos y, por consiguiente, menos virtuosos según los criterios de la moral. Algunos llegaron a la meta porque en quinto grado reconocieron que estaban en quinto grado, y en sexto grado reconocieron que estaban en sexto. Si están en quinto, sepan estar en quinto. Si tienen necesidad de ciertas cosas, reconózcanlo; si tienen rechazo a ciertas cosas, reconózcanlo; y sean fieles a ustedes mismos tal como están situados aquí y ahora. Esto se volverá un camino.

Necesitan tratar de hacer tabla rasa de las ideas morales que tomaron de aquí y de allá, pero que no corresponden a su estado de ser actual, y reconocer: "Esta es una meta hacia la cual quisiera caminar, pero que no alcanzaré más que a través de la verdad". Aparentemente descenderán a un nivel más bajo que aquél en el que pensaban estar; pero esto será únicamente aparente, ya que se trata sólo del nivel en el que imaginaban estar. Por supuesto que no le pido a nadie descender a un nivel más bajo que el que tiene. Les pido tener la honestidad de abandonar un nivel ilusorio para situarse en su nivel real y esto, que aparentemente será un descenso, será en realidad una inmensa victoria. Porque el verdadero camino por fin se abrirá delante de ustedes. Porque estarán reunificados. Estén bien seguros de esta verdad: que no pueden negar nada. Esta es una regla absoluta. Podrán borrar, pero no simplemente tachar lo que es.

La mayoría de ustedes conocen la expresión que he citado a menudo en inglés "*no denial*", "no nieguen", "no mientan descaradamente". El *denial* es un niño que tiene la boca embadurnada de mermelada y que afirma: "Yo no fui el que se comió la mermelada. Fue el gato". No renieguen de los vasanas que hay en ustedes, las demandas, los deseos, las ambiciones. ¿Cómo quieren llegar a la verdad si se instalan en la mentira y no quieren salir de ahí?

En el primer volumen de *En Busca del Sí-mismo,* conté la historia a la que Swamiji daba tanta importancia, la del *brahmachari* y de los *rasgoulas*, el joven monje que no se atrevía, como religioso que era, a atiborrarse de dulces en una confitería. Imaginamos difícilmente a Ramana Maharshi saliendo del ashram de puntitas dejando a sus discípulos pensando en las musarañas en la sala de meditación y yendo a escondidas a desvalijar una de las pastelerías de Tiruvanamalai. ¡Estoy muy de acuerdo! Nada más que ustedes no son Ramana Maharshi. Este aspecto de la enseñanza de Swamiji ha sido mucho más difícil de entender para mí ya que, desde mi juventud, yo compensé muchas de mis debilidades con un sueño de sabiduría y santidad y que la educación religiosa que recibí hizo crecer en mí el ideal del hombre puro, noble, generoso, valeroso, una especie de héroe, el verdadero cristiano, el verdadero discípulo de Cristo. Yo me sentí mal cuando vi con qué severidad Swamiji hablaba de la palabra *ideal*, que es igual en inglés. "El ideal es la mentira de aquellos que tienen miedo a la verdad", decía Swamiji. El ideal es la compensación de todas las cobardías y todas las debilidades. Es cierto.

Todavía puedo oír la voz de Swamiji cuando me dijo un día, con todo el peso de su autoridad: "*Voice of the father says it is bad, Swamiji says it is not bad!*" —"La voz del padre (en nosotros, en ustedes) dice eso está mal, Swamiji dice eso no está mal". Y muchas veces Swamiji me dijo lo que le había dicho al brahmachari a quien invitó a comer rasgoulas: *"If it is a sin, Swamiji will go to hell"* –"Si esto es pecado, Swamiji irá al infierno", ya que es Swamiji quien le empuja a cometer ese pecado. ¿Pecado con respecto a qué? ¿Con respecto a la manera en que actuaría Ramana Maharshi? Pero ustedes no son Ramana Maharshi. Si se preguntan a sí mismos: "¿Cómo hubiera actuado Cristo en mi lugar?", esto puede ayudar a despertar dentro de ustedes una comprensión y, en ciertos casos, si están maduros para ello, a enfrentar de manera más justa una situación. Pero cuando se exigen hoy el haber llegado ya al final del camino, esto es una mentira, pueden verlo, y es la mentira más perniciosa que existe.

A la edad de veinticuatro años cuando salí del sanatorio de estudiantes, en verdad recibí una gran ayuda de la enseñanza de Gurdjieff. No conocí al célebre Georges Gurdjieff, del cual se han dicho tantas cosas buenas como malas. Solamente fui nutrido con historias verdaderas o leyendas que se propagaban sobre el Sr. Gurdjieff y sobre su inmoralidad o amoralidad. Pero lo que yo sé, es que le debo personalmente a un discípulo de Gurdjieff fallecido pocos años después de que lo conocí, el haber oído por primera vez las primicias de esta enseñanza de Swamiji: "Sea verdadero, ¡no llegará a nada con la mentira! La moral puede ser una prisión. La experiencia es una escuela que hace crecer la comprensión". Y ese hombre, en el cual yo tenía confianza, me dijo: "Usted puede" – "¿Yo puedo?" – "Sí, usted puede" –en lugar de querer hacerme el ángel mientras era la bestia y equivocarme tan estrepitosamente. Yo no conozco la verdad acerca del Sr. Gurdjieff, ya que no lo conocí mientras vivía, pero conozco un poco la verdad sobre Swamiji, que encarnaba la rectitud y el desapego, y que pertenecía a la gran tradición hindú en la que el *dharma*, la ley universal, la ley "divina", es una de las componentes más importantes. Swamiji me transmitió, como una enseñanza solemne y sagrada, la de los cuatro *purushartha*, los cuatro objetivos de una existencia humana, de los cuales hablé en mis libros anteriores: *kama, artha, dharma, moksha*; *kama* el deseo; *artha*, los medios materiales necesarios para la satisfacción del deseo; *dharma*, el orden justo en el cual nos debemos situar para satisfacer nuestros deseos; y *moksha*, la liberación a la cual puede conducir la satisfacción de los deseos dentro del orden justo.

Swamiji me repitió muchas veces, como una de las frases más importantes de los Upanishads, que cito en el primer volumen de *En Búsqueda del Sí-mismo*, *Adhyatma Yoga* "Cuando el últimos de los deseos del corazón se ha borrado, entonces, en ese instante, Brahman se revela y la inmortalidad es alcanzada". No quiero repetir hoy lo que ya he dicho en el capítulo "El estado sin deseos", de ese libro. Sobre lo que quiero insistir es sobre la palabra *vasanakshaya*: erosión de los vasanas. No se habla de supresión de los vasanas: se habla de erosión de los vasanas. Esta erosión de los vasanas se hace a través de la comprensión de las verdades metafísicas (*vedanta vijñana*), a través de la visión de los errores del mental que los hace vivir en un mundo ilusorio y no en el mundo real; a través de la actualización del inconsciente, pero esta erosión también se hace en sí misma y por sí misma, *viviendo*, degustando, apreciando, experimentando, es decir siendo *verdaderos*. Regresaré sobre esta palabra como leitmotiv, porque les puede ayudar a comprender. Sin eso, todo tipo de ideas falsas van a llevar indefinidamente a la superficie un ideal, una virtud atemorizada, un sueño de santidad, para encarcelarlos aún más en la división interior, la ilusión y el egoísmo. Es necesario que sientan lo que esto tiene de caricaturesco y de inaceptable para un discípulo. ¿Acaso van a comenzar el camino escogiendo la mentira y dando la espalda a la verdad? Sólo las verdades de cada instante pueden conducirles a la verdad.

Si están sedientos de verdad, van a ser ayudados y guiados en el camino. Se reunificarán. Podrán ser fieles a ustedes mismos tal como son hoy, sin tener la falsa impresión: caigo. Y progresarán, en lugar de dar vueltas. Mi propia experiencia me ha demostrado que exactamente como todo el mundo, estuve dividido entre la verdad de mis demandas y la mentira de mi ideal y que, durante un año, diez años, quince años, leí libros sobre espiritualidad, medité, practiqué ejercicios de control de la respiración y de control de la energía, pasé tiempo en monasterios y ashrams —y una buena parte de mí no había progresado de un centímetro. Un día me sobrecogí al leer un poema de un hombre que no tiene ninguna pretensión de la sabiduría oriental, el belga Verhaeren. Este poema se llama "El barquero".

Los primeros versos comienzan así:
"El barquero, con las manos en los remos
A contra-corriente desde hace mucho tiempo,
Luchaba, un junco verde entre los dientes…"

Y los últimos versos de este poema dicen:
"No había dejado la orilla...
Pero el tenaz y viejo barquero sin embargo guardó,
Dios sabe para cuándo,
El junco verde entre sus dientes."

Yo sentí: ¡pero ese soy yo! Hace quince años que lucho y no he dejado todavía la orilla, al menos una parte de mí. Y lo que me permitió largar amarras, levar el ancla, dejar de remar en un barco atado al muelle, fue este aspecto desconcertante de la enseñanza de Swamiji.

No nieguen, no rechacen, no mientan. Existen dos maneras de mentir. La primera consiste en negar sus demandas. La otra consiste en lograr una mezcla perfectamente deshonesta con la cual salvar las apariencias. Permanecerán igual de apegados, egoístas, llenos de codicia, de ambición, de demandas, de lujuria, de miedos, pero cada vez darán a esto un sentido artificial e irreal que les permitirá actuar como si hubieran llegado ya al final del camino. Son arrastrados por su propia sexualidad, como todo el mundo, pero para aparentar ser sabios se cubrirán de oropeles "tántricos" o bien se dirán que quieren hacer "progresar" a la mujer con la cual tienen ganas de hacer el amor. Abajo las máscaras.

Sean vigilantes, si no quedarán dos partes. Una parte de ustedes que no soñará más que en conquistar a la mujer más bella o vivir sobre un yate o demostrar quién soy yo y con qué tono se me debe hablar o tomar revancha sobre aquellos que me humillaron —y que no desaparecerá nunca—, y otra parte que vivirá en un mundo hecho de conferencias de Krishnamurti, fotografías de Ma Anandamayi y frases de maestros zen. Si al mirar atrás, recordara yo los momentos importantes y valientes de mi sadhana, sin duda encontraría momentos en la India en un ashram o en un monasterio tibetano, pero también encontraría los años de mi vida en que decidí poner honestamente en práctica la enseñanza *"be faithful to yourself as you are situated here and now"*. Esto no ha sido fácil. Mi infancia, mi ideal de adolescente y de adulto, mis ilusiones, mi nostalgia de estar ya al final del camino gritaban dentro de mí. Y regresaba a la verdad: "No estoy al final del camino, pero al menos ya no seré una caricatura; seré auténtico".

Por amor a Swamiji y a través de Swamiji por amor a todos los sabios que había admirado y con los cuales había estado —a los que había conocido en carne y hueso o a través de sus obras o de lo que había leído sobre ellos– reconocí: "Sí, por fin éste es el camino, ésta es la verdad". Comprendí que lo que se me pedía no era solamente meditar, sino vivir como discípulo lo que hasta el momento había vivido como un fracaso de discípulo, como no formando parte del camino: satisfacer cierto número de deseos que llevaba dentro de mí.

Una parte de mí rechazaba: no se debe de gastar dinero en cosas costosas o lujosas cuando existen seres humanos a los que les falta lo más básico. Pero me parecía justo que un discípulo gastara su dinero para ir a pasar tiempo junto a un sabio. ¿Cómo? Encuentro legítimo gastar dinero para ir a vivir junto a Ma Anandamayi o Swamiji, ¿pero por qué voy allí? ¿Para permanecer dependiente y arrullar mi sueño o para despertarme? Entonces, si lo que me va a despertar es atreverme a verme de frente tal como soy, ir con un gran sastre para que me haga un traje bien cortado e invitar a una mujer a un restaurante caro, ¿por qué no gastar mi dinero en eso? Tengo recuerdos muy intensos al respecto, porque, en el momento en el que uno va al sastre a encargar un traje que podría haber obtenido más barato comprándolo en una tienda ya confeccionado y cuando se entra en un restaurante de lujo, es difícil decirse: "Al fin soy un verdadero discípulo" y no: "Esto es indigno, estoy despilfarrando, estoy dándole la espalda al camino".

No estoy aquí para contar mi vida, no porque quiera ocultarla sino porque la experiencia me ha demostrado que cada uno interpreta a su manera. El mental entiende lo que quiere, compara, y en lugar de buscar comprender lo que vivió Arnaud y cuál es la verdad objetiva que se encuentra en su testimonio de discípulo, el mental imita, proyecta, se cree Arnaud y concluye: "Yo puedo hacer lo mismo; o yo no podría hacer lo mismo". Eso no les ayudaría. No pueden escuchar mis palabras de hoy si no son *verdaderos* discípulos. Aquellos que no pueden escuchar el lenguaje que estoy utilizando en este momento son aquellos que quieren aparentar que son sabios, para arrullarse, para halagarse y por miedo.

Como gurú, Swamiji me guió paso a paso en el camino de vasanakshaya, esclareciendo, desenmascarando las mentiras del mental hasta que por fin encontré la verdad acerca de mí y reunifiqué los diferentes aspectos de mí mismo. Entonces se vuelven un ser total y este ser total puede progresar. Pero si no son un ser total comprometido con el camino, las partes de ustedes que rechazan asumir e integrar porque no son halagadoras para su ilusión, actuarán como anclas enterradas todavía en la arena o como amarras todavía atadas a las argollas del puerto. Remarán, remarán sin dejar nunca la orilla. Solamente la totalidad de ustedes puede progresar en el camino. Entonces en efecto, dejarán la orilla y verán cómo se va alejando. Avanzan. Pero si existe un aspecto de ustedes, sea cual sea, que no quieran asociar a su búsqueda espiritual, el camino se detiene. El camino comienza ahí donde están y no a un lado, y no en otro lugar, y no más lejos; justamente ahí donde están situados interiormente, aquí y ahora. Metafísicamente, todos están ya desnudos bajo sus ropas como lo he dicho tan a menudo, pero concretamente, en lo relativo, no están todavía en la meta. Pueden progresar. No están condenados a ser el mismo año tras año y a morir a los ochenta exactamente iguales a como son hoy, sólo más viejos. Pueden cambiar, pueden cambiar inmensamente, más allá de lo que son capaces de atisbar. Pueden cambiar del mismo modo que una oruga cambió cuando se volvió mariposa. Estén seguros de ello. Pero sólo pueden cambiar si son una totalidad, si están unificados; y no, si la mitad de ustedes quiere cambiar negando y rechazando todo el resto.

La meta es la desaparición de todas las demandas y hoy son innumerables. Si miran, tendrán la impresión de que hay tantos deseos, tan numerosos, tan poderosos, tan difíciles de satisfacer que la meta es imposible de realizar. Hoy, su vida no está hecha más que de deseos. Entonces, se asustan, vuelven a cerrar los ojos y reinventan una espiritualidad mentirosa que no quiere ya tomar en cuenta el poder de los vasanas. Pero les prometo una cosa extraordinaria y les garantizo que si no embrollan todo con su mental, si miran a la verdad de frente, si reconocen este mundo casi ilimitado de deseos, si aceptan este aspecto de la enseñanza llamado vasanakshaya, aunque parezca increíble, podrán liberarse de los deseos. Hay un camino a seguir, un proceso que llevar a cabo. Si no quieren seguir este camino y no quieren llevar a cabo dicho proceso, no lograrán más que seguir mintiéndose.

Los deseos conscientemente cumplidos —cumplidos por un discípulo *que pone en práctica todos los demás aspectos de la enseñanza*— desaparecen. Una frase hindú dice que hay que distinguir *bhoga* y *upa bhoga*. *Bhoga* significa la experiencia de las cosas y especialmente la satisfacción de los deseos. *Upa bhoga* es la experiencia que no es la verdadera experiencia; es la falsa satisfacción que no lleva a ninguna parte. *Upa bhoga* nutre al deseo; es como echar aceite sobre el fuego. Pero *bhoga* libera del deseo. Si quieren insistir en vivir en la ilusión y la mentira, no llegarán a nada —ni siquiera a un poquito— *a nada*; un día creer que... y al día siguiente ver todo destruido. Si dejan de mentir y si se comprometen verdaderamente con el camino como discípulos conscientes, no como egoístas impenitentes, arribistas, gozadores profanos, esta liberación de los deseos en la cual no se atreven a creer, se cumplirá a una velocidad que no pueden ni sospechar. Mientras que *upa bhoga* no lleva a ninguna parte, más que a repetir indefinidamente las mismas experiencias sin progresar, *bhoga* lleva a superar todo esto. Lo que fue verdaderamente vivido representa una etapa franqueada: ya está hecho. Los deseos caen y cada vez que un deseo cae, el miedo que va asociado a él cae también. Cada vez menos deseos, cada vez menos miedos y rechazos. El verdadero cumplimiento de los deseos por parte de un ser unificado conduce a la erosión de los vasanas, de una manera que no pueden imaginar porque no han cumplido ni vivido sus deseos *conscientemente*. Desde el momento en que estén comprometidos con el verdadero camino, dejarán de estar atorados en el mismo lugar.

Las palabras que expongo ahora se dirigen al discípulo en ustedes. No a su deseo de dinero, de viajar, no a su deseo de celebridad, de vivir un gran amor, no a su deseo sexual, no es a todas esas demandas a las que me dirijo, —es al discípulo en ustedes al que me dirijo. Pero no hay discípulo si dicho discípulo no es el rey en su reino, y si no está rodeado de todos los aspectos en ustedes, de los *brahmanes*, los *kshatryas*, los *vaishyias* y de los *shudras* en ustedes. Todo lo que compone una sociedad se ordena alrededor del rey en una monarquía tradicional y todo lo que los compone, a ustedes, debe de ordenarse alrededor del discípulo.

Si han escuchado y aceptado lo que he dicho hasta ahora, pueden decidir: "Voy a volverme verdadero; no vale la pena hacer dos partes; hoy tal como soy me preocupa mi elegancia. Bien. Lo reconozco y voy a asumirlo". Y es el discípulo quien irá a comprar un suéter de cachemira y es el discípulo quien irá a comprar una chaqueta de tweed. O, si se trata de una mujer, es la discípula quien dirá: "Cumplo mi sueño y voy al salón de belleza más célebre de la ciudad y ya no al peluquero de mi barrio". Pero lo que pasa es que no todos sus deseos son conscientes y entonces es necesario que tomen también esta decisión: "Cueste lo que cueste, debo llevar mis deseos a la superficie y a la consciencia". Esta es toda la enseñanza del *no denial* —no nieguen.

En lo que concierne a los deseos de los que siempre fueron conscientes o los que han regresado a la consciencia y cuya satisfacción parece eventualmente realizable, es necesario que sepan lo que quieren y que actúen. Esto pide un esfuerzo, hay que hacer el esfuerzo. El camino no es para el cobarde sino para aquel que tiene valor y la satisfacción de los deseos requiere valor, el valor de tomar riesgos de salud y riesgos financieros o de enfrentar la opinión pública, pero un valor inteligente, un valor consciente. No se trata de que se lancen a ciegas a cualquier acción de la cual no hayan sopesado las consecuencias. Actúen lo más conscientes posible pero atrévanse a reconocer plenamente que esta demanda está en ustedes y consideren que hacer el esfuerzo para satisfacerla forma parte del camino. Tal vez hacer el esfuerzo para ganar más dinero del que ganan, tal vez hacer el esfuerzo para transformar su existencia, cambiar de ciudad, cambiar de país, cambiar de profesión. El camino no es para el cobarde ni tampoco para el perezoso.

Para poder cumplir sus deseos de una manera justa, tendrán que apoyarse sobre los demás aspectos de la enseñanza. Desatar ciertos nudos del inconsciente los acercará más a asumir ciertos deseos y a hacer lo necesario para satisfacerlos. Una de las razones por las cuales morimos sin haber cumplido nuestros deseos y nos reencarnamos para quizás una vez más estancarnos estérilmente, es que nunca nos atrevimos. Inhibiciones y miedos hacen que no hayamos podido hacer calmada y deliberadamente lo que llevábamos dentro. Basta con que algunas influencias muy fuertes los hayan marcado en otra existencia o en la infancia para que ciertas "órdenes subterráneas" les impidan cumplir con ciertos deseos que hubieran podido ser normalmente cumplidos. No consideren que cumplir ciertos deseos es simplemente una señal de egoísmo. Es un deber del discípulo en el camino. Si algunos deseos no son satisfechos, nunca serán libres, cualquiera que sea la salsa espiritual que puedan poner alrededor de esta situación.

***

No sería justo que comprendieran este proceso tan importante de vasanakshaya únicamente como la satisfacción concreta, tangible de un cierto número de deseos. Ese es sólo un aspecto, ya que no todos los deseos pueden ser concretamente realizados. Habría para la mayoría de los seres humanos una imposibilidad de alcanzar la sabiduría o la liberación ya que la existencia no les ofrece en bandeja todo lo que desean y todo lo que quieren. Si soy una mujer solitaria y deseo encontrar un hombre que me ame y me comprenda, y si encuentro a ese hombre, se cumplirá un deseo. Si estoy muy frustrado financieramente y hasta este momento he tenido muchas privaciones, y si mayores medios económicos me son dados, entonces un deseo se cumplirá. Pero si fuera suficiente para un ser humano que ha vivido solo encontrar un compañero o si fuera suficiente para alguien a quien le ha faltado dinero poder tener un cierto número de bienes materiales, habría muchas personas que habrían cumplido vasanakshaya. Podríamos incluso llegar a la conclusión de que en una sociedad de producción y de consumo como la nuestra, los hombres podrían ser considerablemente más libres que en sociedades menos ricas. Hoy es mucho más fácil que en otros tiempos tener relaciones sexuales, es mucho más fácil satisfacer el hambre, conseguir una lavadora, una televisión a colores, un coche, todo lo que se supone que es objeto de deseo. Y no vemos que esto conduzca a la plenitud y a la liberación, sino simplemente a otros deseos. Por consiguiente, es cierto que la satisfacción de ciertos deseos forma realmente parte del camino, pero no es más que un aspecto de vasanakshaya.

Lleven a la luz de la consciencia los vasanas inconscientes. Es necesario que se despierte en ustedes la religión de la verdad. La religión de la verdad no es solamente la de la verdad que proyectan en alguna parte en lo más alto de los cielos. Es la verdad cotidiana, la verdad simple, la verdad inmediata. También es necesario que se despierte en ustedes el amor a ustedes mismos. Cómo pueden ser tan despiadados, tan crueles con tantos aspectos de ustedes que no les convienen, porque no entran en su concepto de lo que es un sabio y no corresponden a la educación y a la moral que les dieron, o más bien impusieron.

Nunca resolverán un aspecto de ustedes mismos negándolo —"*denial*" o "represión"— ¡nunca! ¿Por qué tantas existencias consagradas a la verdad o a Dios fueron fundadas sobre la tentativa de rechazar o de suprimir tal o cual aspecto de uno mismo? Eso es imposible. No digo que sea difícil, digo que es imposible. Nada de lo que es puede ser destruido. Nunca. Todo puede ser transformado. Lo que niegan por un lado se expresará por otro, y lo que no se exprese abiertamente se expresará mentirosamente. Los vasanas que se rehusen a integrar, continuarán actuando en la profundidad y nunca encontrarán la paz que resulta simplemente de la supresión de los conflictos. Todo el mundo busca la paz, pero no hay paz posible si antes no han establecido la paz en el interior de ustedes mismos. No les propongo que sean esclavos de sus vasanas, esto sería contradecir lo que he escrito o dicho desde que me instalé en este lugar. Pero no pueden tener control sobre aquello que no asumen, que rehusan reconocer, que reprimen en el inconsciente –ningún control.

Una parte del trabajo con Swamiji consistía en traer a la superficie nuestros deseos reprimidos y algunos de nosotros, indios o franceses, gracias a Swamiji, tuvieron el valor de comprometerse con el camino de su verdad, es decir, dejamos caer aparentemente toda una fachada mística y espiritual para volverse hombres como todos los demás. Para cualquiera que hubiera mirado desde fuera, algunos de nosotros –y yo soy uno de ellos– regresamos a una vida más ordinaria, a una vida acorde con el siglo, a una vida de dinero, de éxito, de logros profesionales o de carrera amorosa. Desde el punto de vista del sueño y de la mentira, esto puede ser interpretado como una caída. Desde el punto de vista del camino, es, al contrario, una magnífica victoria. Es pasar de un camino ilusorio a un camino real, aunque, visto desde fuera, es como pasar de un ilusorio último año de bachillerato a un primer año de bachillerato real.

Existe una mentira espiritual que Swamiji destruía con amor y, hay que decirlo, también con maestría. Era uno de los aspectos más difíciles del camino junto a él, pero uno de los más importantes. Hoy, después de haber sido tan sacudido en ese aspecto, es ahí donde tengo más admiración y más gratitud hacia Swamiji. Predicar el silencio de la meditación es fácil; predicar la generosidad, el amor, es fácil. Pero, para guiar como gurú en este camino de la reinserción al mundo de los vasanas, es verdaderamente necesario un hombre que vea claro, que esté liberado de los prejuicios, de la ceguera, y que lleve a todas partes la luz de la verdad.

¿Qué podría ayudarles a entender esto de lo que hoy intento dar testimonio? Yo sé que es difícil de escuchar si tienen esta vocación de "sabio" y esta nostalgia de la libertad interior, del atman, del Reino de los Cielos. Lo que a mí me ayudó fue la constatación del hecho de que después de veinte años no solamente no había abandonado la orilla, sino que después de cuarenta años, otros tampoco la habían dejado, como si hubiera ahí una incomprensible injusticia por parte de Dios. Y no fue sin sufrimiento que hice estas observaciones, porque yo estaba directamente implicado. He ahí un hombre, una mujer, cuyas vidas han consistido en buscar a Dios y que no Lo han encontrado ¡y que no me atraen en absoluto! He ahí un hombre o una mujer que, en una congregación religiosa en Francia o en un ashram en India, consagró cuarenta años de su vida en buscar a Dios y que sigue siendo mezquino, irritable, celoso, decepcionado, arrastrado por las circunstancias. ¿Qué pasó? Vayamos más lejos. He aquí un hombre que ha vivido de una manera del todo profana, mundana y que veo envejecer sereno, sonriente, armonioso. ¿Acaso Dios es tan injusto que no mantiene Sus promesas con aquellos que Lo buscan? ¡Qué fracaso! He aquí a alguien que no conoció ni el coqueteo, ni la sexualidad, ni el amor conyugal; he aquí alguien que no conoció ni los viajes, ni el arte, ni las veladas familiares, ni los bellos mares azules donde se nada, ni el esquí, ni las distracciones, ni las satisfacciones, ni las aventuras, nada, que renunció a todo por encontrar a Dios y llevar una vida de sabiduría y que es todavía menos libre que los demás. ¿Qué ocurrió?

En lo que a mí respecta, Swamiji me mostró dónde estaba el malentendido. Yo no era fiel a mí mismo tal como estaba situado, aquí y ahora. Yo me mentía con una imagen de sabio a la cual no tenía ningún derecho; y, por ello, yo ya no era ni discípulo. Tuve que admitir algo inadmisible: si quiero realmente la verdad, es necesario que pase por donde mi orgullo me prohibía pasar y que sea un poco humilde, un poco honesto y un poco verdadero, que reconozca que soy como los demás y que yo también tengo deseos, como los demás, y que me someta a la verdad. En ese momento, el camino de vasanakshaya se abre delante de nosotros y caminamos poco a poco hacia el día en que dichos deseos desaparecerán. ¡Sean verdaderos y sean humildes! No pongan por delante el terrible orgullo espiritual –el cual es el peor de todos. Todavía escucho las palabras en inglés *"truth prevails"*, "la verdad prevalece"; la verdad prevalecerá siempre. Contra la verdad ustedes no pueden nada. A pesar de su sinceridad, las vidas de algunos buscadores espirituales fueron fundadas sobre una mentira, el *"denial"*, el rechazo de los vasanas. Cada uno debe de recibir ayuda para sacar a la superficie sus propias demandas.

Miles de demandas son reprimidas, rechazadas, censuradas y no tienen derecho a expresarse. Su origen se pierde en la noche de los tiempos. De existencia en existencia, de vasana en samskara y de samskara en vasana, de represión en represión, de amor en odio y de odio en amor, día tras día, vida tras vida, muerte tras nacimiento y nacimiento tras muerte, de árbol en semilla y de semilla en árbol, los miedos, las esperanzas, los fracasos, los asesinatos, los sacrificios, lo mejor de lo mejor y lo peor de lo peor constituyen el flujo incesante del samsara. Pero hay una pregunta mucho más importante que la de la Esfinge a Edipo: ¿qué es lo que nunca ha comenzado pero que puede acabar?". El samsara, el sueño, la sucesión inexorable de los vasanas.

El gurú lleva estas demandas a la superficie; ya no puedo negar que ese deseo está ahí en mí. Swamiji tenía una habilidad extraordinaria para jugar al tentador; caíamos inmediatamente en la trampa. "Ah, si es Swamiji quien me lo propone..." Si el deseo no está en nosotros, Swamiji puede jugar al tentador: "No, Swamiji, no...". Si Swamiji durante una hora me hubiera dicho: "¿Pero está seguro Arnaud que no quisiera ser diputado o entrar en la política? De igual modo, mire, el poder...". Nada en mí habría reaccionado porque esos vasanas no existían. En otros discípulos sí existían.

Algunos de esos vasanas son la expresión de amores inconfesados; otros son la expresión de ese rostro opuesto del amor que es el odio. El inconsciente no está hecho solamente de recuerdos olvidados de la infancia o de los samskaras de otra existencia. Este inconsciente incluye también situaciones muy actuales, de hoy, aquí, ahora, completamente censuradas y negadas y cada una de estas situaciones reprimidas es causa de vasanas inconscientes. El inconsciente no está reservado para los demás. No hay progreso posible sobre la base de la mentira y de la no-unificación. Descubran un día la grandeza del *no-denial* después de atravesar el viejo miedo de ver la verdad de frente, que tal vez arrastran de existencia en existencia, . Una buena parte de la pesadilla podría acabarse muy pronto si surgiera en ustedes esta comprensión, no solamente en la cabeza sino también en el sentimiento: "Esto es una locura. No ver la verdad no salva nada, no evita nada, no protege nada pero me mantiene en la más estrecha de las prisiones, la de la ceguera y del error".

Swamiji utilizaba, al punto que llegué a pensar que era una frase suya, la afirmación que enseguida reconocí como patrimonio de la ciencia de la psicología moderna: "Todo lo que es inconsciente es proyectado". "Todo lo que es inconsciente", los samskaras de una vida anterior y las impresiones de la infancia, pero también las cuestiones actuales, los miedos, los deseos o los hechos que tienen frente a sus ojos pero que no quieren ver porque les molestan. Su pobre pequeño consciente de superficie, tan superficial, está aislado de esto y cree que consigue dominar los acontecimientos trabajando con la décima parte de sus posibilidades. Puedo emplear la imagen del radar. Una vez vi un radar, el del puerto de Le Havre. Vi algo que parecía una pantalla de televisión y sobre la cual daba vueltas, como la aguja de un reloj, un rayo luminoso que partía del centro y que daba la vuelta a la pantalla. Cada vez que este rayo luminoso encontraba un barco en la niebla, una mancha luminosa se prendía y se apagaba poco a poco y, en el momento en que iba a quedar casi apagada, el rayo pasaba sobre ella y la mancha se volvía a iluminar. Qué imagen tan elocuente para ilustrar este asunto: todo lo que es inconsciente es proyectado. Los elementos del inconsciente están activos todo el tiempo como el haz del radar y, cuando encuentran algo, la proyección se concretiza y el consciente fabrica una emoción y un pensamiento.

Estos miedos, estos deseos, incluso muy fuertes, son naturales. Son la expresión de causas y efectos. Y, así como algunos aspectos del psicoanálisis escandalizaron a los observadores superficiales, también la enseñanza de Swamiji, vista con ojos de miope, en ciertos momentos parecía rebasar la "moral". Swamiji era un moralista, pero también era un sabio y un gurú. Nosotros debemos tener al menos el valor de enfrentar la verdad: si estoy casado con una mujer y tengo ganas de hacer el amor con mi cuñada, debo verlo en lugar de negarlo. Nunca se sientan juzgados. Sólo hay un pecado que no pueda ser perdonado, es el rechazo a la verdad. Pueden estar en una iglesia, mirar de frente al crucifijo y reconocer: "Tengo muchas ganas de hacer el amor con mi cuñada". Dios no los va a rechazar. *La peor artimaña del "Maligno", del "Adversario" es haber utilizado la religión para hacerles creer que Dios no los amaba y que no los perdonaba más. Accept yourself,* acéptense a ustedes mismos. A través de mis miedos y mis costumbres adquiridas de mentir, Swamiji me convenció de que todo rechazo de la verdad era mucho más grave que lo que yo creía. Todo lo que está reprimido toma grandes proporciones. Autoricen a un pequeño partido político, aunque haya anunciado que llevará a Francia bajo el fuego y la sangre: hará sus reuniones, pegará sus carteles y no se hablará más de ello. Prohíbanlo y metan en prisión a uno o dos de sus miembros: comenzarán a explotar granadas, comenzarán a descarrilar los trenes. Lo que es reprimido se refuerza. Una pequeña verdad reprimida trabaja en el inconsciente. Si es vista, se acaba.

Primero, Swamiji me convenció que *todo* debía ser visto. Nada es pequeño. Aunque se trate de deseos que les parezcan "terribles", ¿creen que al rechazar verlos van a perder importancia? No, van a ganar aún más fuerza. Este inconsciente se expresa a través de los gestos y de las conversaciones inútiles, de "actos fallidos", de olvidos, omisiones, sueños nocturnos y a través de acciones a largo plazo, de matrimonios ineptos, divorcios que hacen daño a los hijos y que podrían haber sido evitados, de elecciones de profesiones inadaptadas, abandonos de profesiones que conducen a desastres materiales y financieros para toda la familia, mientras que se necesitaba tan poco para que esta profesión pudiera simplemente modificarse. Vean cómo se hacen y se deshacen las existencias.

La palabra "inconsciente", para mí, era una palabra que tenía resonancias psicoanalíticas, por lo tanto ateas, antireligiosas. Pero para mí, *the unconscious* será por siempre una palabra pronunciada por Swamiji, vestido con su ropa de Swami en su ashram que era el ashram de su gurú. Practiquen la religión de la verdad, la verdad que no conocen y que quieren conocer. Swamiji empleaba una palabra en inglés que no es ilusión sino *delusion*: engañarse.

¿Acaso pueden ver con los ojos cerrados? Vivan con los ojos abiertos y miren lo que está a su alrededor y en su interior. Lo que es visto no pasará al inconsciente. Y lo que está en el inconsciente, tráiganlo a la superficie, si no, ya no podrán *ver nada* ni a nadie, ni ninguna situación, ni ninguna relación. Y ustedes fabrican. Oyen lo que no fue dicho, ven lo que nunca existió. Vemos un gesto pero, donde hay un gesto de acogida, vemos un gesto de amenaza. Una de ustedes un día me dijo que un muchacho quiso ponerle una flor en el cabello; ella cruzó sus brazos sobre la cabeza para protegerse contra un acto de agresión. He ahí el mental.

Una mañana, en el ashram de Swamiji, un joven indio llegó con su equipaje en la mano. Para el inconsciente, era la repetición de la llegada de mi hermano menor que un día nació, sin que yo hubiera comprendido nada y que me robó todo el amor de mi madre. ¡Ustedes adivinarán la demanda que intentó manifestarse al día siguiente de la llegada de este "rival"! Hace mucho tiempo, al inicio cuando Swamiji tenía un ashram, llegó una mujer con su hijo y se la pasaba todo el tiempo diciendo: "No te subas, te vas a matar, no corras, te vas a matar, no te acerques al río, te vas a ahogar". Swamiji pudo hacerle ver que inconscientemente, una *parte de ella* deseaba la muerte de este niño, porque era demasiado pesado para ella ocuparse de él de la mañana a la noche. Lo tuvo muy joven, no lo había aceptado realmente y hubiera querido ser libre de nuevo, joven. Para compensar esta demanda inconsciente y rechazada, todo el tiempo decía: "Cuidado, te vas a matar".

Habrán podido notar que acabo de decir "una parte" de ella y no "ella". Esto es importante. Cometen el error de confundir una parte de ustedes con la totalidad de ustedes y esta es una de las razones que hace que no tengan el valor de afrontar la verdad. Les asusta ser obsesos, sádicos, cobardes, mientras que se trata solamente de alguno de los numerosos personajes contradictorios que los constituyen. Cuando una parte es vista como una parte, una parte sigue siendo una parte y el resto permanece libre. Cuando una parte no es reconocida como una parte, les da miedo, se ve reprimida y esa "parte", una vez rechazada, va a lograr poner a la totalidad de ustedes a su servicio. Ustedes son múltiples, complejos. Una parte de ustedes quiere matar a su hijo y la otra haría lo que sea para cuidarlo si estuviera enfermo.

Voy a tomar un ejemplo personal: tuve mucho miedo de quedarme sin dinero. Yo era "asalariado eventual" y la idea de tener facturas que pagar y de no tener dinero para pagarlas me era insoportable por razones, por cierto, muy profundas, que regresaron a la superficie con Swamiji. Sobre una base de emoción, y en el contexto concreto de un empleo "en el que todo el tiempo uno está desempleado", vivía con el miedo de la falta de dinero y vi que el inconsciente me proponía una solución: "Es necesario que mi mujer y mis dos hijos mueran; porqué yo, solo, me las arreglaría para salir adelante".

Si reconocen que una parte de ustedes mismos quiere que su mujer, su hijo y su hija mueran, sólo es una parte. Si la rechazan, si la niegan, serán ustedes, completos, los que vivirán en el malestar. El peor malestar, es el conflicto entre la expresión y la represión. Lo que es rechazado busca expresarse, si es posible directamente, si no indirectamente, y el resto de su energía está ahí para reprimir. ¿Cómo quieren vivir en la paz si no son más que conflicto? ¡Ustedes son conflicto; esa es su definición! Lo ven todo, pero hacen como si no lo vieran, y lo almacenan en el inconsciente. Todo lo que no les gusta en alguien, lo ven. Pero rechazan verlo, creen que no lo ven y un buen día eso estalla. Si esa persona un día hace tambalear su vaso en la mesa, se verán obligados a abandonar la mesa gritando: "No lo soporto más, váyase de aquí, largo de aquí, mierda". ¿Qué es esta crisis? La acumulación de muy pequeños rechazos, muy pequeños: "No me gustó la historia estúpida que contó el otro día, no me gustó la manera como se rió cuando hablé, no me gustó cuando consiguió atraer la atención de María. No me gustó, no me gustó...". Cada vez hacemos como que no lo vemos. ¡Y eso se acumula! *No denial.* Vean con sus ojos todo lo que ocurre. Vean. Solamente la verdad puede conducirles a la libertad. El ego no quiere la verdad. El discípulo en ustedes quiere la verdad. No se ocupen de saber si eso los halaga, si los humilla, si les conviene o no.

Yo deseé inconscientemente que Swamiji muriera. Se los digo, es verdad; esto no me parece indignante ni extraordinario. Hubiera podido quedarme con mis sueños y quejarme toda la vida de que mi gurú murió antes de que yo pudiera terminar el camino. Entre más vean, más serán capaces de actuar; cuanto menos vean, más reaccionarán. Entre más tengan ojos para ver y orejas para escuchar, más capaces serán de actuar. Entre más tengan ojos para no ver y orejas para no escuchar, menos serán capaces de actuar y más sus pretendidas acciones no serán más que reacciones. No confundan la "expresión", la "represión" y el "control". *No denial* consiste en ver fuera de ustedes y en ustedes *lo que es.* A partir de ahí, sobre la base de la verdad, pueden actuar, intervenir o no intervenir. Las grandes agresividades que ustedes no dejan estallar, las dejarán filtrarse sin cesar de una manera mucho más perniciosa porque será una manera mucho más mentirosa. El inconsciente es admirable por su inteligencia y eficacia, actuando enteramente a sus espaldas para lograr sus fines. No salven su confort pensando: "Todo lo que no me conviene, no quiero verlo". Véanlo. Vean todas las causas y todos los efectos, todos los elementos de una situación. Todo lo que concierne al sexo, al dinero, al hecho de sentirse respetado o no respetado, tomado en serio o no tomado en serio, forma parte esencial de ese mental del cual vienen aquí para liberarse.

Ahora, deben aceptar todavía otro punto más: no se les puede decir toda la verdad sobre los demás y sobre ustedes mismos porque no pueden escucharla. ¡Ah! cuánta gente me ha pedido: "¿Me promete decirme toda la verdad sobre mí, sobre mi progreso o la falta de él, toda la verdad?". Si se las digo, los hiero, los mutilo, los mato. Es necesario que lo acepten. Yo tuve varias entrevistas con Swamiji a este respecto antes de admitirlo totalmente. Vi que todavía era el ego el que quería: "Tengo derecho a la verdad ¡yo!". Ustedes no le han dicho la verdad a alguien si éste no la ha escuchado. Por lo tanto, la verdad es lo que las personas pueden escuchar. Si las personas no pueden escuchar la verdad, escuchan otra cosa de su propia fabricación, a través de sus emociones. No han escuchado realmente la verdad, por lo tanto no se las han dicho realmente y, por lo tanto, les han mentido. Si el mental se apodera de la verdad, entonces esa palabra pierde su significado. ¿Creen ustedes que Swamiji podía decirme toda la verdad sobre mí? Me hubiera matado. Swamiji sólo me decía lo que yo podía escuchar. Es una mentira pedir: "Quiero la verdad". Algunos me escriben: "Usted no me dijo la verdad hace tres años". Pero, si yo se la hubiera dicho, hubiera dejado el Bost y no hubiera regresado más. Sin contar a aquellos a quienes tanto traté de decírselas y que no la escucharon. Una vez hice todo lo posible por hacer entender a uno de ustedes que la solución justa a un tema que le preocupaba sería una en particular. Él hizo todo lo contrario y tres años después me dijo: "Cuando usted me dijo que hiciera tal cosa". Yo le había dicho que hiciera exactamente lo opuesto. Otro me escribió: "Usted no vio claro, me aconsejó hacer tal cosa y ahora...". Durante ocho días, cada mañana, había tratado de aconsejarle lo contrario y él no pudo escuchar nada: "Pero, pero, pero...". Y tres años después: "Usted no me dijo la verdad". ¿Podía usted escucharla? Pero cada vez que estuvo en condición de ver de frente la verdad ¡saben bien que no lo lamentaron! Yo no estoy aquí para decirles la verdad sino para ayudarlos a que la *vean* por ustedes mismos.

Miren lo que pasa: tienen miedo a una parte de ustedes mismos que no quieren dejar salir a la superficie. "Tengo miedo de mi deseo de que mis hijos mueran para así no tener problemas financieros que me ahoguen". "Tengo miedo de mi deseo amoroso y sexual por Arnaud". "Tengo miedo de mi rebeldía contra Arnaud" —y todos los miedos que se remontan a la noche de los tiempos. Este mecanismo de represión les hace vivir en el miedo a ustedes mismos. Están obligados a proyectar este miedo y el blanco que eligieron es Arnaud. ¡Cuántos de ustedes tienen miedo! Si supieran cuánto simpatizo con ustedes; en primer lugar porque tuve miedo de Swamiji, miedo de Ma Anandamayi, miedo, como todos los egos. ¿Quizás recuerden la frase de las leyes de Manu citada por Swamiji? "El hombre, como animal, consagra su vida a comer, dormir, aparearse y *tener miedo*". *See and recognize.* Vean y reconozcan. Sepan que no puedo decirles todo porque no pueden escucharlo todo. Incluso esto que les estoy diciendo, no lo escuchan. Ustedes concluyen: "Arnaud me miente todo el día" y vivirán en el miedo a mis mentiras, mientras que estoy aquí para ayudarlos a desbaratar las mentiras que ustedes mismos se cuentan.

No repriman, *no denial.* Dejen subir a la superficie y luego comprendan que el mental no ve más que un aspecto o dos de una situación. Pero la *buddhi* es capaz de ver todos los aspectos y, poco a poco, estarán cada vez menos en el mental y más en la *buddhi*. Cada deseo está inserto en un conjunto. Todo se resume a dos palabras: será necesario que un día logren reemplazar el miedo por el amor. El ego vive en el miedo; el no-ego vive en el amor. ¿Qué es este ego que sufre porque Arnaud tuvo una mirada de amor por Christiane o por Jacques? A menos que se identifiquen con Christiane, en cuyo caso lo reciben por identificación. Creo que puedo definir así en qué consistía nuestro camino junto a Swamiji, ésta es una definición entre otras: poco a poco mi miedo a Swamiji, fundado en mi relación egoísta con él, se transformó en amor por Swamiji a partir de mi relación no egoísta con él.

Estos deseos inconscientes están perfectamente activos y mientras estén ahí en la profundidad, nunca podrán estar en la plenitud, en la paz, el silencio y la meditación. Muchos de esos deseos inconscientes no tendrán que ser cumplidos y no podrían serlo sin hacer aún más pesado su karma, pero pueden desaparecer si son sacados a la luz. Un gran número de deseos concretos se borrarán si recibieron cierta satisfacción y otros se borrarán si son llevados a la consciencia en lugar de ser reprimidos en el inconsciente. Algunos de esos deseos serán eventualmente realizables si ustedes pueden sobrepasar las voces inconscientes que se los prohíben. A medida que avancen en el camino —y sin olvidar la meta que es una meta de no-egoísmo—, les corresponde ver en su alma y consciencia cuál deseo están dispuestos a cumplir y cuál no. Les corresponde a ustedes encontrar su propia moral, una moral de discípulo fundada sobre la comprensión de lo que los acerca o los aleja de su meta. En ese contexto, es necesario un gran rigor para escapar de las increíbles astucias del mental o, digámoslo muy simple y crudamente, de las mentiras del mental.

Swamiji me propuso un ejercicio que llevé a cabo muy seriamente y que consideré verdaderamente como una técnica espiritual. Se llamaba en inglés el *wish fulfilling gem* y yo lo llamaba la varita mágica. *Wish fulfilling gem* significa la piedra preciosa o el anillo sobre el cual esta piedra preciosa está montada y que puede cumplir todos nuestros deseos como en ciertos cuentos de las *Mil y una noches* o como la varita mágica de los cuentos de hadas de nuestra infancia. Qué niño no ha discutido con un compañero: "Si pudieras hacer magia, ¿qué harías?". Lo primero que haríamos, si fuéramos magos, sería no ir a la escuela nunca más y que todos los días fueran de vacaciones. Me acuerdo de haber jugado mucho a la varita mágica con mi hermano en la noche antes de dormir cuando éramos pequeños, y me encontré solo, treinta y cinco años más tarde, en el ashram de Swamiji, cumpliendo muy seriamente este ejercicio. Si tuviera una varita mágica... ¿Qué surge?, ¿qué es lo que quiero? No me pregunto si es realizable o no. Pido con toda honestidad lo que quiero. Es mágico. Tengo derecho a todo, todo. Una demanda va a surgir desde la profundidad. ¿Es esto verdaderamente lo que quiero? Tengo la varita mágica, puedo hacerlo realidad, pero ¿no hay algo mejor, algo más? Y ven una demanda más profunda que aparece, hay algo que yo desearía todavía más. Es un poco como una alcachofa: quitan unas hojas y hay otras más adentro y otras todavía más adentro. Swamiji empleaba también la expresión *allow the play of the mind*, permitan completamente el juego del mental. Dejen hacer, abran completamente las compuertas y vean. Verán que todo pensamiento, todo sueño, toda imagen que surge, corresponde siempre a un deseo o a un temor, que no es otra cosa que la otra cara del deseo. Van a conocerse un poco ustedes mismos, con un mundo que no tiene derecho de ser en su razonamiento pero que es su verdad. El mental superficial no es la verdad. La verdad de un ser es el corazón o la profundidad, y la mayor parte de esta verdad del corazón nunca sale a la superficie.

Nunca se callará esta voz dentro de ustedes: "¡Si pudiera hacer magia, si tuviera una varita mágica!". Nunca se callará esta voz, nunca. En la superficie, la educación, los golpes que recibieron, sus fracasos, lo que llaman su experiencia, los hicieron renunciar a la mayoría de sus demandas. Pero nunca en la profundidad. Dejen surgir esos deseos a la consciencia y vean cómo se sitúan con relación a ellos. ¿Son realizables? ¿Es verdaderamente necesario que los realice? ¿Es realmente esto lo que deseo? Si tuviera realmente la varita mágica, ¿es esto lo que me colmaría? ¿Acaso no hay algo más bello, aún mejor? Si hacen este ejercicio, no solamente como un niño que sueña, sino como un adulto que busca conocerse, verán cómo siempre piden otra cosa, siempre otra cosa. Si van profundo dentro de ustedes, poco a poco verán surgir espontáneamente, sin imitación de ninguna clase, sin dejarse impresionar por lo que hayan leído o escuchado, verán surgir deseos cada vez más espiritualizados. Verán que nunca es suficiente y que lo que quieren es indecible, inexplicable. Es tan profundo, intenso, completo. Se darán cuenta de que nada puede satisfacerlos y de que, de hecho, lo que ustedes quieren es una realización interior más allá de todo; eso es de lo que habla la metafísica, el vedanta y los sabios. Lo verán emerger de la profundidad de ustedes mismos y eso les pertenecerá verdaderamente. Ya no será porque Ramana Maharshi lo dijo o porque Ma Anandamayí habla de ello. Harán este feliz descubrimiento que, a pesar de todo lo que dentro de ustedes parece opuesto a la búsqueda espiritual, esta demanda está ahí, viene de ustedes, les es propia y no procede de ninguna influencia externa.

Comprendan también que el trabajo sobre el inconsciente propiamente dicho, el trabajo hecho en el *lying*, en un estado de abandono aún más profundo, les permitirá llevar a la superficie demandas completamente censuradas y también es necesario verlas. Estas demandas tienen un lazo con los samskaras, eso es verdad. Verán todos los deseos que la sociedad y la moral no pueden autorizar, los deseos sexuales no admitidos, los deseos de asesinato, de destrucción. Pero sólo tendrán poder sobre esos deseos si los llevan total y completamente a la superficie. ¡Qué poder tienen sobre lo que está dentro de ustedes y que nunca ha podido manifestarse abiertamente?

No integrados, estos deseos reprimidos se manifestarán de manera indirecta bajo la forma de pensamientos, ensueños, distracciones, asociaciones de ideas que les impedirán verdaderamente estar presentes en el "aquí y ahora", que les quitarán la paz, el silencio interior y la plenitud. A este respecto, el respeto sagrado de la verdad —del cual he hablado tan a menudo— se convierte en la única moral, la verdadera moral. En lo que concierne a este conocimiento de sí mismo, todo el bien cabe en la verdad y todo el mal cabe en la mentira o la no-verdad. Luego, estos deseos son vistos con la *buddhi* y sobre todo puestos en su lugar dentro del conjunto de sus demás deseos. Verán cómo los deseos se acomodan unos con relación a otros, los que son importantes, los que lo son menos y se les hará más fácil vivir y actuar conscientemente y unificados. Podrán reconocer que un deseo muy fuerte y que todo les prohibía asumir está en ustedes, y que si están más unificados, más integrados, no tienen ninguna intención de cumplirlo. Reconocen que está ahí pero que no es más que un aspecto de ustedes mismos. Si son más totales, si se comprenden completamente, consciente e inconsciente, el deseo se borrará. Ha subido a la superficie y ya no es cuestión de cumplirlo, porque ese deseo no está en armonía con una visión integral de su existencia. Poco a poco, su búsqueda de la sabiduría se hará real, en lugar de no tener que ver más que con una pequeña parte de ustedes y que partes enteras de ustedes mismos no estén implicadas en absoluto en esta búsqueda, sino al contrario. Ustedes presienten que *vasanakshaya* no concierne solamente a los deseos claros, verdaderos como el deseo sexual, el deseo de amar y ser amado, el deseo de poder, de gloria u otros deseos particulares como escribir un libro, vivir en un apartamento de lujo, comprar alfombras o cuadros y viajar. Todo el mundo está de acuerdo en que estos deseos existen, pero reducir *vasanakshaya* solamente a esos deseos, es simplificar increíblemente la extraordinaria complejidad del ser humano.

Esta disminución de los vasanas –de esas semillas que están dentro de ustedes y que tienen la tendencia de germinar en acción– se hace progresivamente. Es el camino normal de una existencia, a condición de que no sea gravemente falseado por errores de educación o por su propio rechazo de la verdad. A los cinco años se cumplen los deseos de los cinco años, a los doce años, los deseos propios de los doce, a los veinte los deseos de los veinte, a los cuarenta los deseos de los cuarenta y se alcanza, si no "la" sabiduría, al menos cierta sabiduría. La humanidad siempre ha sentido que la sabiduría consistía en encontrarse un poco por encima de la condición habitual, de no estar ya directamente implicados en el juego de los deseos y en la batalla por cumplirlos.

Si ningún falso mecanismo interfiriera, esta desaparición de las demandas tendría lugar de manera natural y todo ser humano podría un día sentir: "He hecho lo que tenía que hacer, he dado lo que tenía que dar y he recibido lo que tenía que recibir". Todo ser humano estaría realmente preparado para morir. Entiendan bien que el miedo a la muerte es sobre todo el miedo a dejar de vivir. No estoy diciendo una cosa obvia del tipo "un cuarto de hora antes de su muerte, aún estaba vivo". El miedo a la muerte es sobre todo el miedo a dejar de vivir porque los vasanas gritan: "No pude realizarme, no hice lo que tenía que hacer, no recibí lo que tenía que recibir, no di lo que tenía que dar". Esto es lo que es atroz. Si meten en prisión a un muchacho todavía joven, va a sufrir porque todo lo que lleva dentro de él ya no puede ser cumplido. Encierren a un sabio en un calabozo. No hará ninguna diferencia para él estar encarcelado en una celda o tener derecho a pasearse por las calles.

El miedo a la muerte se borra. Si han comprendido que de hecho, a través de la aceptación total, toda situación puede ser vivida como neutra, ni siquiera hay miedo al sufrimiento físico y todo temor a la muerte desaparece. Por otra parte, aquel que ya no tiene deseos atraerá una muerte apacible o una muerte serena. Incluso si un día es asesinado con un tiro de revólver, eso no le impedirá morir serenamente. Nosotros los occidentales, conocemos el recuento admirable que Platón hizo de la muerte de Sócrates. Esta ausencia total de temor frente a la muerte es, por supuesto, el fruto de la totalidad del camino, pero también es el fruto de vasanakshaya. Terminé lo que tenía que hacer. Estoy listo para irme, para retirarme. Ya nada me ata.

La palabra *vasanakshaya* no designa solamente un resultado. Ustedes pueden leer en ciertos glosarios o en "léxico de las palabras sánscritas citadas en el texto": "vasanakshaya = desaparición del deseo". De nuevo, se encuentran en contradicción. Ustedes no ven en absoluto la conexión entre su situación actual y la sabiduría. *Vasanakshaya* puede significar que el deseo fue borrado o puede ser entendido en su sentido real, erosión de los vasanas. Si son discípulos dignos de tal nombre, discípulos conscientes en el Adhyatma-yoga, esta parte del camino les incumbe. ¿Cómo van a practicar de un modo eficaz y hábil la erosión de sus propios vasanas? Por supuesto no será soñando, mintiendo o dando la espalda a dichos vasanas.

Si ya descubrieron, al menos una vez, lo que es llevar a la superficie un deseo completamente negado y que estaban seguros de que no estaba dentro de ustedes, entonces podrán entender de lo que hablo. Sinceramente, de buena fe, pueden negar un deseo y estarán perdidos. No hay calma, paz, libertad en estas condiciones. El conflicto estará siempre ahí, entre el deseo que busca gritar "yo quiero" y el rechazo. Swamiji me dijo un día: "Acepte que lo peor de lo peor de lo peor está en usted y que lo mejor de lo mejor de lo mejor está dentro de usted". Por supuesto que cuando Swamiji decía lo peor o lo mejor era dirigiéndose al ego, cuyos conceptos morales corresponden a la educación. Verán enseguida, con los ojos de la *buddhi*, las formas tan astutas y retorcidas con las que ese deseo buscó manifestarse y cómo ese deseo los hizo actuar y cuántas acciones no fueron más que caricaturas. Mientras más profundamente desciendan dentro de ustedes mismos, mejor verán la sutileza de este juego de los deseos. Yo pago el tributo que se le debe a una gran parte de la psicología moderna, que ha llegado lejos en el descubrimiento de esta perversión de las demandas interiores. Verán cómo en el inconsciente se pueden querer tantas cosas extrañas; querer estar enfermo, querer sufrir, querer hacer sufrir a aquellos a los que se pretende amar. Esto también es lo que llamamos vasanas. ¿Dónde está su verdadero yo en todo esto? Tan aprisionado por este juego tan múltiple y complejo de los deseos, de los contra-deseos, de los miedos, de las represiones de los deseos de sustitución. Ustedes llevan dentro de ustedes, en sus profundidades, a su propio demonio, su propio enemigo, su propia infelicidad, por no haber desmontado los engranajes y los mecanismos.

No hay libertad sin comprensión. La buena voluntad no basta, el idealismo no basta, los grandes arrebatos devocionales y religiosos no bastan, tampoco basta la gracia de

Dios. Es necesario hacer cierto trabajo eficaz. Y me gustaría regresar a una noción sobre la cual he insistido a menudo, y a la que no estamos acostumbrados como occidentales —sobre todo si fuimos impregnados de moral o de religión— y que, sin embargo, es evidente en el hinduismo y en el budismo, en todo caso en el esoterismo del hinduismo y del budismo. Es una noción de habilidad. Cuántas veces no habré escuchado la palabra inglesa *skill*, que quiere decir hábil, o la palabra *skillness* que quiere decir habilidad. De hecho esta es una verdad que se encuentra perfectamente bien expresada en los Evangelios, y en repetidas ocasiones. ¿Por qué ha sido tan olvidada en el cristianismo? *Skillness in the means*, lo he escuchado muchas veces de boca de maestros tibetanos, así como de maestros hindúes. La habilidad en los medios que ponemos en acción. Esta es una virtud espiritual; todos los gurús lo han dicho. El ego no puede ser hábil, el ego es intrínsecamente torpe, pero el discípulo dentro de ustedes puede ser hábil y la *buddhi* es hábil. No basta con gritar un buen rato "quiero ser libre", para ser libre. El cuerpo sutil, los vasanas, los samskaras son extremadamente complejos. Ustedes no son un asunto pequeño, simple y unificado, lejos de eso, y deben llevar a bien su proyecto de liberación. Por otra parte es justamente a causa de esta complejidad, que es necesario ser guiado por alguien que ya haya llevado a cabo este trabajo sobre sí mismo y que sea capaz de ver claro en los demás porque ya ha visto claro en él. Estén seguros de que estos vasanas no son lo que la razón superficial puede imaginar. Específicamente, cierto número de deseos son deseos que van directamente en contra de su interés más evidente.

Ustedes tendrán que encontrar el origen de estas demandas. Cuando el origen es realmente encontrado, estas demandas caen. Muchos de estos vasanas tienen como causa ciertos acontecimientos que ustedes vivieron en esta existencia o en otra. Si pueden llevarlos a la consciencia y neutralizar esta situación, el deseo caerá. Muchos deseos desaparecerán así, deseos de venganza, de protección, deseos cada vez más complejos. Si pueden borrar las carencias de la infancia y neutralizarlas, la vida de adulto ya no consistirá en tratar de dar satisfacción a un niño de un año o de dos años que tiene necesidad de ser tranquilizado porque un día fue aterrorizado por sus padres, que tiene necesidad de ser amado porque no fue amado por sus padres. Innumerables deseos del adulto no son otra cosa que la prolongación de los deseos infantiles. *Vasanakshaya* consiste mucho más en hacer desaparecer los deseos que en cumplirlos concretamente. La satisfacción concreta de los deseos es necesaria pero no es más que un aspecto de vasanakshaya.

Todos los mecanismos trágicos por los cuales los seres se hacen daño a sí mismos son la expresión de estos vasanas y desaparecerán con la erosión de los vasanas. Lo que se llama complejo o neurosis corresponde exactamente a los vasanas. Si hay un complejo de fracaso, si alguien quiere fracasar para después poder quejarse, podrán decir que se trata de un vasana de fracaso. Por otro lado el Dr. Roger Gödel, este hombre destacado que conocía bien la sabiduría hindú y que había estado junto a dos muy grandes maestros del sur de la India, Ramana Maharshi y Sri Krishna Menon, no dudaba en traducir vasana como complejo. Estos deseos tan extraños, incomprensibles para los profanos, que los psicoanalistas y los psicólogos estudian, son vasanas. Vean hasta donde va ese mundo de vasanakshaya. Vean también que no se trata de un privilegio de la psicología moderna, sino que esta sutileza del psiquismo humano ha sido minuciosamente estudiada en la India desde hace miles de años.

Nos ilusionamos con mucha facilidad. Me acuerdo de mi primer encuentro con Swamiji. En nueve años tuve casi trescientos encuentros privados con Swamiji, pero el primero quedó grabado en mi memoria más que los demás. Yo estaba al mismo tiempo muy conmovido y confundido. Confusamente sentía que algo completamente nuevo iba a comenzar en mi existencia. Swamiji me planteó esta simple pregunta, la cual me había ya hecho decenas de veces: *"What do you want?"*. ¿Qué quiere usted? Esta es la pregunta más simple. Usted vino. ¿Qué quiere? Yo respondí: "atman darshan", la visión del atman, la visión del Sí-mismo. Yo era sincero. Desde hacía quince años practicaba técnicas de vigilancia y de meditación; desde hacía seis años recorría la India y acababa de vivir varios meses en un medio tibetano, tan impresionado por los grandes rimpochés. Respondí: "atman darshan". Swamiji sonrió: V*ery nice*: muy bien". No vi lo que estaba contenido en ese *very nice* tan afectuoso. Cinco años más tarde, me encontré sentado frente a Swamiji, con lágrimas en los ojos. Le pregunté: "¿Se acuerda Swamiji de mis primeras palabras?". Swamiji se acordaba. Yo era tan sincero: ¿Qué quiere usted? Atman darshan. Y hoy, cinco años después: "¿Qué es lo que quiero?". Yo quería tan, tan, tan, tan fuerte... tan fuerte algo que no tenía nada que ver con "atman darshan". Cinco años para llegar a eso.

Sí, asumir las demandas forma parte de *vasanakshaya* y podemos ilusionarnos de buena fe. Leo los libros de Ramana Maharshi que son tan verdaderos, tan impresionantes. Veo a Ma Anandamayi. Me impregno de la enseñanza del vedanta, voy al encuentro de rinpochés tibetanos. Me gustaría alcanzar esta sabiduría, este no-egoísmo, este amor. Aspiro a esta situación de la que me dicen que borra todos los temores, que el Sí-mismo es inmortal, indestructible, que veré los sufrimientos como un sueño. Cuando se vive en el miedo, es bastante atractivo imaginar que una situación tal pueda existir: atman darshan. El camino de Swamiji no consiste solamente en volverse hacia Patina, incluso si este camino se llama Adhyatma yoga, camino hacia Sí-mismo. *Manonasha*, destrucción del mental; bien, no hablemos más del atman, hablemos del mental. *Chitta shuddi*, purificación de la memoria inconsciente; no hablemos más del atman, hablemos de la memoria inconsciente y de los samskaras. *Vasanakshaya*; no hablemos más del atman, hablemos de las demandas de todo tipo que están en ustedes, incluso demandas muy complejas fabricadas por el inconsciente a partir de situaciones de la infancia o de vidas anteriores, que actúan a espaldas del consciente, que ustedes no comprenden y por las cuales son manejados como marionetas. Tiene varios aspectos ingratos. Quisiéramos hablar sólo de sabiduría, de pura consciencia, de beatitud, de no-dualidad, de afirmaciones vedánticas: Todo está resuelto, todo lo que les da miedo es irreal, no hay más que el Uno. Yo soy Shiva, yo soy Brahmán. ¡Esto es más agradable de escuchar!

En primer lugar, sean verdaderos; en segundo lugar sean hábiles. Todo se basa en estas dos palabras: verdadero y hábil.

Sin embargo, en los cuatro pilares de la enseñanza de Swamiji estaba también *vedanta vijñana*, el conocimiento del vedanta, la metafísica, aquello que supera al ego, al mental, a los deseos, a los conflictos, lo que supera a la medicina, a la psicología y a todas las ciencias humanas. El estudio del vedanta enseguida nos da ciertas verdades y nos hace ciertas promesas. Pero miren a los demás miembros del camino. Ya no se trata de dirigirse hacia ese atman. Se trata ya no de ganar, sino de eliminar; eliminar el mental, los vasanas, el poder de los samskaras en el inconsciente. No se trata ya de lograr la visión del Sí-mismo; se trata de apartar lo que impide la visión del Sí-mismo. Cuando me acerqué a Swamiji, yo no sabía todo lo que me esperaba junto él. Este camino me confundió tan a menudo, que me era necesario que Swamiji lo apoyara con citas indiscutibles de los Upanishads o del Yoga Vasishta, lo cual le daba más autoridad: Sí, es por ahí por donde debo de pasar. Ese primer día, estaba sentado frente a Swamiji: "¿Qué quiere usted?" – "¡La visión del Sí-mismo!". Y Swamiji me preguntó: "¿Pero cómo *sabe usted* que existe un atman del cual se pueda tener la visión?". Yo respondí: "Está escrito en los Upanishads" – "¿Cómo sabe usted que los Upanishads dicen la verdad?". No pude responder. Swamiji tenía una manera de mirarme que no permitía respuestas mecánicas. Yo no sabía, yo, Arnaud, con certeza, que los Upanishads decían la verdad. Lo creía, pero no tenía la prueba de ello. Swamiji me contó entonces que un día un joven vino a él y declaró: "*Swamiji, I love a girl*, amo a una mujer ¡y no puedo vivir sin ella!" – "*Very nice.* Y ¿cómo es esa mujer?, ¿es morena?" –"¡No lo sé, Swamiji!" – "¿Es grande o pequeña" – "¡No lo sé, Swamiji!" – "¿Qué edad tiene?" – "¡No lo sé, Swamiji!" –"¿Pero, existe esa mujer?" –"No lo sé, Swamiji, pero no puedo vivir sin ella". Y Swamiji me confió: "Ese joven es usted". "Swamiji, quiero el atman".

¿Acaso sé si ese atman del Maharshi o ese atman de los Upanishads existe? Swamiji me desarmó completamente durante los primeros encuentros. Luego comenzó a transmitirme la enseñanza tradicional del vedanta. Me demostró por un proceso muy riguroso que en efecto ese atman no puede no existir. Y ahora, ¿qué me separa de esta Consciencia o de esta naturaleza fundamental? Ustedes lo saben: el mental que debe ser destruido, los samskaras que deben ser neutralizados y todos los vasanas incontables, complejos, contradictorios y en su mayoría inconscientes. Yo puedo recordar no sólo lo que se dijo y lo que se hizo aquella mañana, sino de lo que era yo, de aquél que se sentó frente a Swami Prajñanpad una mañana de febrero de 1965. Puedo mensurar la diferencia entre lo que yo era en esa época en un momento de silencio e inmovilidad, y lo que soy hoy en un momento de silencio e inmovilidad, totalmente diferente, radicalmente diferente. ¿Por qué lo que era imposible en esa época ahora es no solamente posible sino natural, espontáneo? Este es el fruto de esta sadhana — que no siempre comprendí en el momento y de la que dudé muchas veces—, que levantó en mí diversas emociones además de las que la vida suscitaba, que hechó a andar todo tipo de funcionamientos extraños del mental. Este trabajo acabó por descubrir lo que se revela, de hecho, como inconmensurable, más allá de toda técnica, pero que fue descubierto o liberado por el trabajo cuádruple del Adhyatma yoga.

Y, para concluir estas reuniones acerca de la erosión de los vasanas, déjenme decirles todavía otra verdad sorprendente. Su "vida espiritual", su "camino" no están hechos más que de vasanas. Vasanas de meditador, vasanas de yogui, vasanas de discípulo. Véanlo. Piden un gurú, piden una enseñanza, piden el silencio interior, la paz del corazón, la sabiduría, la naturaleza-de-Buda, el atman. Estas son demandas. Vívanlas. Busquen, pidan, vayan hasta el límite de ustedes mismos, hagan el esfuerzo.

Cuando éstas bellas y nobles demandas se hayan disipado, dejarán de oponer el sueño y el despertar, la servidumbre y la liberación. Y serán libres. Y estarán despiertos.

VI

YOGA ASANAS
El trabjo sobre el cuerpo

Paradójicamente, para alcanzar una consciencia libre del cuerpo físico, tenemos que dedicar nuestro tiempo, energía y atención a trabajar sobre dicho cuerpo. Es evidente que la Realidad eterna no puede ser el cuerpo físico compuesto de tantos elementos diversos y sometidos a la muerta. Para la mayoría de los hombres, la muerte parece la tragedia suprema. Para un sabio este es un acontecimiento que no tiene nada de trágico o doloroso. Los textos tradicionales hindús o budistas afirman que es posible para el hombre realizar en esta vida un estado de consciencia absolutamente libre de esta forma física mortal. Esta realización no sólo es la meta de aquellos que practican el hatha yoga o el raja yoga, o como le dicen simplemente los europeos, el "yoga". Es la meta de todos aquellos que están comprometidos con un camino espiritual.

Hay que empezar por el principio. El punto de partida del hombre es evidentemente la identificación de su consciencia de ser con su cuerpo. Desde la infancia, se arraigó el hábito de considerarnos como el cuerpo. Nos reconocemos por la forma de nuestro rostro y, cuando reconocemos a los demás, es antes que nada por su apariencia física. Nadie puede negar hasta qué punto este cuerpo es limitativo. Según funcione bien o menos bien, tienen la impresión de funcionar bien o mal. Ustedes dicen: "*Yo* tengo buena salud, *yo* tengo mala salud". Por otro lado, el funcionamiento del cuerpo tiene influencia sobre el funcionamiento de la emoción y del pensamiento. Cualquiera que sea el yoga en el que uno está comprometido, la meta es el descubrimiento de una perfección de consciencia que ya está ahí, velada como a veces el cielo azul y el sol están escondidos por las nubes. Me acuerdo de una advertencia de Swamiji: "No diga que las nubes están delante del sol, diga que las nubes están delante de sus ojos". El yoga físico no escapa a esta regla; el trabajo sobre el cuerpo va a eliminar los obstáculos físicos que parecen limitar esta consciencia. La "liberación" no es más que la liberación de la consciencia del Sí-mismo respecto a la identificación con este cuerpo perecedero. El ego limitado, separado, finito, condicionado, es en primer lugar el cuerpo con el que nos identificamos. En el interior de dicho cuerpo se encuentra el cuerpo sutil que puede subsistir después de la muerte del cuerpo físico y que está, así como el cuerpo físico, sometido a la atracción y a la repulsión. Y las necesidades o los rechazos simples del cuerpo físico se vuelven mucho más complejos a través de los deseos y los miedos del cuerpo sutil. El cuerpo físico tiene necesidades; el cuerpo sutil tiene deseos complejos. Y en un camino espiritual, el trabajo sobre el cuerpo tiene como meta permitir en primer lugar la liberación del cuerpo sutil con relación al cuerpo físico, de manera que el mundo de los pensamientos y de las emociones deje de ser simplemente la expresión de los fenómenos que la fisiología ha confirmado suficientemente para que a este respecto no haya más dudas sobre el antiguo conocimiento de los yoguis y de los sabios de otras épocas.

Por consiguiente, es indispensable conocer los lazos entre el cuerpo físico y el cuerpo sutil.

¿En dónde se relacionan el cuerpo físico y el cuerpo sutil? Observen y esto les mostrará que existen ciertos puntos privilegiados en el cuerpo físico que están directamente ligados con el cuerpo sutil. Por ejemplo, ustedes dicen: "Esta terrible noticia me partió el corazón". El lenguaje común da testimonio: ahí hay una localización donde el cuerpo físico y el cuerpo sutil se unen. Hay un punto de unión que generalmente aparece como un nudo, es decir una fuente de bloqueo de la consciencia, y que ustedes llaman "el corazón". Decimos también: "Tengo la garganta cerrada". Muchas expresiones, que dan testimonio de la experiencia cotidiana, muestran que tenemos la garganta cerrada, la garganta seca. Vemos así aparecer un segundo punto, un segundo nudo. Y van a descubrir a través de su propia experiencia, sin haber leído nada, los famosos *chakras* del hatha-yoga. Cuando alguien dice: "Lo recibí como una patada en el estómago" o "Tengo un nudo en el estómago" es otra expresión que reconoce que uno de esos centros se sitúa al nivel del estómago. Y, un poco más abajo, cuando se confiesa: "Eso me puso en tal estado que casi me hago en los calzones", esto demuestra que existe otro punto de unión entre la emoción y el cuerpo que se encuentra más o menos en la zona del ano. Existe otro más que todo el mundo conoce y que está ligado a los órganos genitales a través de los cuales el cuerpo físico y las emociones también están conectados. Después vamos a sentir que tenemos la cabeza pesada, una presión a nivel de la frente, que en ciertas situaciones estamos mentalmente tensos, y descubrirán que ya tienen la experiencia de un centro que se encuentra aproximadamente entre las dos cejas. Finalmente, si a veces tienen la cabeza verdaderamente ligera, pueden sentir también un pensamiento nuevo, más fino que el pensamiento habitual, una región de vida que vibra en la parte más alta de la cabeza. La experiencia demuestra que muchas personas han tenido esta percepción pero que no siempre le prestan atención.

Los célebres *chakras,* llamados ruedas o lotos en los libros sobre el hatha-yoga, son tomados también en consideración en el Adhyatma-yoga, porque la experiencia demuestra su importancia. Primero no aparecen como lugares de expansión o de irradiación de una energía libre, sino como lugares de contracción, de bloqueo, un poco como los famosos embotellamientos que se forman cuando la carretera se hace tan estrecha que la circulación no logra fluir. La energía en nosotros que es a la vez física, emocional y mental, no puede circular ni expresarse libremente. Estos mismos puntos de unión, según el nivel de desarrollo interior, serán nudos, signos de la prisión y de la limitación, o bien centros de expresión y de resplandor, es decir, signos de la libertad recuperada, tal y como esta libertad puede expresarse en el cuerpo mientras subsista un cuerpo físico. Ustedes pueden pues, a través de su propia experiencia, y esto importa más que leer obras sobre las técnicas del hatha-yoga, percibir que existen dentro de ustedes estos lazos entre el cuerpo sutil y el cuerpo físico. Afinando la atención, se darán muy bien cuenta de si esos centros están relajados o contraídos, abiertos o cerrados y si funcionan bien o mal. Se dice fácil y parece reducir la ciencia del yoga a algunas banalidades traducidas por expresiones populares, pero hay que decir la verdad: desatar estos nudos no es un asunto menor. Estos nudos, por los cuales las modificaciones del cuerpo físico actúan sobre el cuerpo sutil en el sentido de una esclavitud, les imponen deseos, miedos, pensamientos, voliciones, impulsos y los hunden cada vez más en el mundo de la separación, la limitación y el conflicto. Tratar de despertar los *chakras* de acuerdo con las técnicas del yoga antes de efectuar previamente esta purificación, siempre es vano y, a menudo, peligroso. El cuerpo sutil será más libre mientras menos dominado esté por el cuerpo físico.

Para lograr una Consciencia libre de esta limitación que representa el cuerpo, *free from body consciousness*, antes hay que llevar a cabo todo un trabajo sobre el cuerpo y tomar conciencia del cuerpo, mucho mejor de como lo hacemos de costumbre. Esta aparente paradoja es de hecho simple y evidente. Normalmente tenemos una consciencia llevada por el cuerpo, pero no tenemos una consciencia del cuerpo. Hay confusión o identificación de la consciencia con el cuerpo. El estado ordinario del ser humano, incluso de aquel que haya practicado danza o gimnasia, consiste en un conocimiento muy mediocre del cuerpo y su funcionamiento. No es solamente el relajamiento o la contracción de un músculo lo que hay que conocer; es mucho más que eso.

El camino consiste en esto: tomar conciencia del cuerpo, tener la sensación del propio cuerpo y distinguir, desde el punto de vista del cuerpo, lo que la India llama el espectador y el espectáculo. El cuerpo forma parte del espectáculo universal, de la manifestación cambiante y múltiple, y así crece y se desarrolla una consciencia neutral y desapegada del cuerpo. Existe pues, no un conflicto, no una oposición, sino una distinción entre el cuerpo y la consciencia del cuerpo. Esta distinción no es una dualidad, es simplemente una luz que viene a iluminar la vida del cuerpo. Esta consciencia no juzga, no toma partido, no interviene. El cuerpo es una forma, pero la consciencia del cuerpo no es otra forma que viene a tomar consciencia de él. Es la consciencia sin forma, la Consciencia pura. Si mi mental se interesa en mi cuerpo, esto no tiene nada que ver con la experiencia de la que estoy hablando. Si mi mental está ahí para constatar quejándose que mi cuerpo es demasiado delgado, demasiado gordo, demasiado grande o pequeño, esto no es en absoluto lo que yo llamo tomar conciencia del cuerpo. Ustedes tienen una opinión sobre su cuerpo, un juicio acerca de él: "Estoy cansado, me duele todo, estoy tenso" o al contrario "Soy guapo, soy ágil, soy hábil y diestro con mis manos". Como ego tienen una relación con su cuerpo, pero es una relación que está hecha de atracciones y repulsiones. Esta relación dualista con su propio cuerpo nunca llevará a liberación alguna y no tiene nada que ver con el yoga.

Hablo de una consciencia que no juzga, que es simplemente el testigo. Entonces es necesario que aparezca y se establezca realmente el espectador con relación al espectáculo. No es una forma de pensamiento juzgando una forma física, no es una forma emocional apreciando una forma física. Es simplemente una luz que se ilumina, que se vuelve más intensa y sobre todo más estable en el interior del cuerpo.

Una vez establecida, esta consciencia puede centrarse en sí misma; ya no ser consciente más que de sí misma. Y el cuerpo, antes punto de apoyo, pierde ahora importancia. Es necesario que una consciencia pura haya nacido en el interior del cuerpo, disociada del cuerpo, mientras que la consciencia habitual es afectada todo el tiempo por el cuerpo a través de los mecanismos de la circulación, glandulares, nerviosos, vago-simpáticos y todo eso que nuestra fisiología ha estudiado por métodos diferentes a los de los antiguos yoguis. Luego, esta consciencia puede situarse de la misma manera con relación al cuerpo sutil, que de hecho, no es más que una serie de pensamientos, emociones, percepciones y estados de consciencia que no son más que formas. Esta consciencia crece primero tomando conciencia del cuerpo, es decir, apoyándose sobre una percepción o una sensación de este cuerpo del que esperamos un día ya no tener ni percepción ni sensación. Pueden ver que sólo es una paradoja aparente. Para alcanzar una consciencia libre del cuerpo, es necesario pasar por la consciencia del cuerpo, y esta consciencia, el hombre común no la tiene. Hay pues un trabajo que comienza por la sensación personal del propio cuerpo —más allá de cualquier sensación que se imponga a nosotros como, por ejemplo, un dolor—, y esta sensación puede crecer con el ejercicio. Siempre está ligada a la relajación de las tensiones musculares. Sólo podrán tener la sensación de una parte del cuerpo si comienzan por la sensación de la masa muscular cada vez más profundamente relajada. La primera afirmación del ego se hace bajo la forma de tensiones musculares. El cuerpo se contrae con el miedo, el cuerpo se contrae con el deseo, y la relajación muscular es una renuncia a la afirmación del ego a través del cuerpo. No porque la famosa "relajación" esté de moda, hay que desinteresarse. La relajación muscular, aunque hoy en día no sea muy original, es la práctica de base del trabajo sobre el cuerpo.

A través de esta relajación muscular es como se vuelve posible una sensación concreta de su cuerpo, de su forma física: la espalda, el vientre, los brazos, los hombros, los pectorales, la frente, etc. Pero el trabajo no se detiene ahí y, rápidamente, sienten circular la energía en ese cuerpo del cual han creado la sensación y luego la han afinado. Rápidamente sienten ese cuerpo vivo. Vivo implica "en proceso de cambio", como se dice en inglés, *in the process*.

Aunque estén completamente inmóviles y bien relajados muscularmente, sentirán la vida en su cuerpo. Es la segunda etapa. Podemos ver cómo esta vida está sometida a dos ritmos que son el ritmo del latido del corazón y el de la respiración. Como toda la naturaleza, la vida individual está sometida al ritmo. Si quieren comprender el trabajo sobre el cuerpo, nunca olviden la correspondencia que existe entre el ser humano y el universo; esta antigua y tradicional comparación del hombre como microcosmos al macrocosmos del universo. Las mismas leyes, los mismos principios están en acción en el universo y en su cuerpo. Todo es cuestión de objetivo, de finalidad. Si se interesan en el cuerpo con un sentido egoísta: "Voy a hacer de mi cuerpo una maravilla", harán de él seguramente algo más maravilloso que el cuerpo de una persona que nunca ha practicado una disciplina. Pero eso no los conducirá a la liberación. La liberación pasa por la desaparición de los pronombres personales mí, mis, míos... incluyendo lo que concierne al cuerpo físico y su funcionamiento. La diferencia esencial está ahí. Algunos abordan el "yoga" con motivos egoístas y estas motivaciones del ego subsistirán hasta el final de su práctica. Otros, en uno u otro momento, han sido afectados por la certeza de que la meta de la existencia es la superación de todas las limitaciones para encontrar el Infinito, y su enfoque de este mismo yoga será fundamentalmente diferente. Ya no será "mi cuerpo", sino "el cuerpo" o "este cuerpo", este cuerpo que lleva un nombre, "mi" nombre y al interior del cual *Yo*, como consciencia de mí mismo, aspira a ser eterno, inmortal, infinito, sin límites, lo que implica la desaparición completa de los contornos del ego. El ego tiene un contorno mental, un contorno emocional y un contorno físico. Por lo tanto, si afirmo que es indispensable trabajar sobre el cuerpo y sobre las energías en el interior del cuerpo, afirmo también que, desde el principio, si hablamos el mismo lenguaje, este trabajo se debe cumplir sin perder de vista la meta real que es la eliminación de lo que recubre y limita a esta consciencia infinita, y también sin perder de vista estas limitaciones que por el momento están ahí, y que no pueden desaparecer tan fácilmente como si nos desnudáramos para meternos a bañar.

El poder del cuerpo es real y sólo existe por el apego al cuerpo y la identificación al cuerpo.

¿Podrían tener poco a poco una actitud justa con respecto a su propio cuerpo? Sólo esta actitud justa tiene una esperanza de liberación. O bien se empeñarán en perfeccionar ese cuerpo que hoy no les aporta satisfacción, o bien recorrerán el camino de la liberación con relación a ese cuerpo. Pueden transformar ese cuerpo yendo al gimnasio, con la cirugía estética y pueden transformarlo considerablemente con técnicas y prácticas de las que no conocemos otro sistema más destacable que las yoga-asanas. Pero esto no los conducirá a la liberación. La actitud justa de la que hablo es justa en función de la gran meta. Es benevolencia hacia el cuerpo, aceptación del cuerpo, sin miedo ni apego. Con este estado de ánimo, puede comenzar el trabajo sobre el cuerpo. Por eso los Yoga sutras de Patanjali insisten en las condiciones que preceden al trabajo con el cuerpo, de manera que este trabajo no sea expresión del ego y compensación de tal falta o frustración del ego. Y este trabajo va a permitir la liberación de la Consciencia que hoy está identificada con el cuerpo y que sufre todas las vicisitudes del cuerpo.

El cuerpo sutil y el cuerpo físico forman un conjunto. Reaccionan uno sobre el otro. Swamiji decía: *"Body-mind complex"*, el complejo cuerpo y psiquismo. Es sólo por las necesidades de la enseñanza que a veces distinguimos el cuerpo físico del cuerpo sutil. En verdad, un trabajo que fuera llevado directamente sobre el cuerpo sutil tendría efectos físicos y un trabajo llevado a cabo sobre el cuerpo físico tiene efectos sobre el cuerpo sutil. No hay que olvidar que tanto el cuerpo físico como el cuerpo sutil tienen una memoria marcada por los samskaras, es decir por las improntas de las experiencias y de entrada, al igual que el cuerpo sutil, el cuerpo físico no es capaz de estar en la perfección simple del "aquí y ahora". El cuerpo físico vive las experiencias a través de sus propios recuerdos. Una parte importante del trabajo es la desaparición de estos recuerdos inconscientes que impiden al cuerpo la disponibilidad perfecta en el instante. Ya que existen puntos de unión entre el cuerpo físico y el cuerpo sutil, es evidente que habrá una transformación a nivel de esos puntos de unión, como tantos nudos que se desatan definitivamente, incluso en un yoga diferente del hatha-yoga donde los chakras desempeñan un papel tan eminente. Ahora bien, el desanudar no es una empresa fácil, cualquiera que sea el camino que sigamos. Algunas prácticas pueden quitar momentáneamente la tensión en dichos puntos. Pero desde el fondo de la memoria inconsciente, los vasanas y los samskaras van a producir de nuevo contracciones y crispaciones. Por consiguiente, siempre es indispensable un trabajo sobre estas improntas del pasado, y en el yoga que Swamiji nos ha transmitido, la purificación de *chitta* se lleva a cabo simultáneamente sobre el cuerpo sutil y el físico. Todos aquellos que tienen la experiencia de lo que nosotros llamamos los *lyings* han visto que en un momento u otro el cuerpo físico interviene. Aquellos cuya experiencia es lo suficientemente basta, pueden ver que los fenómenos de expresión liberadora se cumplen de manera privilegiada en el nivel que corresponde con los diferentes chakras del yoga. Cuando uno de ustedes, como sucede muy a menudo, experimenta en el transcurso de los *lyings* dolores en la región del vientre o en el estómago, cuando otro tiene el corazón encogido o la garganta bloqueada o experimenta dolores de cabeza espantosos, es siempre en relación con estos conocidos centros del yoga. Lo que era un nudo se vuelve al contrario fuente de expresión: el corazón ligero, la garganta desanudada, el vientre relajado, incluyendo la base sobre la cual nuestro cuerpo reposa en el suelo cuando estamos sentados en la postura de meditación, es decir, la región que va del ano a los órganos genitales.

***

Ahora bien, ustedes ven que este cuerpo físico tiene una forma; reconocen la relación del cuerpo físico con el psiquismo y por consiguiente no puede ser negado sino solamente superado. O son los amos y señores de esta forma o esta forma será su amo. Y cuando pronuncio estas palabras, amo y señor, no pienso en un combate violento para saber quién matará al otro. Simplemente pienso en un orden de las cosas. Un orden.

Este cuerpo puede tomar una forma u otra, una postura u otra, y ya que existe un vínculo entre el cuerpo físico y el cuerpo sutil, habrá un vínculo entre las posturas físicas y lo que puedo llamar las posturas sutiles. No puede ser de otro modo. Estos centros de relación entre el cuerpo físico y el cuerpo sutil están en cierta posición unos respecto a otros. Si las posturas tomadas por el cuerpo físico cambian, las relaciones de estos focos de dinamismo del cuerpo sutil cambian también unas con respecto a otras. Si quieren tener flexibilidad del cuerpo sutil, tengan flexibilidad del cuerpo físico. Si quieren tener un cuerpo sutil que pueda tomar muchas formas diferentes, tengan un cuerpo físico que pueda tomar muchas formas diferentes. No ser *uniform* decía Swamiji en inglés: no ser prisionero de una única forma. Para poder interpretar todos los papeles —en el sentido amplio de la palabra papel— que la justicia de la situación espera de nosotros, para poder ser fieles a todas las diferentes demandas de nuestro *dharma* individual, debemos tener una adaptabilidad perfecta y no un personaje rígido, siempre el mismo. El trabajo sobre el cuerpo es una ayuda. No debemos convertirlo en la meta única, sino simplemente una ayuda. Cuanto menos rígido esté su cuerpo, menos rígidas estarán sus reacciones emocionales y mentales. A condición de que su estado de ánimo sea justo porque, generalmente, este trabajo físico se hace a través de una sola forma mental y emocional que es "yo", *mi* salud, *mi* flexibilidad, *mis* logros. El beneficio real se perdió. ¿Qué podemos adquirir en dichas condiciones? Una flexibilidad cada vez mayor, un equilibrio cada vez más grande para mantenernos sin caer en posturas poco usuales y una mejor salud. Y no siempre. Uno se hace a veces muchas ilusiones y algunos, a pesar de una larga práctica de las técnicas del yoga, tienen la desesperación de ver que a los cincuenta años tienen una afección cardiaca o un diagnóstico de cáncer.

Esta disponibilidad, esta capacidad de respuesta, es un elemento esencial del camino. Existen ocho millones cuatrocientas mil posturas de yoga. ¿Qué significa una cifra tal? Que el ser humano debería ser capaz de tomar todas las formas que toma la danza de Shiva, creadora y destructora del universo. Esta es una expresión simbólica. Concretamente no todo ser humano puede expresarse como todos los animales, todos los árboles todos los torrentes, todos los océanos, todos los vientos, todas las formas, todas las expresiones de la vida universal. Pero lo que es seguro es que, mientras más sea uniforme el ser humano, más está limitado, más prisionero será. Mientras más multiforme sea, más se acercará a la libertad.

El ego, funcionamiento ordinario de un hombre, tiene dos características: una es la de cambiar sin parar, lo que yo llamo "el caleidoscopio"; la otra es la de ser rígido, la de no tener más que un pequeño número de actitudes posibles a su disposición y no poder desempeñar perfectamente el papel que corresponde a cada instante ni adaptarse perfectamente para responder a la situación.

Ustedes están escribiendo, el teléfono suena y, simplemente porque el teléfono suena, se convierten en otro diferente del que eran unos segundos antes. Observen y verán que eso es verdad. Descuelgan y escuchan una voz simpática que no han escuchado desde hace tiempo: "¡Ah!" y ya cambiaron; o escuchan, al contrario, una voz que no deseaban escuchar ese día y de igual modo ya cambiaron. Sin embargo, contrariamente a sus temores esa voz les anuncia una muy buena noticia. Se tranquilizan y, en una fracción de segundo, de nuevo están modificados interiormente. Y, por otro lado, verán que no tienen más que una muy pequeña disponibilidad. Nos conducimos casi siempre de la misma manera. Esta limitación es la que se expresa a través de frases como "eso es muy de él", "es típico de él", "es él tal cual". "¿Quién crees que dijo eso?" –"Pablo, por supuesto" –"Pues sí, fue Pablo. ¿Quién más si no él?".

Un día, serán capaces del verdadero cambio, es decir, de la adaptación a las circunstancias. Por supuesto, algo queda: aunque estemos muy dispuestos no vamos a cambiar nuestra talla o nuestro timbre de voz. No vamos a cambiar la totalidad de nosotros mismos. Swamiji seguía siendo Swamiji. No se convertía un día en Ramdas y otro en Kangyur Rinpoché. Pero interiormente había una fluidez, una plasticidad, una flexibilidad perfectas. Miren un poco más de cerca al mismo tiempo este cambio de instante en instante del equilibrio de sus funciones y este carácter rígido de sus reacciones que incumbe a la vez al pensamiento, a la emoción y al cuerpo. Primero véanlo en ejemplos evidentes en lo que les concierne y también en lo que concierne a los que los rodean. Después lo verán en situaciones más sutiles que piden más agudeza de percepción. Sabemos, por ejemplo, que si abordamos cierto tema de conversación, sacaremos de quicio a alguien o, al contrario, si abordamos otro tema, la misma persona va a estar encantada porque ese es su tema preferido. Por lo tanto, esa persona cambia mentalmente —sus pensamientos van en cierta dirección—, emocionalmente —eso le conviene, eso le disgusta— y *físicamente*. Vean bien este punto. Lo que ustedes son en cada instante es a la vez emocional, mental y físico. Y los tres aspectos están ligados. Esta liga juega en ambos sentidos. Si pudieran cambiar su emoción —y digo bien que *si* pudieran cambiar su emoción—, su pensamiento cambiaría, su actitud física cambiaría. Si pueden cambiar su pensamiento, al menos por un instante, su emoción cambia y su actitud física también. Y si pueden cambiar su actitud física, cambiarla verdaderamente, su pensamiento cambia y su emoción cambia. Tomemos los ejemplos más simples. Si se encuentran desesperados, agobiados estarán desplomados, postrados, encorvados, con la cabeza baja, pero si pueden enderezarse, situarse de otra manera en ustedes mismos, entonces ya no podrán pensar tan negativamente ni tener exactamente el mismo tipo de emoción.

Pero hay una fuerza en ustedes que los mantiene en esas actitudes globales, al concernir a la vez a la cabeza, al corazón y al cuerpo. Sabemos que si, cuando sufrimos, nos enderezáramos verdaderamente y tomáramos una verdadera postura de meditación o de zazen, algo cambiaría en nosotros. Ya no podríamos quejarnos o gemir de la misma manera. Pero no queremos enderezarnos. Observen que siempre hacen los mismos gestos: el mismo gesto para tomar el jabón, para abrir una puerta, para mover una silla, para sentarse, el mismo gesto para cruzar o descruzar las piernas, para instalarse en un sillón. Y si *"cada uno vive en su mundo y nadie vive en el mundo"* eso también *es verdad físicamente.* Físicamente cada uno vive en su mundo, en sus actitudes corporales particulares.

Ahora voy a emplear la palabra postura, ya que es la que se emplea para las "posturas de yoga" y que decimos la postura del pavo real, de la cobra, del escorpión, del arado. Una postura de yoga no puede ser solamente física. Obligatoriamente siempre es emocional y mental. Son prisioneros de sus hábitos motrices habituales, de las pocas "posturas" que utilizan desde hace años. Si pueden cambiar este pequeño número de posturas físicas, podrán actuar sobre el funcionamiento de su mental en lugar de pensar siempre en las mismas líneas. En lugar de tener emociones que operan siempre de la misma manera, siempre, podrían escapar a esta esclavitud, estar un poco menos en su mundo y un poco más en el mundo. Pero eso es difícil. La falta de vigilancia hace que no tengamos poder sobre el cuerpo. Al principio, ni siquiera estamos conscientes de las zonas que están relajadas o contraídas. Si se observan, si aprenden a conocerse, se verán a ustedes mismos como los ven los demás en sus posturas físicas. Imaginen que son famosos, y que un buen imitador decide imitarlos en el escenario y que los observa con sus hábitos motrices, sus gesticulaciones, sus posturas clásicas. Pues bien, podrán verse del mismo modo, con el mismo ojo lúcido que tendría dicho imitador y de pronto reconocer: "sí, ese soy yo". No es la libertad, es un molde en el que su cuerpo vuelve a caer. Se sorprenderán en posturas que son típicas de ustedes. Y si se observan bien, podrán quizás tener la sorpresa de reconocer exactamente tal postura física de su padre o de su madre. Cuando comencé a volverme más consciente y vigilante, a menudo me sorprendí en los mismos gestos, las mismas posturas del cuerpo, el mismo comportamiento físico no consciente que mi padre. Efectivamente, tengo la herencia de mi padre. Me sorprendí profundamente al constatar: es mi padre quien acaba de hacer este gesto que yo acabo de hacer. No soy la réplica exacta de mi padre, pero no podía negar ese parecido.

Ahora bien, al comienzo creemos de buena fe que somos libres de nuestras actitudes, que levantamos el brazo porque queremos levantarlo, que estamos parados derechos porque queremos estar parados derechos, que sonreímos porque queremos sonreír y no nos damos cuenta de que somos esclavos de nuestras posturas. "Todo es postura", *asana* en sánscrito, todo es asana. No solamente el asana de la pinza o de la cobra o del arado.

Observen que una postura no puede ser solamente física. Es al mismo tiempo y obligatoriamente emocional y mental. Y si quieren ser libres y no condicionados, si quieren responder a las circunstancias y no reaccionar a ellas, hay que intervenir en todos los frentes. Hay que llevar a cabo un trabajo mental, un trabajo emocional y un trabajo físico. Si no, el cuerpo permanecerá todopoderoso, continuará siendo el soporte de ciertas emociones fuertes o ligeras, y de una cierta manera de pensar, y nunca saldrán de su mundo. Si tuvieran actividades físicas muy variadas (un día siegan, otro día son albañil o carpintero), si hicieran mucha danza, gimnasia, serían llevados a ampliar la gama de sus actitudes físicas. Pero un bailarín permanece en su personalidad; las claves de la danza clásica son las mismas, las bases, el lenguaje de la danza permanecen, pero cada bailarín expresa su personalidad. Mientras que, si quieren escapar a su propio mundo y alcanzar la gran verdad universal, hay que escapar de su "personalidad". Por supuesto que algo quedará: Ma Anandamayi y Ramdas no son intercambiables. Pero ya no es esa famosa personalidad de la que estamos tan orgullosos la que se expresa a través de ellos. Es una verdad supra-individual. Sin embargo, las posturas de yoga están codificadas, tienen un valor universal: *la postura del pavo real*, *la* postura de la cobra, etc. Cada cuerpo, cualquiera que sea su morfología, cualesquiera que sean sus hábitos innatos, heredados y sus hábitos adquiridos a través de la educación, a través de la reacción del cuerpo a los traumatismos ocultos en el inconsciente, etc., cada cuerpo con su especificidad se esfuerza, bien o mal, para someterse a *la* postura. Al principio cada uno tiene su manera de entrar en la postura y se ve muy bien cómo alguien que debería flexionarse con la parte baja de la espalda, se dobla con la parte alta de la espalda; cómo el que debiera tener la pierna estirada, la dobla; cómo otro que debería tener el pie vertical, lo pone oblicuo; se nota cómo cada uno trata de llevar la postura a sus hábitos, a su esclavitud. Pero el asana está ahí, con sus exigencias, y cada uno debe someterse a la postura, tratar de aproximarse a ella y de tomarla lo más perfectamente posible. Nadie lo logrará completamente, pero para los yoguis que conocí en la India, lo que estoy diciendo ahora es perceptible. Cada detalle de la postura fue codificado para un cuerpo humano ideal y cada uno debe esforzarse por aproximarse lo más posible a la perfección de la postura, *lo cual tal vez tomará años.* Cuando un aficionado algo flexible afirma: "Hago bien la postura de la cobra o la del pavo real" porque al cabo de dos meses de ejercicio llega a parecerse a las fotos que vio en los libros, esto nos hace sonreír. Un yogui hindú magníficamente entrenado tomará años en aproximarse exteriormente e *interiormente*, con todo su ser, a la postura. Y cuando se logra realmente la postura, es una revelación.

Estas posturas de yoga constituyen una ciencia inmensa. Incluso si algunas fueron adoptadas por la gimnasia cuando se pusieron de moda, no se pueden llevar a cabo como un ejercicio de gimnasia. Una postura es una totalidad y actúa sobre la totalidad de su ser. En ciertas posturas de yoga, ciertos tipos de pensamientos son imposibles mientras que otros se favorecen, y esto es diferente con cada postura. Si quieren verdaderamente cambiar, ya no dar vueltas en vano o seguir caminando por los mismos caminos trillados, utilicen todos los medios que están a su disposición. Vean qué les puede permitir pensar de una manera nueva; vean lo que puede permitirles reaccionar emocionalmente de una manera nueva y lo que puede permitirles situarse físicamente en ustedes mismos y expresarse físicamente de una manera nueva. Si no, no saldrán de sus limitadas posibilidades de caleidoscopio. Ustedes cambian sin parar, pero con un cierto número de elementos que son siempre los mismos; unos pedazos de vidrio azul, unos pedazos de vidrio amarillo, unos triángulos color malva y unos cuadrados rojos, algunos filamentos negros y con eso, un caleidoscopio forma imágenes que cambian todo el tiempo. Es lo mismo en un ser humano: una gran inestabilidad interior por la cual uno es arrastrado y, al mismo tiempo, una gran limitación en las posibilidades de respuesta. Las posturas de yoga ayudan a escaparse de este sueño. Sólo que es un sueño muy fuerte. La naturaleza nos trae al mundo con una buena dosis de somnífero. Si la palabra despertar y la palabra sueño son tan importantes en el budismo, no es por causalidad. Si quieren despertar, necesitan moverse físicamente; es necesario escapar del poder absoluto de su cuerpo y de su limitado repertorio de actitudes. De otro modo el cuerpo será como un peso terrible que hará más arduos sus esfuerzos por cambiar emocional y mentalmente. Tratarán de dejar de ser llevados por su mental, de ya no tener indefinidamente los mismos pensamientos a propósito de su padre, a propósito de su madre, con respecto a la falta de dinero, con respecto a la traición, con respecto al amor. Van a intentar ya no andar en círculos emocionalmente, y el cuerpo todopoderoso va a destruir una buena parte de sus esfuerzos.

Esa fuerza soporífera, que los mantiene en esta vida de sonámbulos o de marionetas, se manifiesta a través de la inercia —en el verdadero sentido de la palabra inercia que significa quedar en la misma línea, continuar un movimiento que se comenzó—, y a través de mucha pereza y pasividad, *tamas* como se dice en la India: pesado, no activo. El rechazo a ser molestado se remonta a muy lejos: la gran molestia inicial son las primeras contracciones del nacimiento y, a partir de ahí, no se acepta más ser molestado. Sin embargo, si quieren ser libres con respecto a los koshas y en especial con relación al cuerpo físico y que ya no sea él quien se imponga, es necesario que rechacen la esclavitud al cuerpo y que, poco a poco, adquieran una libertad en el interior del cuerpo; que puedan pedirle que se mantenga derecho cuando tiene ganas de doblarse, que puedan pedirle que se relaje, aunque tenga ganas de contraerse, que puedan pedirle agacharse cuando no tiene ganas de hacerlo.

No viven en un monasterio que exige gran cantidad de ejercicio físico: jardinería, siega, cosecha, albañilería, carpintería; no se levantan a las cuatro de la madrugada para el oficio nocturno, no se bañan a las cuatro de la mañana en el nacimiento del Ganges en los Himalayas. La vida se ha vuelto muy cómoda, pero casi todo el mundo se siente incómodo y tiene necesidad de un fisioterapeuta.

¿Creen que en los países en desarrollo todo el mundo necesita de un psicoterapeuta? Por supuesto que no. ¿Y que todo el mundo tiene necesidad de un fisioterapeuta? —"Son mis dorsales, mis lumbares, mis cervicales". ¿Qué significa esta esclavitud? Es una magnífica excusa del ego y un magnífico argumento del Adversario. El adversario de su liberación tiene toda una gama de argumentos emocionales y también de argumentos físicos. Si el cuerpo no es llevado a participar en la "sadhana", entonces se trata de una sadhana incompleta. Por supuesto que los *lyings*, que desencadenan grandes reacciones físicas, tendrán su influencia sobre el cuerpo: dormirán mejor y estarán menos contracturados, pero esto sigue siendo algo relativo. Uno puede haber llegado muy lejos en sus *lyings* y, si tiene malos hábitos físicos, volver a contraerse, a seguir con dolores. Es indispensable llevar a cabo un trabajo sobre el cuerpo y, por esta razón, deben saber que "el adversario" dentro de ustedes hará todo lo posible por desviarlos. Desde el momento en que es necesario hacer un esfuerzo, cuando hay que molestarse un poco, el deseo de dormir responde: "¡Ah no!, yo quiero dormir tranquilo". Es por esto que se necesita una voluntad exterior a nosotros, a la que nos sometemos y por la cual nos dejamos ayudar. Cuando han tomado una postura durante dos minutos y sienten: "Ahora ya tengo suficiente, la dejo", si alguien les dice: "Aguanta otro minuto más", la conservan un minuto más. Es necesario participar en un curso, en una enseñanza. En casa harán "sus" posturas, pero nunca harán "las" posturas de yoga. Harán vagamente "su" postura del arado, pero seguramente no será la de la gran tradición. ¿Cómo quieren tener la maestría necesaria para poder ver en qué falla su postura? Si uno no es corregido minuciosamente, puede no darse cuenta de sus errores durante años. En 1959 en la India, estuve en diferentes centros donde se enseñaba yoga. No estaba tan a la moda en esa época. En cada clase yo era el único europeo y me corrigieron mis posturas en varios pequeños detalles. En Francia ya había yo recibido mucho de Sri Mahesh, pero todavía me quedaba mucho trabajo por hacer. ¡Qué rigor, qué enseñanza recibí! Comprendí que era una enseñanza que podía ir lejos, muy lejos, y que yo podía perfeccionar una postura durante años, que ya creía hacer muy bien. Si superan el rechazo, si aceptan poner el cuerpo en tela de juicio, escaparán de esta esclavitud, que no es solamente física sino también emocional y mental. Entonces se acercarán a ciertas verdades físicas o a ciertas formas físicas que ya no son las de tal o cual hombre en particular, sino que son las del Hombre. El Hombre, no un hombre; el Hombre. Ya no harán "su" postura de la cobra sino "la" postura de la cobra. Y escaparán de su limitación, de su ego. En el aspecto físico, vivirán ya menos en su mundo y más en el mundo. Yo sé que, por momentos, hay rechazos físicos enormes; hay también rechazos emocionales, porque cuando se toca al cuerpo, de cierto modo se tocan también las emociones. Ya que aceptan la necesidad de hacer un trabajo sobre las emociones, sepan que el trabajo sobre el cuerpo les ayudará mucho. Incluso su pensamiento cambiará porque su repertorio limitado de actitudes físicas va a ampliarse, va a crecer, a flexibilizarse. Harán que su espalda, su columna vertebral, sus hombros tomen posturas nuevas. Y se sorprenderán sintiéndose mejor en sus posturas habituales: cierta manera de descolgar el teléfono, cierta manera de recostarse en su sillón, cierta manera de mantenerse demasiado rígidos cuando estén de pie, cierta manera de contraer sus piernas, sus manos, sus puños. Verán hasta qué punto el funcionamiento de su cuerpo se les escapa. Al menos, la sesión de yoga es una hora de vigilancia, una hora de consciencia de sí mismo. Si llegan asociaciones de ideas, ya no podrán realizar las posturas conscientemente; estas asociaciones de ideas ustedes las verán, no se les pueden escapar. Si llegan emociones, verán que interfieren con las posturas y que, si regresan a la verdad de la postura, escaparán al menos momentáneamente de la emoción y de la actitud mental que corresponde a esa emoción.

Recuerden esto: no *su* postura de la cobra, sino *la* postura de la cobra. Y si logran hacer *la* postura de la cobra, *la* postura del arado, *la* postura de la pinza, *la* postura del triángulo, *la* postura de Matsyendra, van a suceder en ustedes cosas verdaderamente importantes. Pero para esto hay que someterse a una voluntad exterior que los obligue a hacer lo que, por sí mismos, no podrían llegar a imponerse. Hay que tener una gran disponibilidad. Entonces podrán escaparse en el plano físico de la prisión del ego. Recuerden que, cuando decimos "en el plano físico", es por comodidad: físico, emocional y mental están todo el tiempo los tres juntos. Además, la función sexual, que es también una actividad a la vez física, emocional y mental, se ve muy mejorada por la práctica real de un trabajo físico inteligente como el yoga. Es importante, ya que de todas maneras, ya sea en la castidad de un monje o en la vida de pareja, la función sexual no es una función que se pueda descuidar u olvidar. La ineptitud sexual de los occidentales es trágica en un mundo que no habla más que "de eso", que pretende ser libre y desarrollado en este dominio.

Una postura concierne pues, en primer lugar, al cuerpo físico: puedo torcer una barra de hierro y puedo también torcer un cuerpo físico, doblarlo hacia delante o hacia atrás. Pero concierne también a *pranamayakosha*. Todos los funcionamientos vitales y energéticos están implicados en las posturas. Esto se descubre poco a poco, a medida que la consciencia del cuerpo se desarrolla. Tal vez los yoguis de la India puedan hacer de manera extraordinaria ochenta y cuatro posturas o más, pero lo que es seguro es que a ustedes también les es posible llevar a cabo cierto trabajo sobre su propio cuerpo, que lo va a volver no solamente más flexible sino más disponible. El camino de la libertad en relación con el cuerpo comienza ahí. Le pueden pedir ciertas cosas al cuerpo, el cual recibirá a cambio un beneficio al estar más relajado y, por consiguiente, soltará poco a poco el control que tiene sobre ustedes. Comenzarán a estar libres en el interior de su cuerpo, y los acontecimientos que les lleguen primero a través de ese cuerpo –ya que todas las sensaciones y toda la información llegan a través del cuerpo– tendrán menos poder sobre ustedes. La sumisión a lo que es múltiple, a lo que es contradictorio, a lo que es cambiante va a disminuir, cualesquiera que sean las formas que esta sumisión tome en ustedes.

Nunca pierdan de vista la interacción que hay entre el cuerpo sutil y el cuerpo físico, el *body mind complex* de Swamiji, el "psicosomático" de los doctores. Las emociones están siempre ligadas a modificaciones de los funcionamientos físicos. No hay un funcionamiento de la emoción que sea independiente del cuerpo físico. Lo que yo llamo sentimiento es una vida del corazón que va más allá de la emoción, es decir que no tiene contrario. No hay emoción –en el verdadero sentido de la palabra emoción, es decir, movido fuera de nuestra inmutabilidad esencial– que no corresponda a alguna perturbación fisiológica. Por consiguiente, no hay un trabajo sobre las emociones que no sea al mismo tiempo, inevitablemente, un trabajo sobre el funcionamiento del cuerpo y sobre *pranamayakosha*.

En el interior del cuerpo físico (*annamayakosha*) es donde *pranamayakosha* se expresa, es al interior de la estructura anatómica donde la fisiología se expresa y, por consiguiente, si queremos tener una acción sobre estos funcionamientos –respiración, circulación, digestión, asimilación, eliminación, secreción de las glándulas endocrinas, etc.–, tenemos que apoyarnos en el cuerpo físico como cuerpo físico. Hacer que el cuerpo físico entre en una postura de yoga, es actuar sobre el cuerpo físico y, a través de esta acción sobre el cuerpo físico, actuamos sobre la energía o la vitalidad. Y, a través de *prana-mayakosha*, actuamos sobre *manomayakosha*, es decir sobre las emociones y el pensamiento ligado a la emoción. Un yoga puramente intelectual no podría llevarnos a la liberación real, salvo en seres humanos excepcionales. Cuando los nudos de la garganta, del corazón, del estómago, etc. han sido desatados, la energía se manifiesta o se expresa libremente en el interior del cuerpo. Esa energía que a veces es manifestada bajo forma de energía física, emocional, intelectual o sexual. Ya no hay estrechamientos, bloqueos. La meditación se vuelve fácil. Lo que por naturaleza es pesado o burdo, desciende espontáneamente a esta base sólida del cuerpo que es la pelvis, el hara de los japoneses, y la parte baja de la espalda, el sacro, y entonces una energía ligera circula libremente, sube y anima la función del sentimiento y la función de la inteligencia. Tendrán la experiencia, sentirán cómo dos movimientos de energía se cruzan dentro de ustedes, como si al mismo tiempo una humareda subiera hacia el cielo y una lluvia descendiera desde el cielo hasta el suelo. Dentro de ustedes, ciertas energías descienden, la cabeza y los hombros se despejan, el pecho se despeja, la parte alta de la espalda se despeja y, sin embargo, ustedes experimentan una impresión de solidez, de fuerza, de arraigo a nivel de la pelvis. Por el contrario, otra energía fina y refinada sube y anima la parte alta del cuerpo, es decir, el nivel emocional y el nivel intelectual. La relación entre estos diferentes planos está constituida por la estructura de la columna vertebral a la cual se conecta todo el resto del organismo. Una nueva sensación de la espalda, de la nuca aparece, acompañada —insisto sobre esto—, por una impresión de libertad y ligereza. Luego, adquirirán una consciencia suficiente para ver si subsisten aún tensiones no liberadas a nivel de tal o cual centro. Si se trata de un bloqueo ligero de energía, como cuando se acumula un poco el polvo, es fácil disiparlo. Si significa que el trabajo en la profundidad no se ha llevado a cabo lo suficiente, entonces tengan valor. Todavía no han llegado hasta el final de la purificación de los samskaras y la erosión de los vasanas. De nuevo suben tensiones en ustedes, ya sea con respecto al deseo, ya sea respecto al miedo. Todavía hay elementos por los cuales la consciencia puede perder su libertad y encontrarse prisionera en el mundo de las formas físicas, emocionales y mentales.

Verán crecer la posibilidad de situarse en esta Consciencia testigo, que habrá crecido poco a poco en el interior del cuerpo gracias a la consciencia del cuerpo y a la sensación del cuerpo. Incluso si el cuerpo está en estado de imperfección, su perfección íntima no se verá afectada. No olviden que grandes sabios han estado muy enfermos. Pueden imaginar perfectamente a un sabio situado de una manera inmutable en la consciencia testigo, libre, inafectada e inmaculada incluso cuando es afectado por las peores enfermedades como, por ejemplo, la poliartritis evolutiva crónica que le impediría tomar cualquier postura. No confundan el fin con los medios. La consciencia puede estar libre dentro de un cuerpo deteriorado. Pero esta consciencia sólo estará libre dentro de un cuerpo deteriorado si ella es libre. Y, para alcanzar esta libertad, utilicen todos los medios que estén a su disposición y no descuiden el trabajo sobre el cuerpo. Desconfíen de las excusas de la pereza. "Soy demasiado rígido y lleno de nudos por todas partes, no se puede tocar ni un sólo punto de mi cuerpo sin que me duela, mi respiración no es armónica, pero todo esto pertenece al mundo de los fenómenos y yo no soy este cuerpo perecedero, *chidananda rupa, shivoam, shivoam*, mi verdadera forma es la beatitud, es la Consciencia. Yo soy Shiva". Si esto es verdad, bravo. Si no es verdad, se mienten, y por falta de valor para emprender el trabajo sobre el cuerpo, se ilusionan. Permanecerán arrastrados por los estados de ánimo, cambios de carácter, pensamientos, ideas, que no tienen nada que ver con la Consciencia. En la medida de lo posible, trabajen sobre el cuerpo y no tomen como excusa para un cuerpo lamentable, el hecho de que la plenitud de la sabiduría es, en efecto, posible en el interior de un cuerpo discapacitado.

***

La idea de la interiorización, de la meditación en la cual se alcanza la profundidad silenciosa del Ser, lo No-creado en nosotros del cual hablan todos los místicos, no nos debe llevar a un malentendido que consistiría en creer que podemos sencillamente esquivar al mundo exterior. No podemos huir del mundo de las sensaciones. Podemos ir más allá de él, pero no huir de él. Si pensamos todo el tiempo en la imagen de un yogui totalmente interiorizado, estamos tratando de eliminar todo un aspecto de la existencia que es la vida en el mundo fenoménico. Incluso si maya es una ilusión, esa ilusión está ahí. El yoga físico, que se apoya en el trabajo sobre el cuerpo, nunca ha consistido en negar las sensaciones, sino al contrario, en purificarlas de los elementos que proceden del inconsciente y del mental y en refinarlas. No olviden que aquel que busca el "conocimiento" utiliza como instrumentos su pensamiento, sus sentimientos y *sus sensaciones* para conocerse, para conocer al mundo que lo rodea y descubrir la Realidad única en la cual la distinción entre interior y exterior es superada. Estos instrumentos deben estar no solamente bien mantenidos sino perfeccionados lo mejor posible. El trabajo sobre el cuerpo mejora no solamente el instrumento llamado cuerpo, es decir el mundo de las sensaciones, sino que también contribuye a mejorar el instrumento corazón, la inteligencia del corazón, el instrumento pensamiento y el instrumento energía sexual, ya sea que se exprese a través de la actividad sexual normal o que se exprese a través de una actividad sexual no reprimida sino sublimada.

Las condiciones de la vida moderna han degradado mucho la capacidad de sentir. En comparación con un hombre que lleva una vida natural, en contacto con una naturaleza no sofisticada, no transformada por la tecnología, el hombre moderno tiene los sentidos degradados y ese no puede ser el camino de la realización. El trabajo sobre el cuerpo contribuye a volverlos más sensibles, no en el sentido de frágiles o vulnerables, sino en el sentido de capaces de sentir, de percibir. Tendrán la experiencia de esto, descubrirán que ven mejor las formas y los colores, escucharán mejor las tonalidades, los sonidos. Estarán más despiertos. Y esto es necesario. Además, el trabajo sobre el cuerpo exige moverse, activarse, en el sentido de volverse activo. Hay que tener en cuenta un peligro: el de confundir con la calma y la paz del sabio algo que no es más que necesidad crónica de descanso, porque uno está cansado y todo pesa demasiado. El arquetipo del sabio es el de un hombre aparentemente inmóvil, con los ojos semiabiertos o la mirada fija en la lejanía, sentado en su choza, frente a una gruta o bajo un árbol. ¡Ah, qué tentación cuando uno está cansado! Qué reposo debe de ser eso, dejarse alimentar por sus discípulos, recibir guirnaldas de flores, escuchar los cantos de alabanza todo el día y no tener nada que hacer. Se darán bien cuenta que, si a alguno de ustedes se le ofreciera la vida de Ramana Maharshi, al cabo de tres días comenzaría a morir de aburrimiento y, agitado por sus vasanas, sus ambiciones, sus proyectos, volvería a introducirse en el mundo de la dualidad y de las formas. No hay que confundir lo que en la

India se llama *tamas*, es decir pasividad, inercia, con *sattva*, que es equilibrio, armonía y pureza. Una frase hindú dice: "Hay que conquistar *tamas* a través de *rajas*, es decir la pasividad a través de la actividad, y luego conquistar *rajas* a través de *sattva*, es decir la actividad a través del equilibrio y la mesura". Entonces, ya no hay ninguna necesidad de estar activo. Ya no se siente la necesidad de duplicar los ingresos ni de triplicar el número de discípulos. Uno está simplemente disponible para responder. Pero es una mentira y una ilusión adornar con ciertas virtudes no violentas de paz, inmovilidad y calma interior a la pereza y la flojera –disculpables cuando uno está cansado. Un discípulo tiene mucha energía a su disposición, una energía que no es utilizada en el sentido de violencia o agitación y ni siquiera de la acción ordinaria, sino que es utilizada para ser refinada, transmutada y alcanzar un alto nivel de consciencia, un sentimiento de amor extremadamente puro y una receptividad también muy refinada. El yoga físico obliga a hacer ciertos esfuerzos, a ponerse uno mismo en tela de juicio y exigirse algo. Esto es indispensable para atizar la energía en su interior. *Tapas* es el esfuerzo para hacer nacer un fuego que está dentro de ustedes en estado latente, como el fuego está latente en la madera, pero es necesario frotar dos pedazos de madera, uno contra el otro, para que el fuego surja. En ustedes hay un fuego latente y ciertos esfuerzos pueden hacer surgir dicho fuego, pero esos esfuerzos se deben llevar a cabo con un espíritu de no-violencia, de sumisión, de aceptación de la ley natural, y no con un espíritu de crispación o violencia que sería lo contrario del yoga y que determinaría reacciones muy fuertes por parte del cuerpo y un rechazo todavía más grande.

Por otro lado, pueden observar que tienen cierto poder sobre su cuerpo de inmediato. Pueden decidir sentarse, levantarse, levantar los brazos, bajarlos, girar la cabeza a la derecha o girar la cabeza a la izquierda. Tienen cierto poder sobre sus pensamientos. Pueden decidir pensar en su madre. Pueden comandar un poco sus pensamientos, un poquito. Pero no tienen ningún poder directo sobre sus emociones. No pueden sentirse felices o infelices a voluntad; si no, todo el mundo podría sentirse feliz todo el día. Existe una posibilidad de intervenir indirectamente sobre las emociones, mientras estén todavía ahí y mientras no hayan sido arrancadas en su origen a través del trabajo de purificación de *chitta*, y es la de unir el pensamiento y el cuerpo (este es uno de los significados de la palabra yoga). Se dice en la India que, cuando se capturan elefantes en la jungla, si se les quiere hacer caminar tranquilos antes de que hayan sido entrenados, hay que poner a un elefante salvaje entre dos elefantes adiestrados. La India dice que de esta forma el elefante salvaje camina tranquilamente como si hubiera sido entrenado. De la misma manera, si dos aspectos de la energía en nosotros, dos funcionamientos, el de la cabeza y el del cuerpo, son asociados, entonces el tercero, el de la emoción, se encuentra como el elefante salvaje entre los dos elefantes amaestrados y se mantiene tranquilo. Esto no resuelve en su origen el problema de las emociones, pero da cierto control sobre uno mismo y una cierta posibilidad de vivir en la superficie de la existencia sin estar demasiado arrastrado por los dramas, las angustias y los miedos. *Cuanto más nos sentimos capaces de nadar en la superficie, más nos dejaremos fluir hacia la profundidad.*

Existen cuatro funcionamientos especializados de la energía dentro de nosotros: el pensamiento, el corazón (emociones o sentimientos), el cuerpo (movimientos y sensaciones) y la energía sexual. En los seres humanos, estas funciones no están igualmente favorecidas por la naturaleza. Uno puede estar muy dotado físicamente, sentir, comprender con el cuerpo. Basta con verlo caminar o sentarse para percibir que todos sus gestos son justos y que tienen cierta calidad. Pero puede estar limitado intelectualmente y no poder llevar a cabo ningún estudio. Otro será brillante intelectualmente, pero inútil físicamente y otros tendrán una gran intensidad en el corazón, una capacidad de vibrar que otros no tienen. Aquel que está muy dotado desde el punto de vista del corazón, emociones y sentimientos, está calificado para una vía religiosa, una vía *bhakti* y en él, la respuesta al mensaje religioso será muy intensa, ya sea un mensaje vishnuista, cristiano o musulmán. Aquél que tiene una inteligencia viva, aguda y poco velada por las emociones, podrá apoyarse sobre dicha inteligencia para avanzar. Otro se apoyará en sus grandes capacidades físicas, y ciertas enseñanzas tradicionales que fueron puestas a disposición de la humanidad, en ciertas épocas y en ciertos contextos sociales y culturales, permiten incluso apoyarse en la energía sexual. Pero si están en contacto con enseñanzas serias, tradicionales, ya sea el budismo zen, el tasawwuf sufí, los diferentes yogas o el tantrayana de los tibetanos, podrán observar que ninguna enseñanza puede considerar solamente una de estas funciones. Hay que llegar a que todas las funciones participen, que aquel que no está dotado intelectualmente mejore su instrumento intelectual, que aquel que no es capaz más que de emociones incoherentes purifique su instrumento del corazón y llegue a tener sentimientos duraderos. Y aquél que está poco dotado físicamente haga trabajo sobre el cuerpo. Una práctica ascética, cualquiera que ésta sea, *comienza siempre por reunir dos de estas funciones*, y la tercera resulta asociada, como el elefante no entrenado. Mientras seamos arrastrados de aquí para allá por emociones sobre las cuales no tenemos ningún poder directo, hay que considerar a las emociones como el elefante no adiestrado y encuadrar a las emociones con la cabeza y con el cuerpo, sobre los que tienen algo de poder. La cabeza sola no puede nada, la cabeza con el apoyo del cuerpo puede hacer algo. Si, con una atención sin distracción y sin ensoñaciones, hacen a su cuerpo tomar posturas de yoga que tienen sus propias leyes y su propio rigor, si la cabeza y el cuerpo están unidos a través de una sensación del cuerpo y una atención a la postura, entonces la emoción, al cabo de algún tiempo, cinco, diez minutos o una hora de práctica, se va a armonizar y también va a participar. Tendrán el sentimiento de la postura y ya no la emoción ordinaria, incoherente, que estaba ahí al inicio de su esfuerzo por practicar. Durante cierto tiempo en el camino, esta verdad es importante y hasta indispensable. No pueden pensar que solamente con la vigilancia de la cabeza van a ser dueños de sí mismos y de su destino. La cabeza sola contra las emociones no será la más fuerte. Poco a poco, poco a poco, la capacidad de viveka, discriminación, *buddhi*, inteligencia va a crecer, se va a purificar de lo que la perturba y la contamina, pero la cabeza necesita ser apoyada, secundada y no puede apoyarse sobre un sentimiento religioso permanente, si no la vía mística se abriría delante de ustedes y ese sería un camino diferente al de Swamiji. Al final del camino, todo se vuelve a unir y en el camino de Swamiji, un día el corazón ya no será más que comprensión y amor. Pero, en el punto de partida, hay emociones, miedos, deseos, violencia, vergüenza, rencor, ansiedad, etc. ¿Y entonces? Entonces ya que no pueden apoyarse en un sentimiento religioso estable, como lo hace un monje o un místico, van a tener que apoyarse en el cuerpo, aunque el Adhyatma yoga de Swamiji de un lugar eminente a la comprensión con la inteligencia. El camino de Swamiji no está reservado a los licenciados, a los catedráticos y a los doctores, está reservado para aquellos que buscan ver las cosas tal como son y comprender. La experiencia del trabajo que llevamos a cabo aquí ha demostrado que esta inteligencia no está ausente en seres que nunca llevaron sus estudios universitarios muy lejos, sino al contrario. Pero esta *buddhi*, esta discriminación, debe de ser secundada por las funciones de movimiento y de sensación. No lo olviden: los dos elefantes un poco amaestrados son el pensamiento sobre el cual tienen un poco de poder y su cuerpo sobre el cual también tienen algo de poder, y el elefante no amaestrado es el corazón, las emociones. A lo largo de los años en los que se purificarán y se acercarán a la consciencia pura, es decir purificada, durante esos años igual van a tener vivir.

Hablemos concretamente no con un lenguaje de metafísico sino con un lenguaje de guía dirigiéndose a seres que están en el camino. La experiencia les mostrará que es necesaria una presencia física. El zazen está basado en esta presencia en el cuerpo. El yoga también. Fuera de las sesiones de yoga, si han adquirido una consciencia del cuerpo y cierto control de la energía burda que se acumula en el vientre y en la pelvis, podrán enfrentarse a las emociones a través de este punto de apoyo en el cuerpo. No hay más conocimiento que el del ser completo. El conocimiento real viene cuando todas las funciones están puestas bajo el mismo yugo y participan juntas. Y al principio, no podrán sujetar las riendas de todas sus funciones a la vez. Sus emociones se les escapan. Pero pueden, y hay que hacerlo, sujetar poco a poco las riendas de la cabeza y del cuerpo y establecer un lazo cada vez más preciso entre la cabeza y el cuerpo, entre el pensamiento y la sensación. Ya sea para la relación con lo que hoy consideran como el otro o ya sea para el ingreso en uno mismo que nos ofrece la meditación, en ambos casos el punto de apoyo en la consciencia del cuerpo es necesario. Luego, cuando esta reunificación de las funciones comience a llevarse a cabo, puede aparecer lo que llamamos vigilancia, consciencia de sí-mismo, presencia a sí-mismo. Esto es lo esencial.

Lo repito una vez más. Este debe ser el leitmotiv de su sadhana. Ustedes no son vigilantes, no están presentes a sí mismos, son arrastrados, no tienen sensación de sí mismos, sentimiento de sí mismos, consciencia de sí mismos, que es el camino de la consciencia del Sí-mismo. Desde luego, en la consciencia del Sí-mismo el ego ha desaparecido, pero es necesario primero tener un ego estructurado para que éste pueda desaparecer. En la consciencia del Sí-mismo, la consciencia de sí mismo como ego ha desaparecido, pero la consciencia de sí mismo cada vez más purificada es el camino de la consciencia del Sí-mismo. "Aquellos que son vigilantes ya tienen la vida eterna y aquellos que no son vigilantes ya están muertos."

Como para todos los yoguis, como para todos los monjes de todos los monasterios, el gran asunto de su vida debe ser esta presencia a sí- mismos, "presencia a sí mismo y a Dios", como decían los cristianos de épocas pasadas. Es necesario que sea inaceptable, intolerable sentir que el sueño es tan fuerte y que no pueden ser vigilantes. La cabeza sola es incapaz de esta vigilancia, porque las emociones intervienen y el mental comienza de nuevo a "pensar". Pero si pueden juntar la cabeza y el cuerpo, entonces estarán más estructurados y esta vigilancia se volverá posible poco a poco. Si practican asanas de yoga tal y como son hoy, durante el tiempo que dura su práctica podrán unir la cabeza y el cuerpo, ser verdaderamente conscientes y sentir: estoy aquí sentado, estoy aquí inclinándome hacia delante, estoy plenamente consciente del movimiento dentro de mí, de lo que está contraído, de lo que está relajado. Están presentes a ustedes mismos, porque la cabeza y el cuerpo están reunidos. Si se distraen, van a contraerse y hacerse daño.

Si hacen una hora de posturas, con calma y control, aunque los resultados físicos sean limitados, habrán estado en estado de presencia a sí mismos durante una hora. Aunque no tengan ninguna flexibilidad, habrán vivido algo grande. Si tratan de meditar demasiado pronto, van a estar hostigados por las asociaciones de ideas que suben de los vasanas. Pero si practican conscientemente las asanas, ocuparán su cabeza. Esta unión de la cabeza y del cuerpo puede ser llevada muy lejos, en una plenitud de control, de consciencia y de sensación. Poco a poco estos frutos de consciencia se volverán más permanentes. Se darán cuenta de que son menos arrastrados y de que les sucede más a menudo en la vida una cierta manera de estar situados en su cuerpo, el cual es el soporte de la consciencia de sí-mismo.

Esto no es más que un aspecto del camino. No se ilusionen. Al principio, el descubrimiento del trabajo sobre el cuerpo da resultados tan convincentes y alentadores, que se puede pensar rápidamente que este trabajo, solo, va a constituir un camino. No se trata solamente de lograr mantener controlado al elefante salvaje llamado las emociones, se trata de educar al elefante salvaje y que estas emociones desaparezcan como emociones para dar lugar al sentimiento. El trabajo sobre el cuerpo y la unión de la cabeza y el cuerpo no bastan. No reduzcan la enseñanza a las posturas de yoga o a otros ejercicios que aseguran poner bajo el mismo yugo la cabeza y el cuerpo. No piensen que podrán ahorrarse el trabajo profundo sobre los vasanas y los samskaras. Pero ahora que están comprometidos con la verdad de este trabajo que llamamos *chitta shuddi*, purificación de la memoria, purificación del inconsciente, podrán comprender sobre bases justas la importancia del trabajo del cuerpo, sin que se vuelva una revancha contra las insatisfacciones, una compensación, una obsesión, una actividad privilegiada del ego. Pues ahí está el peligro. Ustedes pueden comenzar realmente el trabajo sobre el cuerpo sin las ilusiones habituales. Este es un trabajo indispensable. No les digo que tendrán que hacer muchas horas por día de aikido o de yoga-asanas, no les hablo de técnicas elaboradas, difíciles y altamente especializadas del hatha-yoga, hablo de esta participación del cuerpo que he encontrado, *sin excepción*, en todas las vías religiosas con las que he estado en contacto.

VII

TOLERANCIA Y SINCRETISMO

¿Cómo comprender, al menos un poco, en qué camino están comprometidos dentro de la variedad de caminos espirituales que se ofrecen hoy en día? En otras épocas, era más simple. Un cristiano crecía dentro del cristianismo, un musulmán en el islam y aquel que quería profundizar su cristianismo, su islam o su budismo sabía que en el interior de su cultura y de su sociedad, muy a menudo en armonía con esa cultura o esa sociedad, podía enriquecer su tradición acercándose a un maestro espiritual. Dije muy a menudo y no siempre, porque ha sucedido que las enseñanzas esotéricas hayan sido mal vistas por la comprensión general; sucedió en el cristianismo y también en el islam, donde la historia reconoce que algunos sufís fueron perseguidos por los mullas.

Un tibetano que entraba en un pequeño monasterio tibetano ignoraba todo sobre el hinduismo, el cristianismo, el sufismo y el budismo zen. Pero hoy en día, casi todos aquellos que comprendieron que existen estas enseñanzas, ya han escuchado hablar un poco de todo, incluso de psicología, psicoanálisis, bioenergía, terapia, relajación, training autógeno y ¡de qué sé yo cuánto más! Cada semana aparecen en las librerías libros nuevos sobre estos temas. Esto no facilita la tarea. Es un aspecto de nuestra sociedad actual, justamente llamada "sociedad de consumo", donde todo aquello que podía favorecer al ser ha sido ahogado poco a poco a favor de lo que permite aumentar el tener. Si quieren verdaderamente cambiar, esta indigestión de información espiritual les hace más mal que bien. Pero el mental, que tiene tal necesidad de tener, no puede entenderlo. Y sigue convencido de que cuanto más sepa, mientras más influencias, información y ejercicios ascéticos coleccione, mejor será. Requerirá quizás de mucho tiempo entender que la gran ley de la pobreza y de la pobreza de espíritu, que se encuentra en todas partes, es verdad también a este respecto.

Traten por lo menos de ser claros sobre un punto. Salvo excepción —rara—, ustedes son los frutos de una sociedad que, por paradójico que esto pueda parecer, es una sociedad de frustración; y todo consumo sólo sirve a compensar esa falla fundamental. Cuanto más nos preocupemos de consumir o de producir lo que pueda ser consumido, menos nos ocuparemos de lo que podría verdaderamente evitar la frustración, y esto desde los primeros días de la existencia. Con respecto al tibetano, al hindú, al musulmán tradicional que se compromete con un camino espiritual, el occidental moderno es ante todo un hombre o una mujer frustrado. Pero no solamente frustrado de la presencia de Dios o del atman, si no frustrado en todos los aspectos, pero al mismo tiempo, atiborrado. Si comprenden esta paradoja —y no estoy jugando con las palabras— habrán hecho un descubrimiento en lo que a ustedes concierne. A la vez frustrado y atiborrado. Y con respecto a estos dos aspectos, tarde o temprano habrá que darle la vuelta a la situación de una manera u otra.

La libertad es vivir pobre en todos los aspectos y colmado. No crean que esa riqueza de información a través de libros, conferencias, conversaciones concernientes a los sabios, los gurús y los yogas, pueda hacer otra cosa más que obstruirles. Y, sin embargo, a causa de esta frustración, hay una demanda de tener —incluso en este dominio. Y ahí nos equivocamos. Ya que estos caminos nunca han hablado más que de ser y no han considerado el tener (porque han considerado el tener, por supuesto) más que en función del ser.

Traten de reconocer si esto que digo se aplica a ustedes y cómo. ¡Qué necesidad de recibir! ¡Una enorme necesidad de que se les de! Deben pues tratar de ser verdaderos. Mientras tengan necesidad de recibir, reciban. Mientras tengan necesidad de recibir, reconózcanlo y *busquen recibir, vayan a donde puedan recibir y pónganse en condiciones de recibir* —incluyendo el terreno de la ascesis. Es legítimo, al menos durante un cierto número de meses o un cierto número de años. Reciban. Nútranse, tomen, lean libros, viajen, busquen sabios en Japón, en la India, en el Islam, si pueden. Acudan con sabios que vienen a Occidente. Pero no se equivoquen, eso no constituye un camino; eso constituye una preparación. Coleccionen incluso las enseñanzas, es decir las doctrinas, las verdades, las palabras de vida; pero eso no es un camino. Un camino es una transformación que conduce de un estado en el que no se es feliz, a otro estado en el que se es feliz. Ahora, queda saber qué es un hombre verdaderamente feliz y en qué condiciones o a qué precio se puede ser un día verdaderamente feliz...

Nosotros, aquí, nos consideramos adeptos del gurú de Arnaud, Swami Prajñanpad. Pero ningún discípulo ha sido nunca la réplica exacta de su gurú. Como decía Swamiji: *"You can follow Swamiji; you cannot imitate Swamiji"* —"Usted puede seguir a Swamiji; usted no puede imitar a Swamiji". De por sí, el Bost es muy diferente del ashram de Swamiji. Y, sin embargo, ya que esta filiación de gurú a discípulo es considerada tan importante en todas las tradiciones, debe en efecto tener su valor. Una imitación rigurosa de Swamiji no sería viable. Cierta continuidad de la misma forma sería posible bajo las mismas condiciones culturales y sociales, es decir, en el mismo ashram en medio de los arrozales de Bengala. Pero cuando se trasplanta una línea de enseñanza a un contexto totalmente diferente, algunos cambios de forma son inevitables. Lo importante es que estos cambios de forma estén hechos a partir de una comprensión viva, de manera que el espíritu y la verdad profundos no sean alterados.

Existen dos peligros, que he visto actuar en mí y a mi alrededor desde el primer día en que estuve en contacto con una enseñanza, es decir en 1949. El primero de esos peligros es el sincretismo; el segundo es la intolerancia. Yo casi siempre vi uno de estos dos peligros volverse realidad, salvo en los sabios, ya fueran tibetanos, japoneses o hindús.

El primero, es la dispersión y el sincretismo. Vean bien la diferencia ente síntesis y sincretismo. Una síntesis puede ser una verdad orgánica, por lo tanto viva, mientras que un sincretismo es lo que mi compañero sikkimés Sonam Kazi llamaba un "chop suey", una mezcla en la que se pone un poco de todo. Esto es un peligro para quienes tratan de fabricar su propio sincretismo. El mental es tan retorcido que, si se vuelven un poco más sutiles, él también se volverá más sutil y utilizará trampas más refinadas para embaucarlos. El mental es tan astuto que, aunque tengamos las mejores intenciones del mundo, nos maneja como quiere. Incluso podemos hacer muchos esfuerzos sin que logremos sobrepasar a este mental que es nuestra prisión. Vamos a un ashram. Comenzamos una disciplina durante dos meses o dos años pero, si hay un momento difícil de atravesar, el mental lo evita yendo a probar otra cosa en otro camino. Y eso, no perdona. Se enteran de que un buscador serio y sincero está en los grupos Gurdjieff. Luego les informan que abandondó los grupos Gurdjieff para unirse a otro movimiento europeo, ya sea el del sufí londinense Idries Shah, el movimiento Subud del indonesio Pak Subu, la Sokagakai japonesa o el maestro zen Deshimaru; después se enteran de que estuvo en la India y que pasó cierto tiempo en el ashram de Ma Anandamayi; después que fue a Tiruvanamalai, al ashram donde vivió el Maharshi; después que estuvo en otro ashram también célebre. Y así desde hace veinte o treinta años. He ahí una vida que aparentemente fue consagrada a la búsqueda de la sabiduría, he ahí sin lugar a dudas una biblioteca de libros especializados y, sin embargo, he ahí un fracaso. Recuerdos, impresiones, momentos fuera de lo común, pero el ego y el mental no fueron puestos en tela de juicio y, por el contrario, ambos se reforzaron. Muchos ejemplos me vienen a la mente.

No podemos fabricar nuestro propio sincretismo tomando un poco de aquí y un poco de allá, para hacer de ello una síntesis. Eso es un error. Eso quiere decir: no me comprometí en serio con nada. No podemos progresar verdaderamente si no tenemos el privilegio de descubrir un día nuestro camino y nuestro maestro, de tal manera que no podamos escapar de ninguno de los dos. Pero todavía queda la posibilidad de interferir con la función del maestro (y ahí también, el Maligno va a ser extremadamente hábil), creer que vemos más claro que el maestro, al menos en un pequeño detalle, o que sobre tal punto, no vale la pena verificar una cuestión con él y que hay cosas más importantes que decirle, o que, sobre un punto, podemos enriquecer su enseñanza con una práctica ajena. Y eso, de nuevo garantiza el fracaso. Si el mental guarda aunque sea sólo una pequeña posibilidad de hacer su propia ley, nunca obtendremos la victoria. Es necesario romper todos los lazos del apego y del ego. El mental no sabe, no puede saber y nunca sabrá en qué consiste un camino real. Siempre va a fingir, siempre va a pretender, a tratar de dar consejos y sugerencias y a mantenerlos en el sueño.

Y luego, tenemos el otro peligro, que consiste no solamente en haber reconocido y elegido un maestro y una enseñanza, sino en nutrir al ego con la certidumbre de que ese maestro es el más grande, que esa enseñanza es, de lejos, la mejor, y de que todas las demás enseñanzas y todos los demás gurús son limitados, incompletos e imperfectos. Esta falta de tolerancia también nutre al mental, al ego y permite continuar a "atesorar opiniones". Es simplemente el ego agrandado a la dimensión de una comunidad, incluso si esta comunidad se vuelve tan mundialmente célebre que cuenta con muchos miles o millones de fieles, o un ego inflado a la dimensión de ochenta o ciento cincuenta discípulos. El mundo se divide en dos: nosotros, que estamos en la verdad, ¡y todos los demás! ¿Dónde está el amor, la comprensión, la no-dualidad, dónde está la visión *all embracing*, que incluye todo? Ya no es *sarvam kalvidam brahman*, todo este universo es brahmán, lo que rige una vida. Es: "toda la humanidad está en el error y nosotros –setenta o cinco millones– estamos en la verdad". Y eso, lo observé en mayor o menor medida casi en todas partes. En mi vida de viajes y de encuentros, ¡vi tanto sectarismo, limitación e intolerancia! Los más tolerantes son a menudo los hindús que, considerando al resto de la humanidad como ritualmente impuros, tienen al menos esta convicción de que los caminos hacia Dios son innumerables y que todas las civilizaciones han dado al mundo sabios verdaderos y enseñanzas que pueden conducir a la meta.

El camino es el filo de la navaja, tan delgado, tan estrecho entre estos dos peligros: la intolerancia y el sectarismo de un lado; el relajamiento, la imprecisión y el sincretismo del otro. La tradición hindú siempre ha proclamado que no se puede tener más que un solo gurú. Sin embargo, podemos reconocer a muchos *upa-gurus*, o gurús auxiliares. Un niño que de repente, por una reflexión, los hace entrever una verdad, un insecto, incluso un loco, tal vez sean un "upa-guru" si vienen a aportar su pequeña piedra al edificio de su propio maestro. Pero el edificio debe ser de un solo maestro. Lo importante es encontrar al maestro. Si sentimos que estamos equivocados, hay que tener el valor de irnos, sin vacilación. Si piensan: "Tal vez me equivoqué pero... al menos es interesante... tal vez haya algo que sacar". Esto no puede servir más que al deseo del mental de acumular y de poseer. O realmente tienen confianza o sienten que será posible tal vez tener realmente confianza o váyanse. Si se tratara de decir: "Tomo lo que me conviene, dejo lo que no me conviene", como se hace casi por todos lados en la existencia, toda persona que tenga algún conocimiento, alguna experiencia, podría serles útil. Tal vez como "upa-guru"; pero no como gurú.

Cuando se está en un camino, no se trata de tomar o dejar. Eso sería permitir al mental subsistir. Se trata de dejarse transformar. Se trata de perder en lo relativo, para ganar en lo absoluto. No les digo que tal persona, célebre o desconocida, no sea un maestro, sino que digo que esta noción de gurú es esencial. Ahora bien ¿qué es un gurú? Es alguien que los regresa a ustedes mismos, mientras que la existencia los ha arrancado de sí mismos, los ha vuelto extraños a sí mismos; alienados. Los métodos, los caminos pueden variar e incluso variar mucho; las apariencias pueden variar mucho; pero la esencia no varía. El gurú los regresa a ustedes mismos, mientras que la existencia, tal vez durante varias encarnaciones sucesivas, los alejó de ustedes mismos y los dejó caer prisioneros de un monstruo llamado mental, hecho de todos los recuerdos no digeridos, de todas las influencias no dominadas, de todos los deseos no satisfechos, y de todos los proyectos para el futuro. Si el mental vive, somos nosotros los que morimos; si el mental muere, por fin vivimos. Y antes de morir, el mental se debate mucho. Es la hidra de mil cabezas que nunca vencemos.

Para estar verdaderamente en un camino, con un gurú, hay que comprender poco a poco, comprender ese camino y comprender al gurú –y eso puede tomar mucho tiempo. Comprender al gurú no toma algunas semanas, ni algunos meses y probablemente tampoco algunos años. El crecimiento de esta comprensión es lo que los liberará poco a poco de la prisión del mental. ¿Cómo y en qué este gurú me regresa a mí mismo? Es decir, ¿me ayuda a disolver todo aquello de lo que soy prisionero, todo aquello con lo que me confundo, todo aquello con lo que me identifico?

Vasanas, samskaras, sankalpas, vikalpas, ustedes pueden encontrar numerosos términos para describir esta gran complejidad que recubre, ahoga la realidad o la verdad en ustedes. En primer lugar, hay que encontrarse a uno mismo, verdaderamente a uno mismo, en lo relativo para poder acceder a uno mismo en lo absoluto, es decir, el atman o la naturaleza-de-Buda. Un ser alienado, perdido de sí mismo, *"distorted"* como decía Swamiji (torcido) *"cripple –emotionally and mentally cripple"* (lisiado emocional y mentalmente) no puede acceder así a la realidad metafísica. En primer lugar, hay que encontrar la propia realidad en un sentido más humilde y más relativo y esta es la primera parte de la tarea que el maestro y el discípulo tienen que hacer juntos.

La trampa del mental es tratar de mejorar un poco la enseñanza del maestro. Este es ciertamente uno de los ámbitos en los que mejor se puede observar la ceguera del mental, porque descubrimos cómo una pequeña acción, que no solamente no parece perjudicial, sino que aparece al contrario como benéfica, puede arruinar meses o años de esfuerzos conjuntos de maestro y discípulo. Sin importar cuán célebre sea el coche Mercedes, considerado tal vez como el mejor coche europeo, no mejorarán su Peugeot o su Citroën poniéndole refacciones de Mercedes. Arruinarán su Peugeot o su Citroën. Si utilizan un Volkswagen, no utilicen más que repuestos para un Volkswagen. Y si se encuentran en un camino, no vayan a adornarlo con refacciones que hayan adquirido con otro mecánico, arruinarían su camino. Quisiera que esta comparación muy concreta se grave en su mente y que sepan acordarse de ella en su momento. Pero si la aplican estrictamente –pues así debe de ser aplicada– estén alertas con la trampa de la intolerancia y con no entender estas palabras como una condenación. Diciéndoles que nunca pongan refacciones Mercedes o Volkswagen en su Peugeot, no condeno los coches de fabricación alemana. Pidiéndoles que renuncien completamente a ciertas prácticas espirituales incompatibles con el camino que siguen, no condeno estas prácticas espirituales, ni las tradiciones de las que han surgido, ni a los sabios que las transmiten.

El camino se hace en etapas sucesivas. Estas etapas se preparan, se atraviesa un momento de crisis (en el sentido etimológico de la palabra crisis, es decir "conmoción que nos va a llevar a una situación nueva"), se digiere, se asimila; nos preparamos de nuevo, atravesamos de nuevo una crisis, se digiere, se asimila; nos preparamos de nuevo, atravesamos de nuevo una crisis y de esta manera, pedazo a pedazo, la prisión se desmorona, los velos se disipan, las relaciones se desanudan, las cegueras dan lugar a nuevas visiones hasta llegar a la visión total, incluyendo todo lo que es necesario incluir. Y es sobre todo en esos momentos de crisis cuando no hay que buscar protegerse.

En ciertos periodos, su camino puede incluir, por ejemplo, tensiones físicas insoportables. Entonces puede suceder que al mejorar el camino con ciertas prácticas de relajación y de yoga, el mental gane y ustedes pierdan –y quizá hayan perdido después de años de esfuerzos sinceros. Quizás lo importante hubiera sido vivir estas tensiones hasta el final. Ciertos caminos son de naturaleza dualista, otros son de naturaleza no-dualista. Dicho de otro modo, ciertos caminos son de naturaleza religiosa y otros son de naturaleza metafísica. El camino religioso hace un llamado a la relación entre una criatura y un Dios personal, aunque los místicos de ese camino afirmen que el hombre puede ser transformado de la naturaleza humana en naturaleza divina. Ese camino está fundado en la relación entre un hombre, que se considera como una criatura débil e impotente, y un Dios considerado como fuerte, poderoso, lleno de amor, con el cual podemos entrar en relación. Los caminos metafísicos no apelan a la gracia de un Dios personal; afirman la inmanencia de este Dios, que es la verdad de todas las verdades con una "v" relativa, y que es la gran realidad en nosotros sin la cual no seríamos, pero de la cual hemos perdido la consciencia. Y estos dos grandes caminos no se pueden mezclar.

Si ustedes siguen un camino no dualista y en el momento en que hay que vivir una etapa de soledad en la cual solamente el valor de ver lo que es hasta el final les puede permitir superar al mental –si en un momento como ese se van a una iglesia para que los consuele su Dios, entonces de nuevo habrán puesto todo en riesgo. Pero el mental no quiere saber nada al respecto. "Bueno... ya está. De repente Arnaud comienza a atacar al cristianismo, no sé por qué...", cuando en realidad no ataco al cristianismo. O también: "Este camino es extraordinario, pero hay un lado ateo que no me conviene... voy a hacer una síntesis entre esta enseñanza y el cristianismo de mi infancia...". No harán ninguna síntesis. Harán un revoltijo —y diría que un revoltijo que no se comen ni los gatos, ya que sería algo totalmente no comestible. ¡Me costó tanto aprender esto en carne propia!

Y, por el contrario, quien sigue un camino religioso no debe desviarse de esa línea de confianza total en Dios de quien afirma la realidad, el amor y el poder. Ramdas contaba a menudo una historia hindú muy conocida. Vishnu se encuentra en el cielo con su compañera Lakshmi y, de repente, le dice: "Perdóname un instante, mi fiel devoto Haridas está siendo atacado por unos asaltantes". Medio segundo después, Vishnu regresa. —"¿Ya?", dice Lakshmi. —"En cuanto llegué, vi que mi devoto se agachó para recoger una piedra". ¿Qué significa esta pequeña historia que narraba Ramdas? En un camino llamado religioso, fundado sobre la relación de un hombre débil y un Dios poderoso, el abandono, la sumisión deben ser perfectos. Si no, ya no es un camino. Es simplemente un consentimiento del mental al cual le causa placer pensar que un Dios se ocupa de él, lo ama, lo protege y que lo acogerá en su paraíso. El mental puede ser destruido solamente si la confianza es total. Si no, a este camino le competen todas las críticas que los existencialistas, los marxistas y los freudianos han dirigido a la religión.

Vishnu regresa diciendo: "Mi devoto se agachó para recoger una piedra". Eso quiere decir que él tiene la intención de defenderse por sí mismo; ya no me necesita para defenderlo. Algunos han llegado hasta el final de esta rendición completa de sí mismos a este Dios que aparece como Providencia y del cual todas las enseñanzas religiosas afirman que, ni por un segundo, deja de cuidar a Su criatura, de protegerla, de conducirla hacia el bien supremo, con la condición de que esta criatura dócilmente se deje llevar. He conocido a verdaderos místicos y puedo hablar con respeto y comprensión de los caminos religiosos. Creo incluso darme cuenta de que soy particularmente tolerante, lo cual se me ha reprochado muchas veces. Mientras que yo he insistido muy a menudo sobre la imposibilidad de los sincretismos y sobre el grave peligro de adornar nuestra ascesis con otras técnicas, ¡di la impresión a muchos que pasaba del dualismo al no-dualismo, del cristianismo al vedanta y del budismo al sufismo con una facilidad desconcertante!

Les puedo decir una cosa. Yo fui educado en el cristianismo y tuve momentos de gran fervor religioso. Me acuerdo de una estancia de tres semanas en un monasterio de trapenses, cuando los monasterios cistercienses obedecían aún a la antigua regla con toda su intransigencia, y de haber vivido una intensidad de oración y de *bhakti* inolvidable. Pero, desde el momento en que comencé a ser guiado por Swamiji, no permití más expresar a mis labios ni una palabra de oración −salvo el único *amén*. ¡Esto les debe de parecer una gran negación del cristianismo! Hubiera sido como poner una refacción, quizás hasta de Rolls Royce, pero igual una refacción, a la enseñanza que yo seguía. Hubiera sido arruinar a Swamiji y salvar al mental. Cuando Swamiji me pidió detener provisionalmente la lectura de todos los libros sobre espiritualidad, lo hice; y lo hice comprendiendo. Swamiji pedía poco la obediencia basada únicamente en la confianza. Lo hice comprendiendo que esos libros, que tanto me habían gustado, como a un Don Juan le gustan las mujeres o a un alcohólico el alcohol, me desviaban de mi propio camino y de mi propia transformación interior, en la medida en que me daban la ilusión de progresar ya que mi bagaje esotérico —tener conocimientos, información— aumentaba.

Por supuesto, tuve la experiencia de encontrar, no de la boca de Swamiji, formulaciones que expresaban magníficamente su propia enseñanza. Por ejemplo, la frase taoísta: "¿Cómo escapar de las llamas del infierno? Salten ahí, donde estén más altas". O los dos grandes principios del zen: "El camino consiste en esto: dejen de atesorar opiniones. El camino consiste en esto: dejen de oponer lo que les gusta a lo que no les gusta". O también, aunque no puedo decirles su origen: "Lo que eres grita tan fuerte que no oigo lo que dices". Cuando leía tales palabras, me pasaba que se las compartía a Swamiji y él las acogía y no dudaba en utilizarlas después con otros estudiantes. Pero se necesita una discriminación iluminada para poder reconocer: he aquí la enseñanza de mi gurú —y *no de otro*— expresada aquí o expresada allá (lo cual no es sorprendente ya que todas las enseñanzas reales tienen esencialmente la misma meta). Y, sobre todo, no se trataba de una práctica. Se trataba de una formulación. Cuando el encuentro con otras tradiciones levantaba en mí ciertas dudas, estaba obligado a ir más lejos y más profundo en la enseñanza de Swamiji. A veces, tenía dificultades, ya no entendía, creía que esta enseñanza era limitada. Pero una cosa me quedó clara: o bien estoy convencido y abandono o dejo de mezclar. Me mantuve de manera estricta y eso es lo que me salvó.

En muchas ocasiones dudé de la enseñanza de Swamiji, porque me parecía que le faltaba un aspecto muy poderoso que yo había visto en el budismo zen, en el budismo tibetano, en el ashram de Ma Anandamayi, en el ashram de Ramdas —y con los sufís que conocí más tarde. Y regresaba a Swamiji. Regresaba con mis preguntas, de las cuales nunca se cansó. Yo no comprendía, ni al día siguiente ni al que le seguía. Pero una certidumbre más profunda que el mental emocional no vaciló nunca: nada de mezclas. O me quedo o me voy. Y si me quedo, no destruiré la enseñanza de Swamiji comprendiéndola mejor que el mismo Swamiji. Una voz estaba siempre en mí: "¡Cuidado! No olvides. ¡Que no olvide que soy discípulo de Swamiji y no de otro! ¡Que no olvide que estoy en este camino y no en otro!".

Fue como discípulo de Swamiji que regresé con los trapenses, como discípulo de Swamiji regresé con los tibetanos, como discípulo de Swamiji descubrí el mundo del sufismo y del zen. ¿Qué es lo que va de acuerdo con la enseñanza de Swamiji? ¿Qué es lo que no va de acuerdo con la enseñanza de Swamiji? Una comparación muy simple me ayudó un día de un modo liberador −basta una pequeña causa para tener un gran efecto. Yo arrastraba todavía en alguna parte esa nostalgia de que cuanto más completo parece un camino, más eficaz debe ser. ¡Cómo si yo fuera capaz de ver si un camino era completo o no lo era! Yo regresaba siempre a la carga: ¿por qué Swamiji no nos hacía practicar ejercicios de meditación como yo había practicado en muchos lugares? Era desconcertante que Swamiji no nos pidiera permanecer en meditación, mientras él pasaba una buena parte de su día inmóvil como una estatua. Swamiji me pidió incluso dejar los ejercicios de meditación que yo había hecho durante tanto tiempo. Tampoco quería que yo hiciera ejercicios sobre el cuerpo -o muy poco- ni control de la respiración. "Continúe con las asanas del yoga", me decía Swamiji. Y estaba dispuesto a hablarlo conmigo. Mucha insistencia sobre la higiene alimenticia, pero ninguna técnica comparable a lo que vi practicar con maestros yoguis tibetanos −técnicas que eran aún secretas o semi-secretas y que me habían impresionado mucho. Ningún ritual. Para alguien que fue educado en el cristianismo, es difícil imaginar un camino completo en el cual no hay nada que se parezca a un ritual, a un sacramento —mientras que esos rituales y esos sacramentos son tan importantes en los tibetanos de los cuales me había nutrido.

Y un día, una imagen muy simple me vino a la mente. ¡Aún me acuerdo! ¡Qué libertad de repente! Se acabó la nostalgia: le hace falta algo a la enseñanza de Swamiji; sería más completa, iría más rápido si Swamiji utilizara tal técnica, tal método. Me llegó esta comparación tan simple y liberadora: "¡Qué tonto soy! ¿Cómo pude sufrir y sentir tanto esta limitación! Soy como alguien que viajando en tren diría: 'Mi amigo Jacques nunca viaja sin un bidón de gasolina y bujías de repuesto!'". ¿Ustedes creen que para viajar en tren se necesita llevar un bidón de gasolina y bujías de repuesto? ¿Acaso va a mejorar en algo su viaje? Y a la inversa, ¿tienen necesidad de un horario y de un billete para viajar en coche? Yo comprendí: "He aquí simplemente lo que estoy haciendo. Busco algo totalmente inútil en el camino que sigo y que es absolutamente indispensable en otro camino". Pequeña comparación... grandes efectos. Desde ese día, comencé a ser un poco menos candidato-discípulo y un poco más discípulo, en el sentido que Swamiji daba a estas palabras. Seguir echando una mirada a la derecha, una mirada a la izquierda no solamente no hubiera mejorado nada sino que hubiera asegurado sutilmente una impactante victoria del mental o del "Maligno". Hagan de esto una ley: o siguen rigurosamente un camino, con una gran vigilancia para detectar todas las trampas del mental que busca desviarlos, —o bien abandonan lo que los decepciona. Nadie puede obligarlos a permanecer discípulos de un gurú o de una enseñanza si ya no están de acuerdo. Pero si empiezan a "manosear", estén seguros de que la victoria definitiva será para el Maligno y que para ustedes será la derrota definitiva. Ya no habrá salida. Para que vivan verdaderamente, es necesario que el mental muera, y es muy difícil asegurar esta muerte del mental que representa su liberación –¡y qué liberación! Ese es el papel del gurú.

Verán por qué he empleado la expresión "esto es el filo de la navaja". Pueden caer en el infantilismo respecto al gurú, la idolatría del gurú, la inflación patológica del ego: mi gurú es el más grande de todos, mi gurú es el único grande, todos los demás caminos son más o menos erróneos, sólo el de mi gurú es perfecto. Y pueden tener la impresión de una amplitud de visión y libertad de espíritu: "No somos fanáticos, no dudo en estar abierto a los demás..." y jugar el juego del mental a través de esta tolerancia. Afortunadamente para mí, un día Swamiji me llamó la atención sobre el hecho de que uno de sus fieles que, a pesar de tener mucha gratitud y respeto hacia él, no podía evitar practicar técnicas traídas de aquí y de allá. Y Swamiji, que hablaba muy poco de unos con los otros, me hizo comprender: "Enriqueciendo su camino le hace el juego al mental". Eso es todo. Después, era yo quien debía reflexionar y comprender todo lo que estaba contenido en esa frase.

Les digo esto con gravedad. No busquen lo fácil; acepten el filo de la navaja. La facilidad es una tolerancia tan cobarde que ya no existe un camino, o un rigor tan protegido que limitan su horizonte. Estoy seguro de que, para los discípulos de ciertas enseñanzas hindús, el hecho de que el Bost haya sido bendecido por los maestros tibetanos Khyentse Rinpoché y Karmapa es algo incomprensible. Puedo comprender esta reacción. Pero lo que es grave, no es abrirse a la bendición silenciosa de un sabio. Yo planteé precisamente la pregunta a Swamiji a propósito del "darshan" y me respondió que este "darshan" era benéfico. Swamiji, tan severo con las prácticas que nutrían el mental en lugar de destruirlo, me dijo que era una bendición para mis hijos el que los llevara con Ma Anandamayi. Pero añadió: "Sea vigilante en lo que concierne al entorno de Ma". Es verdad, hay muchos santurrones y chinches de sacristía a su alrededor; créanme, y a los grandes swamis, no se les ve; se quedan en sus celdas, están en otro ashram donde trabajan tanto que no se les ve.

Lo que es grave, no es abrirse a una influencia informal o silenciosa, lo grave es mezclar las prácticas. Voy a tomar otro ejemplo. Si ciertos discípulos de otro maestro supieran que Arnaud, en dos ocasiones, hizo decir misa a sacerdotes en la gran sala [de su ashram], se sorprenderían. La enseñanza de Swamiji no era una enseñanza religiosa dualista, pero yo tomo en cuenta los "samskaras", las predisposiciones de algunos de ustedes (y muchos otros condicionamientos) para pedir la celebración de una misa o invitar a Su Santidad Karmapa a pasar dos días en el Bost. Podemos manifestar nuestra tolerancia sin desviarnos no de la imitación de Swamiji, sino de la vía transmitida por Swamiji. Pero nada de sincretismo. Sería desastroso para ustedes creer: "Vamos a crear un Bost maravilloso: en la mañana habrá una hora de zazen con golpes de kyosaku en el hombro, y al final vamos a cantar el hannya shingyo en japonés; luego, a las 11h 30, celebraremos una misa y podremos comulgar; después, recitaremos oraciones en tibetano; a continuación habrá ejercicios de pranayama; un poco de dikhr sufí y, al final del día, una hora de expresión de las emociones reprimidas; para acabar, en la noche, Arnaud podría darnos una charla sobre budismo zen, otro día una sobre tantrismo tibetano y otro día una sobre el Advaita vedanta hindú. ¿Qué tal?, eso sería más interesante que permanecer en su cuarto llorando o pelar legumbres y rastrillar las hierbas del jardín, ¿verdad? ¡Qué Bost tan maravilloso podrían hacer! Créanme, el Maligno se regocijaría; les mandarían a un montón de gente; al cabo de unos pocos años serían ustedes unos cinco millones, ¡sería formidable!".

No pueden poner refacciones de Rolls Royce en su Peugeot y no necesitan llevar un bidón de gasolina y bujías de repuesto si viajan en tren. Estas piezas inadaptables no provienen solamente de otras "vías" espirituales. El mental puede lograr hacer mezclas desastrosas haciendo intervenir a un psicoterapeuta, un astrólogo, un vidente, un médium, un magnetizador, un profesor de yoga o cualquier otra influencia que perturbe aún más aquello que ya lo es.

Si, por el contrario, hay intolerancia o fanatismo, la relación entre el maestro y el discípulo no irá más allá de una etapa de emociones. El discípulo, sobre todo el discípulo anormal y neurótico moderno, aborda la enseñanza sobre la base de sus miedos no tranquilizados, de sus temores respecto al futuro y de su falta de seguridad –y se siente "gratificado" por el hecho de pertenecer a una enseñanza, gratificado por el hecho de ser aceptado por un gurú. Se siente tranquilizado, protegido. Mientras más grande sea considerado este gurú, mientras más admirado y admirable, más grande será esta seguridad. Pero incluso esta seguridad debe ser puesta en tela de juicio. Hay que dudar a veces de su gurú para progresar al rebasar esa duda.

Durante mis primeros años en la enseñanza de Gurdjieff, hace veinticinco años de esto, yo estaba convencido de que esa enseñanza era la única, verdadera, grande y veo muy bien ahora, a través de la distancia, de qué manera se aprovechaba de esto mi mental. Cuando, profundamente, no se tiene ni la certidumbre real, ni la ausencia de miedo real, ni la no-dependencia real, qué halagador es decirse: "Pertenezco a una enseñanza que me coloca en la elite de la humanidad de hoy". Puedo ser una nulidad en todos los planos y la vida me lo demuestra de la mañana a la noche, pero la respuesta surge: "No envidio ni siquiera al Presidente de la República, pobre hombre, que vive en la ceguera, la ignorancia, el sueño, la ilusión –mientras que yo tengo acceso a una enseñanza de iluminación, veo la gran realidad detrás de lo relativo...". Pueden justificar todas sus mentiras, todas sus debilidades y, a este respecto, Swamiji era maravilloso y terrible -¡o, mejor dicho, terrible y maravilloso! ¡Todo esto, él lo echaba abajo! Y manifestaba su aprobación cuando habíamos conseguido una pequeña acción, cuando habíamos tenido, en un momento totalmente cotidiano, la actitud completamente justa. Entonces, en este ser tan exigente, se veía aparecer una gran sonrisa, como si hubiéramos hecho algo extraordinario. Sobre aquello que yo pensaba haber hecho de manera admirable, Swamiji no lanzaba ni siquiera una mirada. Y a las pequeñas cosas de la vida cotidiana, a los pequeños progresos, Swamiji daba un valor que acabé por reconocer poco a poco.

Demasiado fervor por el gurú conduce a vivir a través de él por procuración. Se le pregunta al gurú: "¿Hay que creer en la reencarnación?". Y si el gurú responde: "Sí, por supuesto", a partir de ahí "sabemos" que la reencarnación existe. Lo "sabemos", ¡cuándo no sabemos nada en absoluto! Si el gurú quiere mostrarles que la reencarnación existe, que se los demuestre. El gurú no está ahí para decir, está ahí para demostrar, para hacer ver. Cuando tenemos la certeza de que mi gurú es el único grande, ya no buscamos verificar por nosotros mismos y ya no hacemos la diferencia entre lo que sabemos realmente y lo que no sabemos realmente. Lo observé en mí y en los demás. El mental confunde saber y ser. *"To know is to be"* –y eso, Swamiji nos lo enseñó muy bien. Sabemos cuando *somos*. ¿Cómo podrían poner en práctica aquello que no saben realmente?"

Hagan siempre la distinción entre lo que es verdaderamente *su* experiencia —es decir aquello de lo que están seguros al 100%— y aquello que no es su experiencia —es decir, aquello de lo que están seguros tal vez al 99%, pero no al 100%. Vi a menudo esta confusión en algunos discípulos, para los quienes los años pasaban igual que para mí, que muy a menudo utilizaban un argumento que era: "Gurují lo dijo". ¡Ah bueno! Ya no se puede discutir. Gurují lo dijo pero ¿acaso gurují se los hizo ver para que puedan decirlo también a su vez? Requiere mucho tiempo aprender a distinguir bien entre lo que tienen derecho a hablar porque se trata de su propia experiencia, y de lo que no tienen derecho a hablar porque es la experiencia de los sabios.

Al haber dicho la verdad, si ustedes repiten lo que los sabios dicen, no dirán tonterías. No tengo ni una línea que cambiar en el libro *Ashrams* que escribí en 1961, pero hay una pequeña parte de *Ashrams* que tenía verdaderamente el derecho de escribir y una gran parte que eran cosas que había escuchado decir. En aquel entonces no podía distinguir la diferencia. Desde el momento en que había comprendido intelectualmente una frase de Maharshi o una frase de Ramdas, la tomaba a mi vez y la transmitía en los libros. Les puedo decir que hace mucho calor en la India justo antes del monzón; eso, tenía el derecho de escribirlo. ¿Y qué más? Puedo decirles que me sentí verdaderamente muy feliz en el ashram de Ramdas y que, a menudo, me sentí completamente perdido e infeliz en el ashram de Ma Anandamayi; eso, también tenía el derecho de escribirlo. ¿Y luego?

Swamiji destruyó todo eso. Era tan intransigente a ese respecto. *Do you know or do you think you know?* —¿Sabe usted, o piensa que sabe?. Solamente las certezas al 100% tienen valor; una certeza al 99% no tiene ningún valor —no más que una certeza al 0%. Yo no lograba comprender eso. "Pero Ramana Maharshi dijo que...". Swamiji se volvía terrible: "¿Ramana Maharshi se lo demostró?" –"¡No, ni siquiera lo conocí cuando todavía vivía!" –"Entonces, ¡deje al Maharshi en paz!" –"¿Cómo sabe usted que Ma Anandamayi tenía razón?" –"Pero Swamiji, Ma es considerada por todos los pandits hindús como una encarnación de ...." –"¿Cómo sabe usted que esos pandits hindús no están todos *insane*? (Lo cual quiere decir perturbados mentales)" –"Pues… yo...". Swamiji tuvo que destrozar practicamente todos mis "conocimientos". Cuando se está demasiado convencido de una enseñanza, no se distingue entre lo que el gurú dice y lo que uno mismo tiene derecho a decir. "Está escrito en un libro de gurijí...". Eso no es confianza en el gurú; eso no es la vía; eso no es amor; eso no es fervor; eso no es docilidad. Docilidad es escuchar y no responder enseguida antes de reflexionar en lo que se dijo. Es probar, experimentar, poner en práctica. Ver si "funciona". "Gurují lo dijo", no tiene valor; es él quien lo dijo; no son ustedes los que pueden decirlo. El camino personal se detiene porque vivimos por procuración a través de un gurú. Como mi gurú es infalible, yo soy infalible en cuanto repito sus palabras. Eso nunca llegará a provocar la destrucción del mental. Ustedes se atienen a las palabras; se les puede escapar la esencia de sus palabras. Al menos es lo que mi experiencia me demostró.

Cada quien está llamado a encontrar el camino que le conviene exactamente para poder cambiar, progresar, volverse libre, encontrarse a sí mismo, desprovisto de todos los oropeles con los que estaba envuelto. Ustedes ya no saben lo que es ustedes; ustedes ya no saben lo que no es ustedes; ya no saben lo que son. ¿El gurú nos lleva a nosotros mismos o hace de nosotros su propia caricatura? ¿Nuestra meta es admirar tanto a un hombre que queramos imitarlo? ¿O nuestra meta es volver a ser nosotros mismos, ser libres incluso de nuestro gurú y reunirnos con él en el plano supremo de la libertad? Probablemente todos conozcan la frase del zen que dice: "¡Si encuentran al Buda, mátenlo!". No dudo en utilizar esta frase célebre: "¡Si encuentran a Swamiji, mátenlo!". Si no, permanecerán siendo esclavos y la relación con el gurú permanece en la dualidad, por más admirable que ésta sea. Estoy yo y mi gurú —o mi gurú y yo. No hay uno y nunca habrá uno. Entonces, la apariencia del gurú cuenta exageradamente. Uno acaba por imitar hasta su apariencia. No es la apariencia del gurú lo que importa sino la función. La función no de llevarnos hacia él cada vez más, sino de llevarnos a nosotros mismos cada vez más. En muchos ashrams, toda la vida gira en torno al gurú, pero con Swamiji todo giraba alrededor de cada discípulo. Yo no sé si esta frase que tiene mucho sentido para mí puede tenerlo para también ustedes. La sadhana no consiste en divinizar a un gurú. La sadhana consiste en divinizarnos a nosotros mismos: a ir hasta el final de la destrucción del ego y del mental para encontrar a la Divinidad en nosotros —no en Swami Prajñanpad. Y, sin embargo, ustedes saben cuántas veces me ha sucedido, hablando de Swamiji, permanecer algunos segundos inmóvil y mudo de tanto que la plenitud de esta comunión con él me invadía. No es en nombre de un Swamiji exterior que estamos aquí. Es en nombre de un Swamiji vivo en mí, es simplemente Arnaud que por fin vive en mí, en lugar del mental.

El fanatismo nos conduce a mantener la distinción entre nosotros y un gurú exterior a nosotros. Noté que algunos advaitistas (no-dualistas), que consideraban que distinguir a un Dios creador exterior a nosotros y nosotros mismos es un gran error metafísico, vivían en este error a un nivel más modesto, es decir, que mantenían esta dualidad entre el gurú y ellos. Teóricamente no, ellos son adherentes de la fe advaitica; pero, prácticamente, existencialmente, sí. Ma Anandamayi, a pesar de ser divinizada en vida, se mostró muy clara a este respecto y repitió tantas veces: "Si concentrar todos sus apegos ordinarios sobre "esta persona" (hablando de ella) les ayuda a desprenderse de ellos, entonces háganlo. Pero un día, este mismo apego deberá ser destruido". Ma no paraba de repetirlo.

Mientras yo admire con respeto y veneración a un hombre exterior a mí, permaneceré en el ego y en el mental. Cuando haya matado al Buda exterior a mí –si comprenden bien el sentido de esta frase– entonces un ser impersonal vivirá en mí; un ser que para mí tomó una forma en lo relativo. Pero, digo bien, un ser impersonal. Si hoy puedo amar, es con el amor con el que Swamiji me amó. Si puedo escuchar, es con la escucha con la que Swamiji me escuchó. Si puedo comprender, es con la comprensión con la que Swamiji me comprendió. Si puedo nunca fastidiarme, es la paciencia con la que Swamiji me aceptó. En ese sentido Swamiji vive en mí; en ese sentido, puedo decir: "Tuve un gurú". Mi gurú no era Kangyur Rinpoché, ni Khalifa Saheb-e-Charikar, ni siquiera Ma Anandamayi. Era Swami Prajñanpad.

Si encuentran a Buda, mátenlo. Si encuentran a Swamiji, mátenlo. Es extraño hablar de matar al ser al que se ha amado por encima de todo. Sin embargo, esa es la última etapa. Cuando la forma del gurú es superada, su esencia, que había tomado forma y que es sin forma, vive en nosotros.

You can follow Swamiji, Arnaud; you cannot imitate Swamiji. El ego tiene el deseo de imitar. El ego siempre tiene el deseo de imitar. El niño imita a James Bond. En mi juventud, imitábamos a Tarzán. Y el adulto tiene ganas de imitar al gurú, al gurú al que se admira, al gurú que él admira y hacer de él un modelo exterior. "Usted puede seguir a Swamiji, Arnaud. Usted no puede imitar a Swamiji".

གཅརྃ

Para más información

En Francia:
www.amis-hauteville.fr

En Quebec, Canadá:
www.mangalam.ca

www.ingramcontent.com/pod-product-compliance
Lightning Source LLC
Chambersburg PA
CBHW062146080426
42734CB00010B/1583